Urs Roeber / Uta Bernsmeier

Manieren

Geschichten von Anstand
und Sitte aus
sieben Jahrhunderten

mit Beiträgen von Asfa-Wossen Asserate / Hanno Balz / Werner Busch / Oskar Negt / Walter Weber

Bremer Landesmuseum
für Kunst und
Kulturgeschichte

EDITION BRAUS

Bildnis Adolph Freiherr Knigge, um 1780–1795
Kat. 6

Inhalt

Vorwort / Frauke von der Haar

„Manieren", so schreibt Johann Georg Sulzer 1771 in seiner „Allgemeinen Theorie der Schönen Künste", „so nennt man die Verzierungen, welche Sänger und Spieler auf gewissen Tönen anbringen, um dieselben von den anderen bloß schlechtweg angegebenen Tönen zu unterscheiden". Triller und andere Verzierungen, so führt er weiter aus, „geben den Tönen, worauf sie angebracht werden, mehr Nachdruck oder mehr Annehmlichkeit" und sollen keineswegs dazu dienen, die Geschicklichkeit des Sängers oder Spielers zu demonstrieren, sondern vielmehr die Empfindung zu heben. Die Notwendigkeit, den Umgang zwischen den Menschen angenehm zu gestalten, veranlasste 17 Jahre später, ein Jahr vor der Französischen Revolution, auch Adolph Freiherr Knigge zur Vorlage seines in der Wirkung auf unsere Lebensformen nicht zu unterschätzenden Erziehungsbuches „Über den Umgang mit Menschen". Bereits lange vor Knigge haben sich unterschiedlichste Denker mit wünschenswerten Verhaltensregeln auseinandergesetzt. Im Laufe der Jahrhunderte haben sich die Vorstellungen von Anstand und Sitte jedoch immer wieder gewandelt. Knigge ist es als Neuerung zuzuschreiben, dass er sich erstmals für den Umgang mit allen Menschen, unabhängig von ihrer Klassenzugehörigkeit interessierte. Wenngleich vielen nachfolgenden Generationen seine Betrachtungen als Benimm-Lektüre bekannt sind, ging es auch ihm, ähnlich wie Sulzer in der Musik, darum, die Empfindungen füreinander zu heben.

Dem Phänomen „Manieren" spürt das Focke-Museum, Bremer Landesmuseum für Kunst und Kulturgeschichte, angestoßen durch meinen Vorgänger Jörn Christiansen, bereits seit drei Jahren nach. Auf der Grundlage eines Forschungsprojektes mit dem Titel „Spuren des Anstands", das Urs Roeber für die Bremer Wolfgang-Ritter-Stiftung durchgeführt hat, konnten Geschichten von Anstand und Sitte aus sieben Jahrhunderten erforscht werden, die nun in der ersten großen kulturhistorischen Ausstellung zum Thema „Manieren" erzählt werden sollen.

Dass dies möglich wurde, geht auf die Leidenschaft für das Thema und die im Rahmen einer langen Entstehungsgeschichte notwendige Ausdauer zurück, die, neben dem gesamten Team des Focke-Museums, in besonderer Weise die beiden Hauptverantwortlichen für Katalog und Ausstellung, Uta Bernsmeier und Urs Roeber, bewiesen haben.

Bei der Planung dieses umfangreichen Ausstellungsprojektes wurde das Focke-Museum von einem großen Freundeskreis unterstützt, der sich von der Aktualität und dem Facettenreichtum des Themas anstecken ließ. So konnte der vorliegende reich bebilderte Katalog „Manieren. Geschichten von Anstand und Sitte aus sieben Jahrhunderten" zur gleichnamigen Sonderausstellung nur dank der großzügigen Unterstützung durch die Nicolaus H. Schilling-Stiftung realisiert werden.

Weitreichende finanzielle Unterstützung erfuhr das Focke-Museum darüber hinaus von vielen verschiedenen Förderern und einer großen Anzahl privater Spender, die uns ermutigt haben, dieses anspruchsvolle Vorhaben zu verfolgen und deren Hilfe die Realisierung der Ausstellung möglich gemacht hat.

Allen Leihgebern, die mit ihren wertvollen Exponaten die Ausstellungsidee unterstützt haben, danken wir für die vertrauensvolle Zusammenarbeit. Allen Medien- und Kooperationspartnern, die mit ihren vielfältigen Aktivitäten zum Gelingen der Ausstellung beigetragen haben, gilt ebenfalls unser ausdrücklicher Dank. Abschließend bedanken wir uns bei unserem Schirmherrn, Prinz Asfa-Wossen Asserate, dem Autor des 2003 erschienenen Bestsellers „Manieren", für seine kontinuierliche ideelle Begleitung. Allen Förderern und Partnern, auch den nicht explizit genannten, danken wir herzlich für ihr Engagement und wünschen eine anregende und „angenehme Begegnung" mit „Manieren". Möge die Ausstellung Ihre „Empfindung heben".

Für ideelle und materielle Unterstützung bedanken wir uns herzlich bei:

Stefan Bellinger, Verena und Robert H. Böck, Dr. Urban Bulling, Friedrich Wilhelm Bracht, Peter Brandt, Dr. Guido Brune, Stephan Cartier, Anke und Matthias Claussen, Georg Drechsler, Carmen Emigholz, Klaus-Dieter Fischer, Manfred Fluß, Dr. Mattias Fonger, Kai Geiger, Prof. Dr. Heinz Glässgen, Dr. Dietrich Grashoff, Heiko Grein, André Grobien, Barbara und Michael Grobien, Harald Grote, Rolf Helms, Elke Heussler, Margit Hohlfeld, Karin und Uwe Hollweg, Ulrike Hövelmann, Jens Joost-Krüger, Regine und Bernd Karstedt, Jörg-Dieter Kogel, David Koopmann, Julia Kracht-Schünemann, Florian Kranefuß, Dr. Birgit Krull, Karin Krusche, Dr. Arno Lehmann, Jürgen Lemmermann, Matina Lohmüller, Norbert Lorenz, Hermann L. Mende, Dieter Meyer, Gabriela Meyer, Jens-Christian Meyer, Dr. Ralph Meyer im Hagen, Paulus Mikkers, Marc Millies, Erhard Mische, Frank Müller-Hübner, Conrad Naber, Birke Natemeyer, Dr. Stefan Offenhäuser, Lutz H. Peper, Katharina und Bernd Petrat, Frank Reimers, Cornelia Sahm, Dr. Almut Schwerd, Dr. Sabine Schormann, Peter Siemering, Dr. Klaus Sondergeld, Dr. Iris Spieß, Dr. Heiko Staroßom, Stefan Storch, Gabriele und Georg Strangemann, Claus Walischewski, Arnim Wollschläger und Martina Ziesing.

Wir bedanken uns herzlich bei unseren

Förderern

WFB Wirtschaftsförderung Bremen GmbH
Die Sparkasse Bremen
Nicolaus H. Schilling-Stiftung
Verein von Freunden des Focke-Museums e.V.
Waldemar-Koch-Stiftung
Bremer Landesbank
Karin und Uwe Hollweg Stiftung
Conrad Naber Stiftung
VGH Stiftung
und einem Kreis von privaten Spendern

Medienpartnern

Bremer Tageszeitungen AG
Nordwestradio
PS Promotion
Ströer Deutsche Städte Medien GmbH

Kooperationspartnern

amnesty international
Bremer Leselust
Bremer Shakespeare Company
Bremer Touristik Zentrale
BSAG Bremer Straßenbahn AG
Deutsche Bahn AG
Gesamtschule Bremen-Ost
Hochschule für Künste Bremen
Jacobs University Bremen
Mediengruppe Kreiszeitung
Radio Bremen
SV Werder Bremen
VHS Bremer Volkshochschule

Der Ausstellungskatalog wurde finanziert von der Nicolaus H. Schilling-Stiftung.

Zum Geleit / Urs Roeber / Uta Bernsmeier

„Habe Acht auf Dich, daß Du in Deinen Unterredungen
durch einen wäßrichten, weitschweifigen Vortrag nicht ermüdest!"

Im Jahre 1530 veröffentlichte Erasmus von Rotterdam eine kleine Schrift mit dem Titel „De civilitate morum puerilium" (Über die Verfeinerung der kindlichen Sitten), die ein hochaktuelles Thema der frühen Neuzeit behandelte. Die in ihr enthaltenen, einem Fürstensohn gewidmeten Belehrungen galten dem Benehmen der Heranwachsenden und speziell ihrem Verhalten an der Tafel. Zweifellos ist das Buch ein Regelwerk, doch zugleich warnt der große Humanist denjenigen, der alle Regeln beherrscht, vor Überheblichkeit: „Der wichtigste Punkt der Höflichkeit ist der, daß Du [...] anderen ihre Verstöße leicht nachsiehst und Deinen Gefährten nicht deshalb weniger liebhast, weil er schlechtere Manieren hat. Es gibt nämlich Menschen, die die Ungeschliffenheit ihres Benehmens durch andere Gaben wettmachen." Ein solcher Toleranzgedanke in Manierenfragen sollte erst 250 Jahre später bei Adolph Freiherr Knigge adäquaten Ausdruck finden: „Wenn die Regeln des Umgangs nicht bloß Vorschriften einer konventionellen Höflichkeit [...] sein sollen, so müssen sie auf Lehren von den Pflichten gegründet sein, die wir allen Arten von Menschen schuldig sind."

Manieren als eine Sache der inneren Haltung – so könnte das Leitmotiv der Ausstellung „Manieren – Geschichten von Anstand und Sitte aus sieben Jahrhunderten" und der ihr gewidmeten Begleitpublikation umschrieben werden. Ein Thema, das als große Konstante die europäische Kulturgeschichte durchzieht, wird hier zum ersten Mal in einen musealen Kontext gestellt. Eine besondere Herausforderung bedeutete es darzulegen, in welcher Weise sich Umgangsformen, also kulturelle Handlungen, in Werken der bildenden und der angewandten Künste, aber auch in Alltagsgegenständen objektivieren.

Ein Forschungsstipendium der Wolfgang-Ritter-Stiftung ermöglichte die Suche nach den „Spuren des Anstands", die sich dann in wiederentdeckten, oft auch vertrauten, nun aber aus neuem Blickwinkel betrachteten Werken fanden. Der Anspruch, mit einem reichen, aber heterogenen Objektmaterial komplexe Inhalte zu vermitteln, verbot es, die typische Gliederung und Schwerpunktsetzung der tradierten Etiketteliteratur zu übernehmen. Doch haben wir auch von einer chronologischen Darstellung Abstand genommen und setzen auf das Nebeneinander von Epochen, auf Kontraste, auf die Vermittlung des Ganzen in Teilen, auf Episoden, in denen die Objekte nicht nur illustrieren, sondern selbst Geschichten erzählen.

Während der Vorbereitung von Ausstellung und Buch haben wir vielfältige Unterstützung erfahren, für die wir herzlich danken: Dr. Frank Baudach, Eutin; Barbara Becvar, Frankfurt; Dorothea Breitenfeldt, Bremen; Dr. Brigitte Buberl, Dortmund; Ute Däberitz, Gotha; Dr. Michael Davidis, Marbach; Dr. Konrad Elmshäuser, Bremen; Dr. Thomas Elsmann, Bremen; Dr. Dorothee Hansen, Bremen; Dr. Christian Heppner, Hannover; Dr. Konrad Heumann, Frankfurt; Dr. Angela Klein, Braunschweig; Rajka Knipper, Köln; Carsten Kracht, Sankt Augustin; Bernd F. Künne, Hannover; Wolfhard Kutz, Bad Doberan; Thomas Kuzaj, Bremen; Dr. Regina Mahlke, Berlin; Dr. Hans Hermann Meyer, Bremen; Dr. Rainer Michaelis, Berlin; Jutta Putschew, Bremen; Dr. Adelheid Rasche, Berlin; Prof. Dr. Jochen Sander, Frankfurt; Dr. Reinhard Sänger, Karlsruhe; Dr. Bettina Schleier, Bremen; Niki Schweitzer, Mainz; Dr. Andreas Stolzenburg, Hamburg; Dr. Gisela Vetter-Liebenow, Hannover; Hans-Joachim Wallenhorst, Bremen; Thomas Wergin, Hannover; Dr. Klaus Weschenfelder, Coburg; Andreas Wittenberg, Berlin; Dr. Karin Zimmermann, Heidelberg. Unser besonderer Dank für viele Gespräche und seine konstruktiv-kritischen Kommentare gilt Dr. Alfred Löhr, Bremen.

Wir danken den Leihgebern der Ausstellung

Bundesrepublik Deutschland
Arf-Society e. V., Bad Doberan
Staatliche Museen zu Berlin, Gemäldegalerie
Staatliche Museen zu Berlin, Kunstbibliothek
Staatsbibliothek zu Berlin – Preußischer Kulturbesitz
Braunschweigisches Landesmuseum, Niedersächsische Landesmuseen
Braunschweig
Kunsthalle Bremen
Kunstsammlungen Böttcherstraße – Museum im Roselius-Haus,
Bremen
Staatsarchiv Bremen
Staats- und Universitätsbibliothek Bremen
Kunstsammlungen der Veste Coburg
Hessisches Landesmuseum Darmstadt
Museum für Kunst und Kulturgeschichte der Stadt Dortmund
Staatliche Kunstsammlungen Dresden, Gemäldegalerie Alte Meister
Staatliche Kunstsammlungen Dresden, Münzkabinett
Stiftung Eutiner Landesbibliothek
Freies Deutsches Hochstift/Frankfurter Goethe-Haus
Städel Museum, Frankfurt am Main
Porzellanmanufaktur FÜRSTENBERG – Museum im Schloss
Stiftung Schloss Friedenstein Gotha, Schlossmuseum
Hamburger Kunsthalle
Museum für Kunst und Gewerbe Hamburg
Wilhelm-Busch-Museum Hannover – Deutsches Museum für
Karikatur und kritische Grafik
Stadtarchiv Hannover
Sammlung Bernd F. Künne
Universitätsbibliothek Heidelberg
Schlossmuseum Jever
Badisches Landesmuseum Karlsruhe
Museumslandschaft Hessen Kassel
Die Photographische Sammlung/SK Stiftung Kultur, Köln
Museum Ludwig, Köln
Museen für Kunst und Kulturgeschichte der Hansestadt Lübeck,
Sankt-Annen-Museum
Hakle-Kimberley Deutschland GmbH
Reiss-Engelhorn-Museen Mannheim
Deutsches Literaturarchiv Marbach
Münchner Stadtmuseum
Pau, musée des beaux-arts
Stiftung Preußische Schlösser und Gärten Berlin-Brandenburg
Deutsches Klingenmuseum Solingen
Schwedenspeicher-Museum Stade
Herzog August Bibliothek Wolfenbüttel
sowie Privatleihgeber, die ungenannt bleiben möchten.

Wir danken den beteiligten Künstlern

Franziska von den Driesch, Bremen
Mark McGowan, London
Daniel Müller-Jansen, Hamburg
Tom Wood, Caerwys, Mold

**In der Ausstellung werden Film- und Tondokumente
der folgenden Institutionen gezeigt**

Radio Bremen
Warner Bros. Entertainment Inc., Burbank
RTL2 Fernsehen GmbH & Co. KG, Grünwald
DSF DeutschesSportfernsehen GmbH, Ismaning
Bundeszentrale für gesundheitliche Aufklärung, Köln
Brainpool TV GmbH, Köln
Metro-Goldwyn-Mayer Studios Inc., Los Angeles
CBS Television Network, Los Angeles
Zweites Deutsches Fernsehen, Mainz
Valentin Erbin Anneliese Kühn, Valentin Nachlassverwalter Gunter
Fette, München
Informations- und Medienzentrale der Bundeswehr, Sankt Augustin
Sveriges Television AB

Sinn und Zweck von Verhaltenssteuerung in der Kunst des 18. Jahrhunderts / Werner Busch

Die ältere Generation wird sich erinnern: Mitte der 50er-Jahre des letzten Jahrhunderts entstand in Deutschland eine wahre Flut an Ratgeberliteratur. Für alles gab's Empfehlungen: für die Erziehung („Lexikon der Erziehung. Vom Säuglingsalter bis zur Reife", 1956), für die Aufklärung (Anneliese Hitzenberger, „Wie sag ich's meinem Kinde?", 1953; Ruth Andreas-Friedrich, „Woher kommen die kleinen Kinder?", 1957; oder Kurt Seelmann, „Woher kommen die kleinen Buben und Mädchen", 7. Aufl. 1964), für „Haus und Familie", die Wohnung (Alfred Bruckmann, „Die schöne Wohnung", 1959), für „Mutter und Kind" (Hannah Uflacker, 1956, 38. Aufl. 1964), für's Werken und Basteln, den neuen Schnitt etc. etc. Keine Frage, die Ratgeber richteten sich in erster Linie an Frauen. Die beiden erfolgreichsten Autorinnen waren offenbar Lilo Aureden und Gertrud Oheim. Aureden schrieb eine Fülle verschiedener Lebenshilfeanleitungen. Von „Schön sein – schön bleiben", 1955, über ihren absoluten Renner, „Was Männern so gut schmeckt" (1. Aufl. 1954, 1973 in mehr als 500 000 Exemplaren verbreitet), bis zu „Heiraten will gelernt sein. Ein praktisches Ehebuch". Gertrud Oheim dagegen produzierte vor allem einen Bestseller: das „Einmaleins des guten Tons", 1955, bereits im nächsten Jahr in der 11. Auflage.[1]

Was mag diese Welle ausgelöst haben? Ganz offensichtlich ist es so, dass die Frauen unmittelbar nach dem Krieg in nicht traditionell frauentypischen Bereichen und Berufen gebraucht wurden. Später – der heute „Wirtschaftswunder" genannte Aufschwung begann zu greifen, 1955 gelang es Adenauer, die letzten Kriegsgefangenen zurückzuführen – wollten die Männer in ihre Domänen zurück, und die Frauen zogen sich auch selbst in ihre traditionellen Bereiche zurück, versuchten ihr Selbstverständnis nach alten Regeln neu zu formen. (Dass diese Regeln in der Tat sehr alt sind, wird zu zeigen sein.) Das heißt nicht nur, dass-sie wieder auf Haus, Küche, Kindererziehung beschränkt waren, sondern auch, dass sie durch das, was sie vermeintlich und idealiter verkörperten, Schönheit und Tugend zur Zivilisierung der Männer beitrugen, besonders nach den Entartungen des Krieges. Gertrud Oheim wurde hier explizit: „Die hinter uns liegende Zeit ist über viele überkommene Gesetze des Anstands hinweggegangen [...] man hat nicht nur das Gefühl, mit dem normalisierten äußeren Leben durch die Disziplin und die Zucht, die die Beherrschung guter Formen voraussetzen, auch sein Inneres ein wenig in Ordnung bringen zu müssen"[2].

Auch Lilo Aureden legte besonders für Frauen und junge Mädchen Wert darauf, „dass alles Hässliche, Schmutzige, Gewöhnliche überwunden werden soll nicht nur beim Leiblich-Äußerlichen, sondern auch im Geistig-Seelisch-Moralischen"[3]. Züchtige Schönheit sollte zur geistigen Erneuerung führen. Krieg als ein bloßes Anstandsproblem? So sehr diese Argumente der Restauration der Adenauer-Ära geschuldet zu sein scheinen, das zugrunde liegende Modell hat ebenfalls eine weit zurückreichende Vorgeschichte und erschien in jeweils zeitspezifischer Ausprägung.

Als Vorlage für alle nachfolgenden Verhaltenslehren fungierte bekanntlich Baldassare Castigliones „Il Cortegiano", „Der Hofmann", von 1528.[4] Er prägte die französische Vorstellung vom „honnête homme" oder die englische vom „gentleman", sein Einfluss reicht von den Lebensweisheiten des spanischen skeptischen Moralisten Gracian, niedergelegt in seinem in zahlreiche Sprachen übersetzten „Hand-Orakel" von 1647, über die englische „Courtesy"-Literatur mit ihren „Conduct-Books", äußerst praktischen Verhaltenslehren, bis zu Julius Bernhard von Rohrs zweibändigem Zeremonialwerk von 1728 respektive 1729. Der erste Band trägt den Titel „Einleitung zur Ceremoniel-Wissenschaft der Privat-Personen", der zweite „Einleitung zur Ceremoniel-Wissenschaft der grossen Herren".

Der Titel des ersten Bandes ist einigermaßen interessant, denn er markiert einen bis dahin nicht greifbaren historischen Wandel, vorsichtig zwar, aber doch vernehmbar. Denn obwohl es sich weiterhin um ein Zeremonialwerk handelt, d. h. um eine Anleitung zum kodifizierten, auch rituellen Verhalten bei Hofe, so war es doch an Privatpersonen gerichtet, also nicht an offizielle Funktionsträger im höfischen Machtspiel und in der höfischen Repräsentation, der alles Zeremoniell diente.[5] Wie zu zeigen sein wird, war das Verhalten der Privatpersonen aber nicht allein durch eine auf den Herrscher bei Hof ausgerichtete Etikette bestimmt, sondern letztlich durch eine vom Individuum zu verinnerlichende, einzuhaltende oder gegebenenfalls auch nicht einzuhaltende Ethik. D. h. das Individuum begann, in Grenzen über sich selbst zu bestimmen, auch auf die Gefahr hin, höfischer Vorrechte und Anerkennung verlustig zu gehen.

Wenn wir uns im Folgenden primär mit dem 18. Jahrhundert beschäftigen wollen, dann wird es darauf ankommen, auch in noch so formalisiertem Verhalten die Dimension zunehmender Selbstbestimmung und „Freiheit" zu erkennen. Freiherr von Knigge konnte 1788, wenn er von Verhaltensnormen und -modellierungen sprach, nicht mehr – selbst wenn er wie von Rohr von niederem Adel war – an den Hofmann als Vorbild für die Gesellschaft im Ganzen appellieren, sondern er reflektierte „Über den Umgang mit Menschen"[6]. Und wenn der Maler Asmus Jakob Carstens vom preußischen Staatsminister von Heinitz 1795 per ordre aufgefordert wurde, seiner Verpflichtung als Lehrer der Berliner Akademie und als Romstipendiat des Preußischen Staates nachzukommen und Bilder als Nachweis dafür, dass die Staatsinvestition nicht umsonst verausgabt worden sei und der Künstler auch Fortschritte vorweisen könne, nach Berlin zu schicken und diese Bilder Staatsbesitz seien – wenn er dem nicht Folge leiste, müsse man das Stipendium zurückfordern –, dann antwortete Carstens in einem berühmten Brief vom 20. Februar 1796: „Ich habe die von Seiner Königl. Majestät zu meiner Ausbildung mir geschenkte Pension nützlich und gewissenhaft angewendet"[7]. Was also der Staat als Investition betrachtete, für die er Rendite forderte, sah Carstens als Geschenk an. Dahinter verbirgt sich einerseits die Carstens über seinen Freund Fernow vermittelte Kenntnis der Kant'schen „Kritik der Urteilskraft" von 1790 mit ihrer Propagierung der Autonomie von Kunst und Künstler, andererseits aber auch der alte Topos, mit dem der Künstler am Hof seine Sonderrolle zu begründen suchte, mit der er sich nicht unter, sondern neben dem Herrscher zu behaupten wusste, indem er für sein Werk nicht entlohnt, sondern belohnt werden wollte. Einerseits, das markiert seine paradoxe Rolle, saß der Künstler an der höfischen Tafel nicht selten am Katzentisch bei Koch und Gärtner und galt als handwerklicher Dekorateur, andererseits konnte es ihm gelingen, aus der höfischen Hierarchie auszuscheren wie der Hofnarr, dem allein es gestattet war, dem Herrscher auch die unerfreulichen Wahrheiten zu sagen. Der Künstler dagegen konnte das Bild des Herrschers entwerfen, seinen repräsentativen Leib.

Carstens argumentierte selbstbewusst weiter: „Was mir Seine Majestät geschenkt hat [...] kann mir keiner wieder abfordern"[8]. Und gegen die Akademie gerichtet schrieb er, dass sie „kein Recht an meinen Arbeiten hat, also dieselben auch weder in Beschlag nehmen, noch verauktionieren kann [...] und sollte dieses dennoch geschehen, so werde ich mich öffentlich darüber als über eine Ungerechtigkeit eines öffentlichen Collegiums gegen einen Privatmann beschweren"[9]. Ist schon diese Selbstbehauptung unter Bezugnahme auf private, offenbar wieder von Kant inspirierte Rechtsansprüche erstaunlich, so endet der Brief mit einem wahren Paukenschlag und bringt den ideologischen Überbau bürgerlichen Selbst- und Kunstverständnisses ein für allemal auf den Punkt: „Uebrigens muss ich Euer Excellenz sagen, dass ich nicht der Berliner Akademie, sondern der Menschheit angehöre, und nie ist es mir in den Sinn gekommen, auch habe ich nie versprochen, mich für eine Pension, die man mir auf einige Jahre zur Ausbildung meines Talents schenkte, auf Zeitlebens zum Leibeigenen einer Akademie zu verdingen. Ich kann mich nur hier, unter den besten Kunstwerken, die in der Welt sind, ausbilden, und werde nach Kräften fortfahren, mich mit meinen Arbeiten vor der Welt zu rechtfertigen [...] Mir sind meine Fähigkeiten von Gott anvertraut; ich muss darüber ein gewissenhafter Haushalter sein, damit, wenn es heißt, Thue Rechnung von Deinem Haushalten, ich nicht sagen darf: Herr, ich habe das Pfund, so Du mir anvertrauet, in Berlin vergraben."[10] Hier scheinen die Ansprüche der Französischen Revolution noch nicht gescheitert, zumindest Napoleons europaweite Durchsetzung des Code civil scheint Carstens Recht gegeben zu haben.

Es ist nun im Einzelnen zu verfolgen, wie, wenigstens vom Anspruch her, aus dem Hofmann der Mensch wird und welchen Niederschlag dieser Prozess in Bildern gefunden hat oder, anders ausgedrückt, inwieweit Bilder die Aufgabe übernehmen, neue Normen zu propagieren und mit ihnen vertraut zu machen. Dafür ist noch einmal mit Castigliones „Hofmann" von 1528 zu beginnen. Castiglione gibt Gespräche am Hofe von Urbino unter dem Patronat der Herzogin Elisabetta Gonzaga, der Gattin des Herzogs Guidobaldo da Montefeltro wieder. Diese versammelte allabendlich eine gebildete Gesellschaft um sich, bei festgelegten Gesprächsthemen spielte sie den Arbiter und forderte Beiträge heraus, wäh

rend sie sich selbst zurückhielt. Castiglione hielt die Dialoge in seinem „Cortegiano" fest, der allein im 16. Jahrhundert schon mehr als 50 Ausgaben erlebte, über 150 im Laufe der Zeit, mit Übersetzungen in viele Sprachen, bis heute.

Wir sollten in unserem Zusammenhang allein auf zwei Dinge abheben: auf den Begriff der „Grazie" und auf die Einschätzung der Rolle der Frau. Grazie, Anmut, von Goethe definiert als Schönheit in der Bewegung,[11] haben den Hofmann in all seinem Tun auszuzeichnen. „Grazia" hat von einer gewissen „sprezzatura" begleitet zu sein, einer Lässigkeit, ja einer Spur von Nachlässigkeit, welche die „grazia" als Resultat einer natürlichen Leichtigkeit erscheinen lässt, wo sie doch, bei aller naturgemäßen Anlage, eine Form durchaus erlernter Beherrschung ist. Sie geht in Fleisch und Blut über, so dass sie zum unmerklichen Habitus wird, bei dem Übertreibung als lächerliche Künstelei und Untertreibung als zu Steifheit und Unbeweglichkeit führend gleichermaßen zu vermeiden sind; ein mittleres Maß ist in allen Dingen zu bedenken.[12]

Aus der „sprezzatura" entwickelte Gracian den Begriff „despejo", was am ehesten mit „Unbefangenheit mit einer Prise Ungeniertheit" zu übersetzen wäre. Es ist eine Leichtigkeit aus einer dem Rang gebührenden Souveränität; wer dies beherrscht, hat im Verständnis des 18. Jahrhunderts Geschmack, „goût", der auf dem „decoro" beruht.[13] Dieser klassische Begriff hat als „decorum" oder „aptum" auf dem gesellschaftlichen wie künstlerischen Felde zu gelten und regelt, was angemessen, passend, gehörig und hingehörig ist. Goethe übersetzte „decorum" mit „das Schickliche".[14] Doch was angemessen ist und mit Grazie vorgetragen wird, das ist sozial bedingt und ändert sich mit der Zeit. Wenn Castiglione „sprezzatura" genauer definiert als eine Lässigkeit, „die die Kunst verbirgt und bezeigt, dass das, was man tut oder sagt, anscheinend mühelos und fast ohne Nachdenken zustande gekommen ist"[15], von daher anmutig wirkt, dann liegt schon bei Castiglione selbst die Übertragung des Begriffs in den Bereich der Kunst nahe. Zuerst adaptierte ihn die venezianische Kunst in Gestalt von Lodovico Dolce, dessen Dialog „L'Aretino" aus dem Jahr 1557 zum Lobe vor allem Tizians antritt.[16] „Sprezzatura" ist dann eine verblüffende Leichtigkeit im Malstil, eine scheinbare Nachlässigkeit, die sich in Skizzenhaftigkeit äußert, in Wahrheit aber das Resultat lang geübter Praxis ist. Selbst Vasari, der

Gegner der venezianischen Kunst, musste das eingestehen, wenn er Tizians Malweise im Spätwerk beschrieb: „Letztere hingegen gestaltete er mit grob hingeworfenen Pinselstrichen und Flecken, so dass man sie von nahem nicht zu betrachten vermag, sie aus der Ferne aber perfekt wirken [...] Auch wenn es vielen so scheinen mag, als wären sie ohne Mühe gemacht, so ist dies keineswegs der Fall und sie täuschen sich darin, denn man erkennt, dass sie überarbeitet worden sind und mit den Farben wieder und wieder über sie gegangen wurde, so dass die Mühe darin sehr wohl zu sehen ist. Auf diese Weise angewandt handelt es sich um ein wohlüberlegte, schöne und herrliche Methode, die die Gemälde lebendig und in ihrer Ausführung von großer Kunstfertigkeit erscheinen lässt und dabei die Mühen kaschiert.“[17] Scheinbare Mühelosigkeit zeichnet das Verhalten des Hofmanns wie den Malstil des Künstlers aus. Castiglione brachte das auf den Nenner, „dass wahre Kunst ist, was keine Kunst zu sein scheint“[18].

Nun diente Castiglione die Dialogform dazu, das eigentliche Argument durch die Widerlegung eines Gegenargumentes umso überzeugender werden zu lassen, indem der Leser den Gedankengang nachvollziehen kann. Im Falle von Castigliones Schilderung der Rolle der Frau ist das Ergebnis des Argumentationsganges zwiespältig. Zuerst wird eine entschieden misogyne Position vorgetragen. Signor Ottavian Fregoso, der im Gespräch den Part des etwas weltfremden Skurrilen abgibt, argumentiert: „Denn da die Frauen höchst unvollkommene Geschöpfe sind und im Vergleich zu den Männern von geringem oder gar keinem Wert, und da sie von sich aus nicht fähig sind, irgendeine tugendhafte Handlung zu verrichten, muss man ihnen mit Scham und Furcht vor Schande einen Zügel anlegen, der ihnen gleichsam mit Gewalt einige gute Eigenschaften beibringt; und es scheint, dass ihnen Enthaltsamkeit notwendiger als irgendetwas anderes ist.“[19] Nun ist es nicht etwa nur so, dass diesem Zerrbild leicht das Gegenbild der idealen tugendhaften Frau gegenüberzustellen wäre. Vielmehr soll im Zerrbild subkutan durchaus etwas über das Wesen der Frau ausgesagt werden. Als Naturwesen bedarf sie der (männlichen) Zivilisation, das Ziel dieser Bildung ist Tugendhaftigkeit, und nicht nur das: In der Tugendhaftigkeit spiegelt sich zugleich ihre Schönheit, so dass hier und in der Folgezeit in den Verhaltenslehren weibliche Tugend und Schönheit einander bedingen. Der Mann, so heißt es, brauche „eine gewisse gesetzte und feste Männlichkeit“, der Frau dagegen stehe es „gut an, eine weiche und feine Zärtlichkeit zu haben, mit einer Art von weiblicher Lieblichkeit in jeder Bewegung, die sie beim Gehen, Stehen und Sprechen oder wobei es auch sein mag, stets als Dame erscheinen lässt, ohne irgendwelche Ähnlichkeit mit dem Mann“[20]. Die Rollenzuschreibungen sind eindeutig. Als Ergänzung, als Supplement zum Hofmann sorgt die Frau für dessen Vollkommenheit, und insofern muss sie schön sein, „denn der Dame, der die Schönheit fehlt, fehlt wahrlich viel“[21]. Schicklichkeit, Anmut, Sanftmut, Schamhaftigkeit – dadurch können die Frauen den männlichen Drang und das kriegerische Wesen des Mannes mäßigen und sein Tun in Vernunft münden lassen, die ihnen selbst nicht notwendig Ingredienz sein muss. So

fremd uns dies heute erscheinen mag, das Modell hatte eine lange Geltungsdauer und erklärt Aussehen und Rolle der Frau im Porträt.

Castigliones „Cortegiano“ wurde 1561 von Sir Thomas Hoby ins Englische übersetzt und löste eine wahre Flut von „Courtesy“-Literatur aus, simpler gestrickt als der „Hofmann“ und pragmatischer in ihrer direkten Anwendbarkeit.[22] Besonders als Reaktion auf die entschieden libertine Restaurationszeit bestand Ende des 17. Jahrhunderts ein ausgeprägtes Bedürfnis nach moralischer Erneuerung durch erneute Rollenfestschreibung, wobei die Castiglione'sche Differenz zwischen männlichem und weiblichem Rollencharakter in England bereits 1631 von Richard Brathwait in den beiden Büchern „The English Gentleman“ und „The English Gentlewoman“ festgehalten worden war. Schon das Motto auf dem Titelblatt von „Gentlewoman“ ist eindeutig: „Grace my guide, glory my goale“, gemeint sind Anmut in der Erscheinung und tugendhaftes Verhalten im Leben.[23] Wenn der Hofmann wie bei Castiglione letztlich auf Vollkommenheit zielt, so die Gentlewoman auf Erfüllung in ihrer Tugendhaftigkeit. Männliche Tugend führt zur Aktion, weibliche durchtränkt alles Tun, die eine Tugend agiert öffentlich, die andere wirkt im Privaten. Männlicher Stärke korrespondiert weibliche Schönheit. Da in der Schönheit weibliche Tugend aufgehoben ist, kehrt das Porträt allein einen Idealtypus von Schönheit hervor.

Beredten Ausdruck hat dies in England in zwei Porträtserien gefunden: Sir Peter Lelys „Windsor Beauties“ und Godfrey Knellers „Hampton Court Beauties“.[24] Lelys zehn „Windsor Beauties“ sind wohl zwischen 1662 und 1665 entstanden und entstammen damit der Restauration. Sie unterscheiden kaum zwischen Adels- und Mätressenporträt, beide sind gleichermaßen offenherzig und aufreizend, wobei es offensichtlich besonderes männliches Vergnügen erregte, wenn sie zugleich in der Rolle der Maria Magdalena, der heiligen Agnes mit Unschuldslamm (Abb. 1) oder auch der keuschen Diana im Undress erschienen.[25] Der Schönheitstypus jedoch ist eindeutig normiert und wird durchgehend verwendet; die Porträts sind, wie Samuel Pepys 1668 in seinem berühmten „Diary“ schreibt, „good, but not like“[26]. Knellers „Hampton Court Beauties“ wirken weniger lasziv. Seine Serie der Hofdamen und Vertrauten von Königin Mary II. entstand 1690/91, also nach der „Glorious Revolution“. Zwar geht es auch hier um die Hervorkehrung der Schönheit der Dargestellten, doch ist diese der männlichen Verfügung sehr viel weitgehender entzogen (Abb. 2). Kneller verzichtet im Wesentlichen auf die christliche, mythologische oder ironische Einkleidung durch Entkleidung. Allenfalls eine pastorale Verklärung scheint erlaubt; Zurückhaltung und Würde, nicht das Vorzeigen körperlicher Vorzüge markieren das Thema. Ein gewisser Puritanismus greift Raum, jedoch nicht ohne ein Maß an Verfeinerung und Empfindsamkeit. Lelys Rollenadaption wird als bloße unangemessene Verbrämung durchschaubar, und dennoch markieren die beiden Serien nur zwei Seiten ein- und derselben Medaille: Hervorkehrung des eigentlichen, vermeintlich naturgegebenen Charakters bloßer Sinnlichkeit auf der einen,

Abb. 2 / Sir Godfrey Kneller, Diana de
Vere, Duchess of St. Albans, 1690/91, Öl
auf Leinwand, 233,7 x 114,9 cm, The
Royal Collection, Her Majesty Queen
Elizabeth II, Hampton Court

Abb. 3 / William Hogarth,
Captain Coram, 1740, Öl auf Leinwand,
239 x 147,5 cm,
Thomas Coram Foundation for Children

Verklärung eben dieses Charakters auf der anderen Seite, beides unter dem Signum der Schönheit. So erscheinen auch das frivole Spiel mit der Moral und ihre idealtypische Verklärung nur als zwei Formen männlichen Gebrauchs.

Hiergegen begannen am Anfang des 18. Jahrhunderts die moralischen Wochenschriften von Addison und Steele „Tatler" und „Spectator" sowie der „Guardian" Sturm zu laufen, und zwar durch Propagierung einer neuen „middle-class"-Moral – ob sich allerdings dadurch die tradierten Rollencharaktere grundsätzlich aufgelöst haben, ist fraglich. Die Moral, die propagiert wurde, war die Handelsmoral der Londoner City. Voraussetzung dafür war die neue Regierungsform der parlamentarischen Monarchie mit einer verhältnismäßig klaren Gewaltenteilung. Wenn über Positionen von den Whigs und Tories gestritten werden konnte, Zeitungen und Zeitschriften diese Auseinandersetzungen begleiteten, schließlich im fortgeschrittenen Jahrhundert die Karikaturisten die Argumente und ihre Vertreter aufs Korn nahmen und als hohl, vorgeblich, berechnend oder opportunistisch zu entlarven versuchten, dann entstand so etwas wie eine räsonierende Öffentlichkeit, eine öffentliche Meinung. Von politischer, aber auch philosophischer, besonders moralphilosophischer Seite galt es, auch diese Formation zu modellieren, möglichst auf Normen zu verpflichten. Nötig war das insofern, als der ständige Zustrom verarmter Landbevölkerung aufgrund einschneidender Landumstrukturierungen in die Londoner City soziale Probleme ent-

stehen ließ, die nach sozialer Ordnung riefen. Da London selbst im fortgeschrittenen 18. Jahrhundert keine Industriemetropole wurde, sondern lediglich Warenumschlagplatz blieb, gab es ein Heer von Angestellten, deren Verhalten die moralischen Wochenschriften, vor allem aber gesonderte Lehrlingsbreviere zu steuern suchten. Das soziale Elend versuchten auf privatbürgerlicher Initiative gegründete Sozialinstitutionen und Parlamentskampagnen in den Griff zu bekommen.

Von künstlerischer Seite war sicher William Hogarth auf beiden Feldern der Engagierteste. Er gehörte zu den Governors des St. Bartholomew's Hospital, malte, um einen ausländischen Konkurrenten zu verdrängen, ohne Honorar das Treppenhaus von dessen Versammlungsräumen mit großen Wandbildern aus, mit Themen, die der Funktion des Krankenhauses korrespondierten. Ebenso war Hogarth Governor des Foundling Hospitals, des Findelhauses, organisierte hier mit Künstlerkollegen die erste öffentliche permanente Kunstausstellung Englands, stiftete dem Findelhaus das lebensgroße Porträt seines Gründers Captain Coram (Abb. 3), organisierte Sozialaktivitäten und nahm in seinem eigenen Haus Findelkinder auf. Unterstützt wurden diese Bemühungen von der Kirche, und zwar besonders von den Latitudinariern. Sie stellten eine Reihe von Bischöfen in der Bench of Bishops im Oberhaus des Parlamentes und lieferten Woche für Woche so genannte Charity-Predigten, die an die Nächstenliebe appellierten und „benevolence" forderten,

Mildherzigkeit in Form vor allem von Mildtätigkeit. Die moralischen Wochenschriften trugen ihren Teil zu dieser durchaus umfassenden Bewegung bei.[27]

Richard Steele, Mitherausgeber der wichtigsten, um 1710 florierenden moralischen Wochenschriften, gab den Reformessay „The Christian Hero" heraus, der allein im 18. Jahrhundert 20 Auflagen erfuhr, und propagierte damit ein gänzlich neues Heldenideal. Nicht Herrscher und Feldherrn hätten Heldentaten vollführt, sie hätten den Völkern meist nur Elend gebracht. Besonders würdig sei vielmehr die Tugend der Bedürftigen, und so kreierte er den Begriff des „Heroick Poor"[28]. Jedermann stehe der Weg zu wahrem Ruhm durch barmherzige Taten offen. Von christlicher Seite wurden die großen Dulder Hiob und der barmherzige Samariter als wahre Helden gefeiert. Die alten Helden wurden so systematisch vom Sockel gestoßen. Auch die Philosophen beteiligten sich daran. Alexander Pope schrieb 1733/34 seinen „Essay on Man", begründete die neue Ethik, wenn auch in bewusst paradoxer Form, und ließ dabei am klassischen Helden kein gutes Haar – Alexander der Große

mutierte bei ihm zu „Macedonia's Madman"[29]. Der große Eroberer wurde gar zum eigentlichen Verbrecher. Henry Fielding, der als Novellenschreiber an der Umwertung der Werte ebenfalls großen Anteil hatte, wendete das Argument dialektisch. Er nennt den Verbrecher Jonathan Wild die gesamte gleichnamige Novelle hindurch den Großen, und dies auch noch durchgehend in Majuskeln.[30]

Fielding, gelernter Jurist, ist noch in anderer Hinsicht unter die großen Sozialreformer zu zählen, und darin hatte er sich mit William Hogarth verbunden. Die beiden betrieben in Wort und Bild die zu Recht in die Geschichte eingegangene große Anti-Gin-Kampagne. Die Kampagne hat eine lange Geschichte, von etwa 1720 bis 1751 dauerte sie und richtete sich gegen das unlizensierte Ginbrennen, das zu epidemischem Alkoholmissbrauch besonders in den niederen Klassen geführt hatte. Zeitweise befand sich in jedem vierten oder fünften Haus in London ein Ginausschank. Kirchlicherseits errechnete man, dass in London im Umkreis von 20 Meilen 10 000 Ginläden ihr Geschäft betrieben, man komme so auf eine Zahl von 400 000 Gintrinkern. Dass es so schwierig

Abb. 4 / William Hogarth, Beer Street,
Kupferstich und Radierung, 1751,
35,8 x 30,2 cm

Abb. 5 / William Hogarth, Gin Lane,
Kupferstich und Radierung, 1751,
35,8 x 30,2 cm

Abb. 6 / William Hogarth, Marriage à la Mode, Szene 1, Kupferstich und Radierung von G. Scotin, 1745, 35,5 x 44,5 cm

war, gesetzlich gegen den Ginmissbrauch vorzugehen, und dass die Bemühungen so langwierig waren, lag am „landed interest", der eine starke Parlamentslobby hatte und für die Ginbrennerei auch in Zeiten schlechter Ernten sein minderwertiges Getreide absetzen konnte. Denn gerade die mittleren „landowners" aus der Gentry waren aufgrund des umfassenden Strukturwandels der Landwirtschaft in ökonomische Schwierigkeiten geraten. Schließlich wurden die Verhältnisse in London gänzlich unhaltbar, und eine letzte große konzertierte Aktion führte zur endgültigen Gesetzgebung. Fielding publizierte 1751 „An Inquiry Into the Courses of the late Increase of Robbers & C. With Some Proposals for Remedying this Growing Evil" und sah darin den Ginkonsum als verantwortlich für das rapide Ansteigen von Verbrechen, vor allem der organisierten Kriminalität durch die Armen („the lower Order of People"). Die Kirche verstärkte ihren Druck im Parlament und publizierte nicht zu widerlegendes statistisches Material, William Hogarth wiederum veröffentlichte parallel zu Fielding sein Gegensatzpaar „Beer Street" und „Gin Lane" (Abb. 4 und 5). Die Tendenz ist eindeutig: Bier ist gesund und nahrhaft, dient letztlich der Volkswohlfahrt, Gin dagegen führt zu endzeitlichen Zuständen, unterminiert die Gesundheit für alle Zeiten, fördert die ohnedies erschreckende Kindersterblichkeit, im Delirium, das den Verstand zerstört, verliert sich alle soziale Ordnung. Hogarths holzschnittartiges Argument gewann besondere Schlagkraft, indem er die Blätter in Analogie zu den Flügeln eines Jüngsten Gerichts gestaltete. So wie die Auferstandenen zum Brunnen als der Quelle des Lebens drängen, so werden die Verdammten in den Höllenrachen befördert und von Teufeln gefoltert, die ihnen mit Trichtern Unmengen von Flüssigkeit

einflößen. Das Mittelbild eines Jüngsten Gerichts mit dem göttlichen Urteil fehlt bezeichnenderweise, an seine Stelle tritt das irdische Gericht mit seiner Rechtssprechung, an deren Reformen die Gebrüder Fielding arbeiteten.[31]

Voraussetzung für die adäquate Darstellung und Formierung von Sozial- und Normreformen besonders aufseiten des Künstlers ist es, dass er soziale Differenzen genau zu beobachten und zu analysieren weiß. Wie präzise derartige Beobachtungen im künstlerischen Werk ihren Niederschlag finden können, das sei allein an einer Grafik aus Hogarths dritter Moralserie „Marriage à la mode" von 1745 demonstriert. Während die Vorläufer, in den, wie Hogarth sie nennt, „modern moral subjects", „A Harlot's Progress" von 1732 und „A Rake's Progress" von 1735 primär auf die „middle-class" zielen, ihr demonstrieren, wohin es führt, wenn man den Verführungen der Großstadt nicht widersteht respektive das von der älteren Generation in harter Arbeit Erwirtschaftete hemmungslos verprasst und über seinen Stand hinaus strebt, will „Marriage à la mode" vor allem dem Adel den Spiegel vorhalten. Auch dessen hemmungsloses Luxusleben ohne jede Moral kann in die Katastrophe führen.

Szene 1 der Serie (Abb. 6) zeigt den Ausgangspunkt allen Übels.[32] Eine arrangierte Heirat wird besiegelt. Die Betreiber des Geschäfts möchten von ihm gleichermaßen profitieren: Der pompöse Altadlige in Finanznöten versucht, sich zu sanieren, indem er seinen Sohn der Tochter eines reichen Kaufmanns verheiratet; der Kaufmann möchte sozial

Abb. 7 / Louis-François Roubiliac,
Händel-Denkmal, 1738, H. 135,3 cm,
London, Victoria and Albert Museum

Adelsvater demonstriert adlige Überlegenheit. Trotz seiner aus Übermaß an Speis und Trank verursachten Gicht, worauf das umwickelte Bein hindeutet, sitzt er elegant da, geradezu im Kontrapost, die Hand liegt elegant auf der Hemdbrust, von der eigenen Bedeutsamkeit überzeugt, der Blick ruht nicht auf dem schnöden Geld, das bereits über den Tisch zu ihm gewandert ist und die Aufrechterhaltung des gewohnten Lebensstiles ermöglichen soll. Der Kaufmann hätte an seiner Stelle nachgezählt. Plump sitzt er da, die Beine unelegant nebeneinander gestellt, er berührt die Rückenlehne seines Stuhles nicht, prüft mit dem Kneifer auf der Nase das Heiratsdokument; es muss schließlich alles seine Ordnung haben. Sind schon diese beiden in ihrem jeweiligen Stand und Selbstverständnis perfekt beobachtet, so sind es die Opfer der Heiratspolitik nicht weniger. Wenn der Adelsvater barocke Pracht mit Allongeperücke verströmt, so ist der Sohn schon in elegantem Rokoko gekleidet, statt Allongeperücke à la mode bereits Zopf. Sein blasiertes Verhalten entspricht seinem Adelshabitus, Gefühle sind sublimiert, seine Gesten internalisiert. Die Bürgerstochter kann ihre Gefühle nicht unterdrücken, in ihrem dumpfen Hocken finden sie körperlichen Ausdruck.

Man kann die Betrachtung fortsetzen, die Galerie im Empfangszimmer des Adligen analysieren, auf die geradezu penetrant betonte Grafenkrone hinweisen, die so gut wie jeden Gegenstand ziert, darauf, dass der durchs Fenster zu erkennende Neubau des Adligen, der aufgrund der Finanzklemme ins Stocken geraten ist, zeitgenössischem Neopalladianismus frönt, jedoch entschieden gegen die Architekturordnungen verstößt. Bei aller Adelsnoblesse erfüllt er doch die Standesanforderungen nicht. Schon bei Castiglione heißt es, Grazie dürfe nicht in Affektation entarten, zu viel des Guten zerstöre das Idealbild ebenso wie zu wenig.[33] Es handelt sich hierbei also weniger um einen generellen Adelsangriff als vielmehr um ein Einklagen der Standesgrenzen und des jeweils zugehörigen Habitus. Sicher bestätigt dies die gesellschaftliche Ordnung, doch die Detailanalyse ermöglicht es, schichtenübergreifend zu kritisieren, und dabei werden Adel und Hof nicht ausgenommen. Letztlich zielt dies auf für alle verbindliche Normen, und das können auf Dauer nur diejenigen der „middle-class" sein.

Wie umfassend das Bedürfnis nach einer Neuformulierung der Normen und ganz praktisch der Manieren im England der ersten Hälfte des 18. Jahrhunderts gewesen ist, das mag eine andere Unternehmung aus dem Hogarth-Kreis belegen. 1738 gestaltete Louis François Roubiliac, der aus Hogarths St. Martin's Lane Academy stammte, mit ihm befreundet war und eine Büste von ihm schuf, ein Händel-Denkmal für Londons großen Vergnügungspark Vauxhall Gardens (Abb. 7).[34] Unklar ist, warum das Denkmal im Vergnügungspark platziert wurde und warum Händel überhaupt ein Denkmal erhielt, handelte es sich bei Roubiliacs Monument doch um das erste Denkmal der Geschichte für eine noch lebende Größe. Erst um einiges später sollte diese Ehre auch Voltaire widerfahren. Der Vergnügungspark hatte eine längere Geschichte, sein Grund und Boden gehörte dem Prince of Wales, dem Sohn

aufsteigen. Die Väter bringen das Geschäft zum Abschluss, während die betroffenen Kinder dies entweder missmutig oder völlig gleichgültig zur Kenntnis nehmen. Ein Rechtsvertreter redet schmeichelnd auf die Bürgertochter ein, im Lauf der Geschichte wird er ihr Geliebter werden und die endgültige Katastrophe auslösen, doch auch der unbeteiligte und nur mit sich selbst beschäftigte Adelslaffe wird sich auf Abwege begeben. Am Ende wird er von seinem Nebenbuhler erstochen, der dafür auf Tyborn am Galgen endet, die ungetreue Ehefrau wird mit Schimpf und Schande beladen ins Elternhaus zurückkehren und sich selbst vergiften. Das gemeinsame Kind erbt die Geschlechtskrankheit des honorigen Vaters und wird die bis auf Wilhelm den Eroberer zurückreichende Adelslinie nicht mehr fortsetzen können. Fürwahr eine Schauergeschichte mit der Moral, dass blaues Blut und Kaufmannsgut sich nicht unbedingt reimen. Die Vermischung der Klassen und der Bruch mit den jeweiligen Standesnormen sind grundsätzlich, so wird hier argumentiert, von Übel.

Nun sind Hogarths Grafiken vielfältig aufgeladen. Dazu hier nur Weniges: Die Charakterisierung des Personals geht in letzte Details. Der

Georg II., der 1727 auf den Thron kam. Der Prince of Wales hatte das Gelände an den Unternehmer Jonathan Tyers vermietet, der sofort mit einer grundsätzlichen Umgestaltung des Parks begann. War der Park zuvor eine Art Freilichtbordell für die niederen Klassen gewesen, so wurde er jetzt umzäunt, es wurde Eintritt erhoben, noblere Gebäude wurden errichtet, vor allem so genannte supper-boxes, die man mieten und in denen man in Gesellschaft abends speisen konnte. Im Zentrum wurde ein Musikpavillon errichtet, auf dem ein Orchester allabendlich Stücke von Johann Christian Bach, Thomas Arne und eben auch Händel aufführte. Durch die Musik, so propagierte es Tyers in immer neuen Annoncen über die Jahre, sollte das sittenlose Treiben in eine kultivierte Form des Musikgenusses überführt werden, die Triebe sollten durch die Musik besänftigt werden, so wie Orpheus die wilden Tiere mit seiner Musik gezähmt oder David Sauls Zorn besänftigt, sein verdüstertes Gemüt durch das Harfenspiel erhellt hatte.

Musik als Zivilisierungsinstrument – das war durchaus neu, denn bis dato hatte ein musikalischer Vortrag primär dem Divertimento gedient. Man unterhielt sich und speiste während der Vorführung, die Musik gab nicht mehr als den Hintergrund ab; jetzt sollte die Menge ihr schweigend lauschen. Wir beobachten die Geburt des modernen Konzertpublikums, und der Patron des Gartens sollte der berühmte Händel sein. Dem war das gar nicht recht, er fühlte sich im Vergnügungspark am falschen Ort, war er doch ein Anhänger und Verfechter der italienischen Oper, in Sonderheit ihrer tragischen Ausprägung, der Opera seria. Nun sollten Hinz und Kunz seine Musik trällern? Roubiliac ließ sich nicht abhalten und gestaltete sein Denkmal, das in einer großen halbrunden Nische aus supper-boxes in unmittelbarer Nähe des Musikpavillons auf einen Sockel gestellt wurde. Aber in was für einer Form! Händel ist mit seiner Hausmütze dargestellt, hat also die für ihn in der Öffentlichkeit unerlässliche Allonge-Perücke abgesetzt, unter der man Glatze trug, um nicht zu schwitzen; zu Hause überdeckte man die Blöße mit der Hausmütze. Zudem sitzt er entspannt mit übergeschlagenem Bein auf einem zweiten Sockel und klimpert mit offener Hemdbrust und offenem Hausmantel auf der – allerdings klassischen – Leier. Die Kniebundhosen sind über dem Knie noch nicht einmal zugeknöpft, die Socken rutschen, die Krönung jedoch sind die Pantoffeln, der eine hängt vom Fuß des übergeschlagenen Beines, den anderen hat er gar ausgezogen und benutzt ihn als Fußabtreter. Da mag der Putto noch so sorgfältig die Töne seines Geklimpers notieren, hier gibt es nichts zu retten. Händel ist in den Vergnügungspark eingemeindet worden und sieht sich gemein gemacht.

Eine Zeitlang wehrte er sich noch gegen eine derartige Inanspruchnahme, doch dann musste er einsehen, dass die italienische Oper in England an ihr Ende gekommen war, die „Beggar's Opera" in der Nationalsprache neue Töne anschlug und insofern politisch war, als sie unverkennbar die korrupte Regierung Walpole angriff und den Straßenräuber Macheath zum eigentlichen, durchaus sympathischen Helden machte, was noch Bertolt Brecht bekanntlich höchlichst erfreute. Händel

schwammen die Felle davon; da er aber auch ein cleverer Geschäftsmann war, disponierte er um, schrieb weltliche Chorwerke, Serenata genannt, und Oratorien. Zur Aufführung brachte er sie beispielsweise in Sozialinstitutionen als Benefizkonzerte, etwa im Foundling Hospital; dort engagierte er sich bei der Installierung einer Orgel und ließ als Einweihungskonzert den „Messias" aufführen. Bis heute hat die Forschung nicht zur Kenntnis genommen, dass Händel hier auf Hogarths Feld wilderte, der für die Ausgestaltung des Findelhauses mit Bildern sorgte und dem der Komponist dort schon in dessen Funktion als Governor begegnet sein muss, denn auch Händel wurde nun Governor. Aus der Adelskultur war er in die Bürgerkultur gewechselt, widerstrebend zwar, aber erfolgreich. 1749 ließ er die „Feuerwerksmusik", die zur Feier des Friedens von Aachen komponiert worden war, mit riesigem Orchester vor sage und schreibe 12 000 Personen in Vauxhall Gardens uraufführen, was eine stundenlange Verstopfung von London Bridge zur Folge hatte, danach wiederholte er die Aufführung im Findelhaus mit Auszügen aus weiteren Werken. Hogarth wie Händel taten etwas für die Sozialinstitutionen, definierten aber auch ihren Ort und den Ort ihrer Kunst in der Gesellschaft neu, nicht ohne finanziellen Erfolg. Statt Adelspatronage als soziale Sicherung nun Ausnutzen bürgerlicher Geschäftsformen.

In der zweiten Hälfte des 18. Jahrhunderts wurden die bürgerlichen Verhaltensnormen ausdifferenziert. Sie waren nicht mehr wie noch in der Generation von Hogarth allein auf die Behauptung in der City und ihr Geschäftsgebaren bezogen, sondern stellten universale, die Gesamtgesellschaft umfassende Ansprüche dar. Wenn von stadtbürgerlicher Seite das eigene Verhalten zur gesamtgesellschaftlichen Norm erklärt und vor allem als natürlich deklariert wurde, dann musste es jetzt darum gehen, dieses natürliche Verhalten als ein allgemein menschliches zu modellieren, und zwar durch Sensibilisierung. Nicht mehr um angelerntes Verhalten ging es, sondern um aus dem reinen Gefühl als wahrhaften Naturausdruck sich quasi automatisch ergebendes Verhalten. Unverstellter Ausdruck des Inneren sollte sich in zwischenmenschlichem Verkehr äußern. Daraus entstand das, was man vor allem in England Sensibilitätskult genannt hat: ein forciertes Den-eigenen-Gefühlen-Nachspüren, wobei selbst den Männern tränenreiche Entäußerungen zugestanden wurden und sie auch vor Überwältigung durch Ohnmacht nicht mehr zurückschreckten.[35]

Wenn Fielding in seinen Novellen den sozialreformerischen Part in der Tradition Hogarths übernahm, dann initiierte Samuel Richardson bei aller auch bei ihm zu findenden Moraldidaxe in etwa zeitgleich das sentimentale Gegenstück zuerst in seinem Briefroman „Pamela or virtue rewarded", 1740. Fielding erschien dies angesichts der realen sozialen Verhältnisse als ein Zuviel an reiner Gefühligkeit und Güte und er antwortete mit einer „Shamela" betitelten Parodie – was dem Erfolg der neuen sentimentalen Literatur nichts anhaben konnte. Richardson feierte mit seiner nächsten Novelle „Clarissa Harlowe" von 1747/48 Triumphe. Obwohl Clarissa einem skrupellosen Verführer zum Opfer fällt, wecken die Reinheit ihrer Gefühle und der dafür in Kauf genommene Tod selbst in den Verstocktesten menschliche Empfindungen. Das Ziel beim Leser ist erst erreicht, wenn er von seinen eigenen Gefühlen überschwemmt wird und dies als seelische Reinigung erfährt.

„My Fair Lady"-Geschichten hatten Saison. Die berühmteste, übrigens auch die Quelle für besagtes Musical, spielte sich in der Wirklichkeit ab. Amy Lyon, geboren 1765, war die Tochter eines Hufschmieds, verdingte sich in London als Kindermädchen; mit Schönheit gesegnet wurde sie Objekt adliger Begierde, gebar ein uneheliches Kind, änderte ihren Namen in Emma Hart, wurde die Geliebte von Charles Greville, der sie an seinen Onkel Sir William Hamilton, den englischen Gesandten in Neapel, verhökerte, um für sich selbst den Weg für eine gute Adelspartie frei zu machen. Nach Grevilles Vorstellungen sollte sie seinem Onkel eine angenehme Gespielin sein, um zu verhindern, dass der Onkel sich noch einmal vereheliche, was Grevilles Erbabsichten durchkreuzt hätte. Emma Hart durchlief in Neapel eine selbst auferlegte Schu-

Abb. 8 / George Romney, Emma Hamilton als „Sensibility", um 1786, Öl auf Leinwand, 160 x 115,6 cm, Privatbesitz

lung zur Lady, und zum Entsetzen von Greville verliebte sich der Onkel in Emma und heiratete sie schließlich, so dass sie zu Lady Hamilton wurde. Der alte ambasciatore schmückte sich mit ihrer schönen Jugend, sie erlangte als Attitüdendarstellerin Berühmtheit. Emma Hart kultivierte ihr schauspielerisches Talent, war in der Lage, in weißer antikischer Robe, einem Undress, nur mit Hilfe eines langen weißen Schals in großer Geschwindigkeit verschiedene Rollen einzunehmen. Sie stellte bekannte Kunstwerke oder mythologische Figuren nach und war bald berühmt dafür, das jeweilige Sentiment der verkörperten Figur perfekt zum Ausdruck bringen zu können. Vor Publikum spielte sie viele Rollen nacheinander, rührte es zu Tränen und löste Begeisterungsstürme aus.[36]

Lady Hamilton überlieferte 1791, wie es ihr möglich wurde, ihren Habitus so zu formen, dass sie sich in der Neapolitaner Hofgesellschaft und vor den ungezählten englischen Reisenden im Palast von Sir William Hamilton behaupten konnte. Sie hatte Gesangs- und Schauspielunterricht genommen, doch am Wichtigsten war ihr die Lektüre einer der berühmtesten Dichtungen ihrer Zeit, die sie immer wieder konsultiert hatte: „The Triumph of Temper" von William Hayley, ein ungemein erfolgreicher Entwurf kontrollierter Gefühligkeit, der, wie Emma Hart gestand, sie erst zu Lady Hamilton gemacht habe. Die Hauptperson Serena war eine der Lieblingsposen Emmas.[37]

Indirekt verweist uns dies auf die Tatsache, dass die bildende Kunst, vor allem in Gestalt von George Romney, entscheidenden Anteil an der Modellierung von Emma gehabt hat. Romney nämlich stellte sie, sehr zur Freude von Hayley, mit dem er eng befreundet war, gleich mehrfach in der Rolle der Serena dar – und nicht nur das: Bevor Emma zur gefeierten Attitüdendarstellerin aufstieg, hat Romney sie – und zwar schon in London, als sie noch die Geliebte von Charles Greville war – in den verschiedensten Rollen abgebildet; Künstler und Modell suchten dabei stets nach dem jeweils angemessenen Ausdruck und der passenden Kleidung. Offensichtlich war dies Emmas Vorschule der Attitüdenästhetik. Romney stellte sie meist in bloßen Kopf- oder Bruststücken dar: als Ariadne, trauernd von Theseus auf Naxos verlassen, als heilige Cäcilie mit himmelndem Blick vor einem Notenbuch, als büßende Magdalena, als Kalypso, als Bacchantin, als Miranda, mindestens dreimal als Kassandra, als Jeanne d'Arc, als Circe mit verzauberndem Blick, als Medea mit Wahn im Ausdruck, sich nach Unsichtbaren umschauend. Darüber hinaus zeigte er sie auch als Betende, als Verkörperung der Freude oder am Spinnrad sitzend und, sehr bezeichnend in unserem Zusammenhang, einmal als „Nature", als Verkörperung der unschuldigen Natürlichkeit, und zum anderen als „Sensibility" (Abb. 8), als Gefühl an sich – auch dies geht auf Hayleys Dichtung zurück. Lady Hamilton, nun als Dreiviertelfigur, nähert sich in der Rolle der „Sensibility" hingebungsvoll kniend dem Blatt eines Mimosenstrauches. Bekanntlich rollen sich die Blätter der Mimose bei der geringsten Berührung zusammen – und die entsprechende Überempfindlichkeit als Zeichen höchster Sensibilität und ausgeprägten Einfühlungsvermögens sollte auch Emma auszeichnen.[38]

Abb. 9 / Joseph Wright of Derby, Edwin, nach Dr. Beatties „Minstrel", Öl auf Leinwand, 160 x 116,8 cm, 1777/78, Hambros Bank Limited

Abb. 10 / Joseph Wright of Derby, Maria, nach L. Sterne, Öl auf Leinwand, 160 x 115,6 cm, 1781, Derby Art Gallery

Romneys Rollenporträts von Emma entstanden von 1782 ab im Verlauf vieler Jahre. Anfang der 80er-Jahre konnte Romney auf zwei Vorläufer zurückgreifen, die den Typus überstarker Empfindsamkeit vorbildeten, welche, wenn sie missverstanden wird, etwa in Form von Melancholie, gar vom Absturz in den Wahn bedroht ist. Beide Künstler, Angelika Kauffmann und Joseph Wright of Derby, bezogen sich dabei bezeichnenderweise ebenfalls auf literarische Quellen: auf Laurence Sternes „Tristram Shandy" von 1760–1767 und vor allem auf dessen „Sentimental Journey" von 1768. In beiden Romanen taucht die aus enttäuschter Liebe erst in Melancholie und dann in geistige Verwirrung gefallene Figur der Maria auf. Als „Mad Maria" wurde sie zur Ikone des Sensibilitätskultes. Angelika Kauffmann prägte den Typus 1777. Joseph Wright of Derbys Bild von 1781 (Abb. 10), auf dem Maria mit verdüs-

tertem Blick und Melancholiegestus, aber in großer Schönheit zu sehen ist, mit einer Flöte in der Hand, auf der sie traurige, zu Herzen gehende Weisen spielte – eine Form von unmittelbarem, nicht rational gefiltertem Gefühlsausdruck –, hatte ein Pendant, das drei Jahre zuvor entstanden war, abermals eine Figur aus einer empfindsamen Dichtung: James Beatties Gedicht „The Minstral; Or the Progress of Genius" (Abb. 9), entstanden 1771–1774. Der Held des Poems, der Hirtenknabe Edwin, verliert sich melancholisch in die Natur, die er voller Begeisterung anbetet und vor der er um dichterischen Ausdruck ringt. So werden zwei Formen der Melancholie einander gegenübergestellt, ganz im Sinne der klassischen Melancholielehre der Renaissance: diejenige, die als dichterische Inspiration durch besondere Empfindsamkeit zum Genie führt, und diejenige, die die Empfindsamkeit nicht erträgt und in Wahn verfällt.[39]

Abb. 11 / Daniel Chodowiecki,
Natürliche und affektirte Handlungen
des Lebens, Blatt 7, „Kunst-Kenntnis"

Abb. 12 / Daniel Chodowiecki,
Natürliche und affektirte Handlungen
des Lebens, Blatt 8, „Kunst-Kenntnis"

Es mag vielleicht verwundern, dass gerade Laurence Sterne als Quelle diente, denn bei ihm wird Empfindsamkeit immer wieder satirisch, wenn nicht gar obszön aufgehoben bzw. gebrochen. Doch die Zeitgenossen lasen seine Sentimentszenen nichtsdestotrotz und zweifelten nicht an der Wahrhaftigkeit des jeweils geschilderten Sentimentes. Deutlicher Ausdruck dafür ist die Herauslösung und Zusammenführung all seiner Sentimentszenen in einem Sammelband von 1782 mit dem Titel „The Beauties of Sterne: Including all his Pathetic Tales, and most distinguished Observations on Life. Selected for the Heart of Sensibility" – bis 1799 erschienen von dieser Publikation 13 Auflagen. Nicht allein Charakterbildung, sondern Herzensbildung macht den Menschen menschlich.[40]

Doch – und dies sei als Letztes bemerkt – tiefe Empfindung muss nicht unbedingt körperlichen Ausdruck finden, sondern kann sich in gänzlicher Verinnerlichung niederschlagen. Auch das wussten die Künstler des 18. Jahrhunderts und haben es dargestellt. Chodowiecki kontrastiert in seiner Serie „Natürliche und affektierte Handlungen des Lebens" jeweils richtiges und falsches Verhalten.[41] Das vierte Gegensatzpaar der Serie von 1779 stellt zwei Formen der „Kunst-Kenntnis" (Abb. 11 und 12) einander gegenüber. Jeweils betrachten zwei gleich gekleidete Her-

ren die Statue einer Flora oder Pomona. Die gleiche Kleidung könnte darauf hinweisen, dass es sich bei den beiden Kunstbetrachtungen nicht um eine Gegenüberstellung höfischer und bürgerlicher Rezeptionsweisen handelt, sondern schlicht um die richtige oder die falsche Form. Allerdings sind die affektierten Kunstbetrachter allein damit beschäftigt, sich wechselseitig ihre Kompetenz zu beweisen, nicht das Werk selbst interessiert sie, sondern ihr Verfügen über eine tradierte Rhetorik. Anders die natürlichen Kunstbetrachter, sie sind schweigend, jeder für sich auf das Kunstwerk konzentriert. Der eine hat gar seinen Dreispitz abgesetzt, die Hände vor dem Leib zusammengenommen, der andere ist ins Werk versunken, das es den beiden durch ein Lächeln dankt, während die Kunstdeklamateure grimmig von der Statue betrachtet werden. Zu konstatieren ist also ein veräußerlichtes und ein verinnerlichtes Verhalten angesichts von Kunst und damit letztlich doch eine höfische und eine bürgerliche Rezeptionsform. Daraus entsteht – ohne dass dies hier noch auszuführen wäre – ein neuer Bildtypus, der verinnerlichtes, sich nicht in Mimik Ausdruck schaffendes Verhalten als vorbildhaft deklariert. Die dargestellten Figuren sind dann jeweils Reflexionsfiguren – auch für den Betrachter, der sich aufgefordert sieht, die Leerstelle mit seinem dem Gegenstand angemessenen Gefühl zu besetzen, und der sich dabei in seiner Empfindsamkeit selbst erfährt.

1 / Doris Foitzik (Hg.), Vom Trümmerkind zum Teenager. Kindheit und Jugend in der Nachkriegszeit, Bremen 1992, darin bes. die Beiträge von Annemarie Meister, Doris Foitzik und Kerstin von Freytag-Löringhoff.

2 / Zit. ebd, S. 154.

3 / Ebd.

4 / Baldesar Castiglione, Das Buch vom Hofmann. Übers., eingeleitet und erläutert von Fritz Baumgart, Bremen 1960, s. Baumgarts Einleitung, S. VII–LXX.

5 / Julius Bernhard von Rohr, Einleitung zur Ceremoniel-Wissenschaft der Privat-Personen, hg. und kommentiert von Gotthardt Frühsorge, Leipzig 1989 (nach der Ausgabe Berlin 1728). Frühsorges Nachwort liefert den gattungsgeschichtlichen und geistesgeschichtlichen Zusammenhang.

6 / Adolph Freiherr von Knigge, Über den Umgang mit Menschen, 2 Bde., Hannover 1788.

7 / Karl Ludwig Fernow, Carstens. Leben und Werk, hg. und ergänzt von Hermann Riegel, Hannover 1867, der gesamte Brief: S. 138–142, Zitat S. 140; dazu: Werner Busch, Akademie und Autonomie. Asmus Jakob Carstens' Auseinandersetzung mit der Berliner Akademie, in: Ausst. Kat. Berlin zwischen 1789 und 1848. Facetten einer Epoche, Akademie der Künste, Berlin 1981, S. 81–92.

8 / Fernow, a. a. O. (Anm. 7), S. 140.

9 / Ebd., S. 141.

10 / Ebd.

11 / Goethe zu Grazie und Anmut: Johann Wolfgang von Goethe, Kunsttheoretische Schriften und Übersetzungen, Schriften zu bildenden Kunst I (= Berliner Ausgabe, Bd. 19), Berlin/Weimar 21985, S. 131; siehe Historisches Wörterbuch der Philosophie, hg. v. Joachim Ritter, Bd. 3, Basel 1974, Art. Grazie, Anmut, Sp. 866–871, bes. 868.

12 / Castiglione, a. a. O. (Anm. 4), 1. Buch, Kap. 24, S. 50 und Kap. 26, S. 53f. und Kommentar S. XLIIf.

13 / Siehe Baumgarts Kommentar, ebd., S. XLIII.

14 / Renesselaer W. Lee, Ut pictura poesis: The Humanistic Theory of Painting, New York 1967, Kap. 5 „Decorum", S. 34–41; Alste Horn-Onken, Über das Schickliche. Studien zur Geschichte der Architekturtheorie, Göttingen 1967; Francis Ames-Lewis/Anka Bednarek (Hg.), Decorum in Renaissance Narrative Art. Papers delivered at the Annual Conference of the Assocication of Art Historians, London, April 1991, London 1992.

15 / Castiglione, a. a. O. (Anm. 4), S. 53; siehe auch S. 54 und 57f.; dazu: Valeska von Rosen, Mimesis und Selbstbezüglichkeit in den Werken Tizians. Studien zum venezianischen Malereidiskurs, Emsdetten-Berlin 2001, S. 321–332.

16 / Mark W. Roskill, Dolce's „Aretino" and Venetian Art Theory of the Cinquecento, New York (mit einer kompletten Edition und Übersetzung von: Lodovico Dolce, Dialogo della Pittura, Venedig 1557), S. 156f.

17 / Giorgio Vasari, Das Leben des Tizian, neu übers. von Victoria Lorini, kommentiert und hg. von Christina Irlenbusch, Berlin 2005, S. 45.

18 / Castiglione, a. a. O. (Anm. 4), S. 54.

19 / Ebd., 2. Buch, Kap. 91, S. 225.

20 / Ebd., 3. Buch, Kap. 4, S. 245.

21 / Ebd.

22 / Ausführlich zur „Courtesy"-Literatur: Katrin Herbst, Schönheit als Tugend. Sir Godfrey Kneller und die englische Porträtmalerei um 1700, phil. Diss. FU Berlin 2002, Kap. 3, S. 100–144.

23 / Ebd., S. 108–112, bes. S. 109.

24 / Ebd., S. 148–156; vor allem aber: Stephanie Goda Tasch, Studien zum weiblichen Rollenporträt in England von Anthonis van Dyck bis Joshua Reynolds, phil. Diss. Bochum, Weimar 1999, Kap. 3 und 4, S. 45–92.

25 / Über die besondere Frivolität dieser Porträts: Graham Greene, Lord Rochester's Monkey being the Life of John Wilmot, Second Earl of Rochester, New York-Baltimore 1976 (geschrieben zwischen 1931 und 1934, doch damals als obszön unterdrückt, zuerst erschienen 1974).

26 / Robert Latham/William Matthews (Hg.), The Diary of Samuel Pepys, 11 Bde., London 1970–83, Bd. 9 (1668/69), London 1983, S. 284 zu Lelys „Windsor Beauties".

27 / Werner Busch, Das sentimentalische Bild. Die Krise der Kunst im 18. Jahrhundert und die Geburt der Moderne, München 1993, S. 30-36, 275-279.

28 / Ebd., S. 26–30 (Richard Steele, The Christian Hero, hg. v. Rae Blanchard, Oxford/London 1932, S. 76).

29 / Ebd., S. 29 (Alexander Pope, Essay on Man, London 1733/34, 4. Teil, Z. 222).

30 / Ebd., S. 123f. Henry Fielding, Die Lebensgeschichte des Mr. Jonathan Wild, des Großen, dt. von Paul Baudisch (= Henry Fielding, sämtliche Romane in vier Bänden von Norbert Miller, Bd. 1), München 1965, siehe bes. 1. Buch, Kap. 1, S. 407 (zu Alexander d. Gr.), 1. Buch, Kap. 14, S. 449-455, 4. Buch, Kap. 12, S. 598-601, ebd., 14. Kapitel, S. 607-611.

31 / Ausführlich zu diesen Zusammenhängen: Bertold Hinz, William Hogarth, Beer Street und Gin Lane. Lehrtafeln zur britischen Volkswohlfahrt, Frankfurt/Main 1984; Busch, a. a. O. (Anm. 27), S. 264-294.

32 / Zum Nachfolgenden: Werner Busch, Hogarths Marriage A-la-mode. Zur Dialektik von Detailgenauigkeit und Vieldeutigkeit, in: Ausst. Kat. Marriage A-la-mode. Hogarth und seine deutschen Bewunderer, hg. v. Martina Dillmann und Claude Keisch, Staatliche Museen zu Berlin, Nationalgalerie; Städelsches Kunstinstitut und Städtische Galerie Frankfurt am Main, Berlin 1998, S. 70-83, engl. Ausgabe als: Werner Busch, Hogarth's Marriage A-la-Mode: the dialectic between precision and ambiguity, in: David Bindman/Frédéric Ogée/Peter Wagner (Hg.), Hogarth. Representing nature's machines, Manchester and New York 2001, S. 195-218.

33 / Castiglione, a. a. O. (Anm. 4), Buch 1, Kap. 27, S. 55 und Kap. 28, S. 56f.

34 / Ausführlich hierzu: Werner Busch, Händel und der Wandel der Konversation, in: Siegfried Schmalzriedt (Hg.), Aspekte der Musik des Barock. Aufführungspraxis und Stil. Bericht über die Symposien der Internationalen Händel-Akademie Karlsruhe 2001 bis 2004 (= Veröffentlichungen der Internationalen Händel-Akademie Karlsruhe, Bd. 8), Laaber 2006, S. 139-165.

35 / John Mullan, Sentiment and Sociability. The Language of Feeling in the Eighteenth Century, Oxford 1988; Werner Busch, Das Einfigurenhistorienbild und der Sensibilitätskult des 18. Jahrhunderts, in: Ausst. Kat. Angelika Kauffmann, Kunstmuseum Düsseldorf, Ostfildern-Ruit 1998, S. 40-46; Hartmut Reck, Die Ethik des englischen Sensibilitätskultes und ihrer literarischen und malerischen Manifestation, phil. Diss. FU Berlin 2002, Frankfurt/Main 2003.

36 / Ausführlich zu Lady Hamilton: Ulrike Ittershagen, Lady Hamiltons Attitüden, phil. Diss. Bochum 1996, Mainz 1999.

37 / Zu Hayley und seinen „Triumphs of Temper", 3. Ausgabe London 1781: Werner Busch, Romneys „Howard". Revolution und Abstraktion, in: Städel Jahrbuch N. F. 16, 1997, S. 289-332, bes. 295f., 303, 305-308.

38 / Zu Emmas Rollenporträts von Romney in allem Detail: Ittershagen, a. a. O. (Anm. 36), S. 114-190.

39 / Zu Angelika Kauffmanns „Irrer Marie" und den verschiedenen Fassungen vgl. Ausst. Kat. Angelika Kauffmann, a. a. O. (Anm. 35), Kat. Nr. 255, S. 416; zu Wright of Derbys Pendants: Ausst. Kat. Wright of Derby, Tate Gallery, London 1990, Kat. Nr. 57 und 58, zur früheren Fassung der „Maria", ebd., Kat. Nr. 52, dort auch zu weiteren englischen „Maria"-Bildern.

40 / Werner Busch, Laurence Sterne und die bildende Kunst, in: Kunsthistoriker. Mitteilung des österreichischen Kunsthistorikerverbandes 15/16, 1999 (= 10. Österreichischer Kunsthistorikertag), S. 117-125; The Beauties of Sterne: Including all his Pathetic Tales, and most distinguished Observations on Life. Selected for the Heart of Sensibility, London 1782.

41 / Werner Busch, Daniel Chodowieckis „Natürliche und affectirte Handlungen des Lebens", in: Daniel Chodowiecki (1726-1801). Kupferstecher - Illustrator - Kaufmann, hg. v. Ernst Hinrichs und Klaus Zernack (= Wolfenbüttler Studien zur Aufklärung, Bd. 22), Tübingen 1997, S. 77-99.

Schlag nach bei Knigge!
Die unendliche Geschichte vom guten Benehmen / Walter Weber

Wenn Goethe über die Deutschen nachdachte, kamen ihm zuerst ihre Unarten in den Sinn. Nur allzu gern kritisierte er an seinen Landsleuten den Mangel an praktischer Lebenskunst und die Neigung zu weltferner Abstraktion. Im Gespräch mit Eckermann vom 6. Mai 1827 erklärte er lakonisch: „Die Deutschen sind übrigens wunderliche Leute! – Sie machen sich durch ihre tiefen Gedanken und Ideen, die sie überall suchen und überall hineinlegen, das Leben schwerer, als billig."[1] Für Goethe bestand kein Zweifel, dass die Deutschen noch viel und lange zu lernen haben würden auf dem Weg zur wahren Kulturnation: „Wir Deutschen sind von gestern. Wir haben zwar seit einem Jahrhundert ganz tüchtig kultiviert; allein es könnten noch ein paar Jahrhunderte hingehen, ehe bei unseren Landsleuten so viel Geist und höhere Kultur eindringe und allgemein werde, [...] daß man von ihnen wird sagen können, es sei lange her, daß sie Barbaren gewesen."[2]

Als Goethes Zeitgenosse Adolph Freiherr Knigge ein Menschenalter zuvor sein Buch über die Grundbefindlichkeiten des zwischenmenschlichen Verhaltens schrieb, kamen auch ihm Bedenken hinsichtlich der Soziabilität seiner Landsleute. In der Einleitung des „Umgangs mit Menschen" notierte er: „In keinem Land in Europa ist es vielleicht so schwer, im Umgange mit Menschen aus allen Klassen, Gegenden und Ständen allgemeinen Beifall einzuernten, in jedem dieser Zirkel wie zu Hause zu sein, ohne Zwang, ohne Falschheit, ohne sich verdächtig zu machen und ohne selbst dabei zu leiden, auf den Fürsten wie auf den Edelmann und Bürger, auf den Kaufmann wie auf den Geistlichen nach Gefallen zu wirken, als in unserm deutschen Vaterlande."[3]

An Ratschlägen, wie diesem Übel abzuhelfen sei, mangelt es bei Knigge sicherlich nicht. Immer wieder betont er ja die Praxisnähe seiner Überlegungen und Maximen, den empirischen Gehalt seines Buches: „Indem ich aber von jenem esprit de conduite rede, der uns leiten muß, bei unserm Umgange mit Menschen aller Gattung, so will ich nicht etwa ein Komplimentierbuch schreiben, sondern einige Resultate aus den Erfahrungen ziehn, die ich gesammelt habe, während einer nicht kurzen Reihe von Jahren, in welchen ich mich unter Menschen aller Arten und Stände umhertreiben lassen und oft in der Stille beobachtet habe. – Kein vollständiges System, aber Bruchstücke, vielleicht nicht zu verwerfende Materialien, Stoff zu weiterem Nachdenken."[4]

Wie sehr Knigge mit seinem Buch Nachahmungstrieb und Erfindungsgabe der Nachgeborenen beflügeln sollte, hätte er freilich auch in seinen kühnsten Träumen nicht vorausahnen können. Obwohl sich der Erfolg noch zu seinen Lebzeiten deutlich abzeichnete. Bis zu seinem Tode im Jahre 1796 redigierte er selbst fünf Auflagen des „Umgangs". Auch die üblichen unautorisierten Nachdrucke blieben nicht aus: Bis zu seinem Ableben waren es insgesamt elf an der Zahl. Wie auch das Interesse des Auslandes sich beizeiten meldete, in Form von Übersetzungen ins Englische, Dänische und Niederländische. Und doch begann schon bald

nach Knigges Tod die seltsame Geschichte vom Eigenleben eines Buches, aus dem wendige Kolportageautoren und geschäftstüchtige Verleger derartig Kapital zu schlagen wussten, dass sich der Kasus zu einem einmaligen Fall in der deutschen Literatur entwickelte. Eine Geschichte vom Verschwinden eines Autors hinter dem werbeträchtigen Emblem seines Namens; ja, mehr noch: die Geschichte von der Umkehr einer aufgeklärt-kritischen Lebensphilosophie in ihr Gegenteil.[5]

Es war ein frommer Wunsch, den Knigges Freund und geistiger Mitstreiter, der Oldenburger Schriftsteller Gerhard Anton von Halem, im Mai 1796 dem soeben Verstorbenen nachsandte: „Lange noch blühet sein Ruhm!", dichtete er, „Spät noch schauet Jüngling und Mann in den Spiegel des Lebens, den er mit fester Hand unter den Menschen erhob."[6] Schon die unmittelbar folgende Autorengeneration mochte in ein derart emphatisches Lob ganz und gar nicht einstimmen und ging mit dem Lebenswerk des aufgeklärten Freiherrn meist hart ins Gericht. Friedrich Daniel Schleiermacher formulierte in seinem 1799 erschienenen „Versuch einer Theorie des geselligen Betragens" ex cathedra eine Gegenposition zum Empiriker Knigge, den er als oberflächlichen „Virtuosen" der Feder abtat, denjenigen zugehörig, die „die Kunst nicht um ihrer selbst willen lieben und ehren, sondern immer das Glück, welches damit in der Welt zu machen ist, im Sinn haben, und ihr Geschäft nun, wie Handwerker pflegen, um des Gewinns willen treiben"[7]. Für Joseph von Eichendorff bestand die Leistung Knigges lediglich darin, „in seinem berühmten ‚Umgang mit Menschen' die höflichen Bücklinge und diplomatischen Kunstgriffe des geselligen Egoismus ganz wacker portraitirt" zu haben. Als Autor falle er ansonsten unter die Kategorie derjenigen, die „obgleich poetisch null, doch von bedeutendem historischen Werth" seien, „indem sie uns ein zum Erschrecken getreues und bis auf das kleinste Wärzchen ausgeführtes Daguerreotypbild des deutschen Michel jener wunderlichen Zeit hinterlassen haben"[8].

Als Eichendorff seine kritischen Anmerkungen in Sachen Knigge niederschrieb, war dessen opus magnum längst ein Bestseller. Aus der Phalanx der Herausgeber und Bearbeiter des „Umgangs" meldete sich 1853 Karl Goedeke zu Wort, um das Phänomen der „ungemein ausgedehnten Popularität" unter die Lupe zu nehmen. „Auflage folgte auf Auflage. In jeder gebildeten Familie war das Buch anzutreffen. In Schulen wurde es als bildendes Lesebuch benutzt. [...] Die Buchhändler veranstalteten Nachahmungen, Seitenstücke und Auszüge. In spätern Jahren war Knigges Name, dieses Buchs wegen, noch so wirksam, dass die Speculation denselben, nur mit geänderten Vornamen, vor flüchtige Machwerke setzte, um ihre Verbreitung zu erleichtern."[9] Goedeke, verdienstvoller Herausgeber des „Grundrisses zur Geschichte der Deutschen Dichtung", schreckte als Editor freilich selber nicht vor eigenmächtigen Textrevisionen zurück, so dass nach seinen Worten „fast keine Seite ohne Umgestaltung geblieben" sei. Alles natürlich nur, damit das „Buch ein verjüngtes neues Leben" gewinne, wie der Herausgeber treuherzig versichert.[10] In Wahrheit ein reichlich hemdsärmeliger Umgang mit Knigges

Œuvre, der in Deutschland Schule machen sollte und ein Exempel statuierte für zukünftige Kompilatoren, die sich einen Knigge nach den Moden des Zeitgeistes oder der jeweiligen politischen Opportunität zurechtschneiderten.

Begonnen hatte die kuriose Reihe der Knigge-Bücher, die unter „falscher Flagge" segeln, bereits 1796, im Todesjahr des Freiherrn. Damals erschien unter seinem Namen die Schrift „Welt- und Menschenkenntniß. Ein Pendant zu dem Buche Umgang mit Menschen", dessen tatsächlicher Verfasser Ludwig August Christian von Grolmann war. Dieses Buch war freilich mit den übelsten denunziatorischen Absichten geschrieben. Handelt es sich doch um das Pamphlet eines konservativen Widersachers, der Knigge als Verschwörer und politischen Demagogen verunglimpft.[11] Das taten spätere Editoren des „Umgangs" zwar nicht, aber für den politischen Autor Knigge, der sich mit seinen Gegnern um die Interpretation von Aufklärung und Revolution stritt, hatten auch sie wenig übrig. Und wie sich ein politisch bereinigter „Umgang mit Menschen" konstruieren ließ, demonstrierte in nuce bereits einer der frühen Herausgeber. In den Ausgaben, die der Prediger und Pädagoge Friedrich Philipp Wilmsen zwischen 1817 und 1830 herausgab, finden sich umfangreiche Zusätze, die nicht von Knigge stammen: Ein Kapitel mit „Regeln des Umgangs mit Kindern" und ab 1830 ein vollständig neuer vierter Teil mit dem bezeichnenden Titel „Weltton und Weltsitte, ein Ratgeber für junge Männer und Jünglinge bei ihrem Eintritt in die große Welt".[12]

F. Lühr von Wachendorf und D. Ammon,
Knigge heute, Stuttgart o. J.

Aber auch Wilmsen hatte bereits seine Vorläufer. Schon im Jahr 1800 war ein „Umgang mit Menschen. Im Auszug für die Jugend mit einer durchgängigen Beyspielsammlung"[13] erschienen, der mit dem Original kaum mehr als den Titel gemeinsam hat. Was selbstredend auch für die zahlreichen Nachahmungen und Verballhornungen gilt, die im Verlauf des 19. Jahrhunderts auf den Buchmarkt kamen. Etwa für das „Allerneueste Complimentirbuch" von 1840, das die Kunst lehren will, „in 24 Stunden bescheiden, höflich, artig, gentil zu werden und sich bei Jedermann beliebt zu machen". Oder auch die „Kunst mit Weibern glücklich zu seyn und sich die Liebe und Achtung derselben zu erhalten und zu erwerben" von 1819, die sich im Untertitel als „Geschenk für heiratslustige Jünglinge und junge Männer" anpreist. In die gleiche Galerie der „Ratgeber für bestimmte Lebenslagen" gehört die „Lebensklugheit in Lehre und Leben, für Eltern, Erzieher, Hofmeister und Lehrer in Stadt- und Landschulen" (ebenfalls 1819 erschienen), „Knigge's Buch des feinen Tons", das 1875 herauskam, oder Karl Mundings frei bearbeitete „Umgangslehre. Ein Lebensführer für Jedermann" aus dem Jahr 1891.

100 Jahre nach seinem Tod war Knigge vollständig mutiert zum Anstandsapostel im Gartenlaubenidyll einer gutbürgerlichen Gesellschaft, zum Verkünder „goldener Lebensregeln" für höhere Töchter und verblasenen „Ratgeber in allen Lebenslagen". Keine Rede mehr vom Aufklärer

und politischen Schriftsteller, dem nichts ferner lag als die Apologie einer konfektionierten Höflichkeit und eines moraltriefenden Benimmkodex. Von diesem Knigge hielt die Literaturhistorie des 19. Jahrhunderts überhaupt nichts. Erich Schmidt, einer ihrer Gralshüter, brachte das auch unmissverständlich zum Ausdruck. Im 16. Band der „Allgemeinen Deutschen Biographie" von 1882 disqualifiziert er Knigge als flachen „Phraseur", dessen Romane „ungenießbar" seien wegen ihrer „geschwätzigen Seichtigkeit" und im Grunde nichts enthielten als „wortreiches Gerede ohne Zusammenhang und große würdige Gesichtspunkte". Auch der „Umgang mit Menschen" findet keine Gnade vor dem Urteil des sichtlich degoutierten Großgermanisten. Für Schmidt ein „sehr populär gehaltenes", aber „übel disponiertes Buch", in dem „von einer durchgebildeten praktischen Philosophie" keine Rede sein könne und das als Quintessenz eine „flache egoistische Lebenskunst" lehre.[14]

Als ernst zu nehmender Literat hatte Knigge auf lange Zeit keine Chance mehr in Deutschland; sein umfangreiches Œuvre fiel der Vergessenheit anheim, die kritische Verve seines aufgeklärten Geistes wurde als altmodische Grille aus der „Zopfzeit" belächelt. Umso mehr boomten die Adaptionen seines Buches „Über den Umgang mit Menschen", die nach 1900 in allen erdenklichen Varianten auf den Markt kamen. Einen neuen Standard setzte der „Knigge redivivus", der 1908 erstmals veröffentlicht und bis 1955 immer wieder neu aufgelegt wurde.

Abb. 1 / Johannes Corty, Worte und Winke zum guten Ton. Ein Wegweiser für die Jugend, o. J.

Abb. 2 / Wir benehmen uns! Ein fröhlich Buch für Fähnrich, Gent und kleines Fräulein. Von Rumpelstilzchen, Berlin 1936

Konsequent ist hier die Zurichtung des Originals zum schnellen Gebrauch als Ratgeber in den Wechselfällen des Lebens vollzogen. Der Verlag versprach nicht zu viel, als er im Vorwort verkündete: „Der moderne Mensch ist [...] kein Freund epischer Breite und deshalb dürfte ‚Knigge redivivus' eben um seiner knapp zusammfassenden Kürze willen manche Anregung geben können und hofft, in jeder Lebenslage mit Rat und Tat zur Seite stehend, in der deutschen Familie ein treuer Hausfreund zu werden."[15]

Im Jahr 1916, mitten im Ersten Weltkrieg, erschien ein ähnlich zählebiges Druckerzeugnis auf dem deutschen Buchmarkt: „Der moderne Knigge". Im Vorwort findet sich Erstaunliches. Liest man doch hier allen Ernstes: „Wir glauben nicht zu weit zu gehen, in unserer Folgerung, wenn wir sagen, daß das Ideal eines unblutigen Ausgleichs von Streitfragen im Völkerleben erst dann zu Wirklichkeit kommen könnte, wenn alle Menschen nach Knigges goldenen Regeln handeln würden."[16] Geschrieben zu einer Zeit, in der bei Verdun die bis dahin größte Vernichtungsschlacht der Weltgeschichte stattfand! Aber vielleicht nicht weiter verwunderlich für ein Buch, das (so wörtlich) „auf alle Lebensfragen des Gegenwartsmenschen Auskunft zu geben vermag"[17]. Mit der Anpassung an geänderte politische Großwetterlagen hatten die Herausgeber von „Kniggeana" im Übrigen keine Probleme. Kaum war der große Krieg zu Ende, konnte man beispielsweise vom „Verlag der lustigen Blätter" die aktuellste Version beziehen: den „Kleinen Knigge für heimkehrende Sieger, nebst kurzer Instruktion über die Heimat" (1918) oder im Bedarfsfalle auch den „Kleinen Knigge für Schieber" (1924). Die übliche

Konfektionsware mit jeweils aufgefrischten Stichwortrubriken zählte ohnehin schon längst zum Standardsortiment: „Der gute Ton und die feine Sitte", „Worte und Winke zum guten Ton" (Abb. 1), „Der gute Ton in allen Lebenslagen", „Das goldene Anstandsbuch", „Wie erlange ich elegante Formen und feine moderne Lebensart?"

Mit dem historischen Knigge haben solche Bücher selbstredend gar nichts mehr zu tun. Hier erscheint der Name als reines Werbeetikett, als Markenzeichen und Signatur des jeweils herrschenden Zeitgeistes. Und wie viel sagend können doch Buchtitel sein! Etwa, wenn man beim Blättern in Bücherverzeichnissen auf jenen stößt: „Du und Deine Volksgenossen. Wegweiser zu neuzeitlichen Umgangsformen". So las man es im Jahr 1936, als die braunen Bataillone Hitlers die Benimmregeln in Deutschland diktierten. Und von welchem Geist der neue Umgangston in Nazideutschland geprägt war, macht ein weiteres „Benimm-Buch" aus demselben Jahr unmissverständlich deutlich (Abb. 2). Hier liest man: „Das ganze Bestreben des heutigen nationalsozialistischen Staates ist darauf gerichtet, der Verderbnis Einhalt zu gebieten, die aus der Vermischung mit rassefremdem oder entartetem eigenem Blute stammt. Alles Kranke wird ausgeschieden."[18] Geradezu wie eine Beschwörung klingt dagegen ein Titel von Ernst Heimeran aus dem Jahr 1937: „Anstandsbuch für Anständige. Vom Gestern und Heute des guten Tones". Geboten wird eine Textsammlung aus fünf Jahrhunderten, mit Knigge als Kronzeugen vorneweg (auf den die braunen Machthaber bekanntlich nicht gut zu sprechen waren). Und mit der Reverenz an Knigge verbindet Heimeran auch sogleich ein Bekenntnis zu jenem Anstandsbegriff, den man im Dritten Reich mit Füßen trat: „Hat man erst einmal den Wandel der Umgangsformen bedacht und belacht, ist die Einsicht in das Wesen dessen, was man den natürlichen Anstand nennen darf, nicht mehr ferne. Und der sei, wenn möglich, der unsre."[19]

Als endlich der braune Spuk vorbei war, wonach konnte prompt der geneigte Leser in deutschen Buchhandlungen greifen? „Benimm Dich wieder anständig", so der Titel eines Ratgebers von 1946, laut Untertitel „Ein Brevier für Leute, die Erfolg im Leben haben wollen". Von 1946 aus gesehen eine fast utopische Verheißung. Die Wiederkehr von Anstand und Benimm hingegen war in jenen Zeiten von Reeducation und Entnazifizierungs-Spruchkammern in aller Munde und der Nachholbedarf immens. Kein Wunder, dass die „Bücher des guten Tons" boomten wie selten zuvor. Besonders erfolgreich war beispielsweise ein Buch des Vielschreibers Hans-Otto Meissner von 1950, dessen Titel wie ein Stoßseufzer der Erleichterung klingt: „Man benimmt sich wieder" (Abb. 3). Überhaupt mühte man sich in der Ratgeberliteratur damals redlich um die Zivilisierung einer durch Krieg und Naziherrschaft verrohten Gesellschaft. Auffallend oft richtete sich der Blick auf die internationale Völkergemeinschaft, mit der man doch bis vor Kurzem nichts zu tun haben wollte. „Wir sind nicht allein. Der gute Ton 1950" hieß es jetzt. Und für die neue internationale Orientierung der Deutschen hatte man alsbald den „Welt-Knigge" von 1953 zur Hand, der im Untertitel deutlich machte, worauf es jetzt ankam: „Woraus man ersehen kann, wo die einzelnen Völker empfindlich sind und wie man sich in der Welt benehmen muß". Nicht zu vergessen ein Aspekt, der offenbar vor 1945 entschieden zu kurz gekommen war und dem man nun in Ratgeberkreisen wieder die Reverenz erwies: „Erfolg im Leben durch Kultur und Benehmen" hieß das passende Kompendium, das 1950 erschien. In früheren Zeiten hatte man dafür Breviere parat wie „Der fertige Weltmann und der Einfluß seiner Persönlichkeit bei allen Begebenheiten im Leben" oder auch „Praktische Anleitung zum imponierenden Auftreten im gesellschaftlichen, öffentlichen und geschäftlichen Leben". Und da man seit der Adenauer-Ära wieder jemand war in Deutschland, feiert derartiges Schrifttum seitdem auch regelmäßig fröhliche Urständ – zeitgemäß gewendet, versteht sich. Dauerbrenner sind die diversen Knigges für Manager und Führungskräfte sowie die Leitfäden für den Umgang mit Chefs und Kollegen, an denen offenbar ein nicht zu stillender Bedarf herrscht. In diesem Metier lernt man eben nie aus.

Es ist ja längst kein Geheimnis mehr, dass in Deutschlands Chefetagen ein besonderer Schulungsbedarf in punkto Benehmen und Manieren besteht. Glaubt man einem vor Jahren erschienenen Bestseller, so wird die krisengeschüttelte deutsche Wirtschaft weitgehend von „Nieten in Nadelstreifen" beherrscht, die dringend Nachhilfe in Weltgewandtheit und gutem Benehmen benötigen. Schon 1990 versuchte die „Frankfurter Allgemeinen Zeitung" diesem Übel abzuhelfen mit dem Buch „Manieren und Karriere", das „Verhaltensnormen für Führungskräfte" formulierte. Einmal mehr wurde der „revolutionäre Adlige" Knigge (wie es im Vorwort heißt) in die Pflicht genommen. Der habe schließlich die „Umgangsformen der adligen Oberschicht an junge Männer des Bürgertums" weitergegeben, denn: „Offenbar gefiel es ihm nicht, daß über die ‚guten' Manieren nur der Adel verfügte, denn die waren entscheidend dafür, ob jemand Karriere machen durfte oder nicht. Deshalb half Herr von Knigge mit seinem Buch etwas nach und ‚demokratisierte' auf diese Weise den Zugang zu den Karrieren."[20] Wirklich neu war freilich auch diese Erkenntnis nicht, denn bereits 1956 gab sich Adenauers Protokollchefin Erica Pappritz die Ehre und präsentierte in ihrem „Buch der Etikette" den Benimmkodex der jungen bundesdeutschen Demokratie. Ein Ereignis, dem die Verlagswerbung für die Neuausgabe unter dem Titel „Etikette neu" vollmundig die höheren soziokulturellen Weihen verlieh: „Wer früher ‚Knigge' meinte, meint heute ‚Pappritz'. ETIKETTE NEU ist das erweiterte Brevier des gesellschaftlichen Umgangs, das alle ‚gesellschaftlichen' Fortschritte der modernen Demokratie berücksichtigt. [...] Die sehr impulsive Nachkriegsgesellschaft sucht nach kultivierten Lebensformen, und die Jugend, unsicher in allen Fragen der Umgangsformen, wünscht einen Etikette-Ratgeber, der ihr Sicherheit gibt in Beruf und Gesellschaft."[21]

Wer glaubte, dass mit dem Ende der Adenauer-Ära auch die Benimmdebatten verstummt seien, der wurde von der Publizistin Cora Stephan im Jahr 1995 eines Besseren belehrt durch ein Buch mit dem provo-

Abb. 3 / H. O. Meissner, Man benimmt sich wieder, Gießen 1950

kanten Titel „Neue deutsche Etikette". Darin las die Autorin den zeitgenössischen Verächtern des guten Benehmens gründlich die Leviten. Denn schließlich sei „dem heilsamen Durchlüften der von Verboten umzingelten Nachkriegsgesellschaft" in den Zeiten der 68er-Protest-Generation „eine kunstlose Unmanierlichkeit" gefolgt, „die man noch immer für einen freiheitsverbürgenden Wert an sich" halte.[22] Dabei zeige doch gerade die gesellschaftliche Realität der 90er-Jahre, was das Gebot der Stunde sei: die Entfaltung einer „soziale(n) Phantasie, die es braucht, den Krampf des affirmativen Protestes aufzugeben, zugunsten der Erfindung von Regeln eines neuen gesellschaftlichen Spiels"[23]. Und dafür sei eine neue Kultur des zwischenmenschlichen Verhaltens unerlässlich. „Formen des Umgangs miteinander sind heute wichtiger denn je. Sie sind das zivilisatorische Minimum, sozusagen, auf das Menschen

Abb. 4 / Website „Knigge.de – Manieren
per Mausklick", 2009

unterschiedlicher Herkunft, mit verschiedenen Überzeugungen, Religionen, Pässen, Hautfarben und kulturellen Vorgaben ausgestattet, zurückgreifen können. Sie sind die lingua franca einer multikulturellen Gesellschaft. Sie sind Gesten der Beschwichtigung und Besänftigung im öffentlichen Raum, der mit mehr Menschen, Reizen und Irritationen angefüllt ist, als den meisten von uns lieb ist."[24]

Einem echten Prinzen aus dem Morgenland verdanken wir die tiefsten Einblicke in die vertrackte Beziehung der Deutschen zu den gesellschaftlichen Umgangsformen. Im Jahr 2003 veröffentlichte Asfa-Wossen Asserate, Großneffe des letzten äthiopischen Kaisers Haile Selassi und Unternehmensberater mit Wohnsitz in Frankfurt am Main, in der „Anderen Bibliothek" sein Buch „Manieren". Ein superbes Buch, das aus einem eigenwilligen Blickwinkel deutlich macht, wie sehr Manieren aktuell geblieben sind: „Ein gegenwärtiges Phänomen, undeutlich sichtbar, aber nicht aus der Welt und, was noch wichtiger ist, nicht aus der Phantasie geschafft."[25] Regelwerke zu Benimm und Höflichkeit sind für Asserate allerdings vollkommen überholt und passé. Gefragt ist nicht mehr irgendein spießiger Konformismus, sondern die Akzeptanz der Persönlichkeit, die sich selbstbewusst zu ihrem tragikomischen Ahnherrn bekennt: „Die Absicht dieses Buches ist ganz ausdrücklich nicht, irgendwelche Regeln zu den Manieren zu verkünden. Einige wenige Leser könnten ihm jedoch die Anregung entnehmen, zu versuchen, eine Person zu sein, zu der Manieren passen, und dann womöglich eigene zu erfinden und alles ganz anders zu machen. Etwas von [...] Don Quixote gehört dazu, der ritterlich sein wollte, obwohl es schon lange keine Ritter mehr gab. Und man erinnere sich: Don Quixote hatte Erfolg. Ein ‚neues goldenes Zeitalter' wollte er für Spanien heraufführen, wie er

Sancho Pansa erklärte; und er führte wirklich ein ‚goldenes Zeitalter' herauf, das zu Recht so genannte siglo de oro der spanischen Kunst, das golden vor allem auch wegen der Narreteien war, die Don Quixote in der Mancha mit erfundenen Damen getrieben hatte."[26]

Selbst ein Don Quixote hätte sich aber nicht träumen lassen, welch ungeahnte Horizonte das digitale Wunderwerk des Internets seinen Nachfahren eröffnet, wenn es um das gute Benehmen unter der Chiffre „Knigge" geht. Ein Mausklick bei Google – und sofort bieten sich millionenfache Zugriffsmöglichkeiten. Ein wahrer Tummelplatz für Verlage, Autoren, Trendsetter, Ratgeber und selbst ernannte Benimmexperten aller Art. Klickt man zum Beispiel auf www.deutsche-knigge-gesellschaft.de, dann öffnet sich tatsächlich die Website einer so genannten Deutschen Knigge-Gesellschaft, die von sich selbst sagt: „Wir sind der Verband der Knigge-Experten/innen [!], die Knigge ernst nehmen. Und trotzdem locker sehen." Hinter diesem Werbebanner treten adrette Damen und Herren des modernen Lifestyle in Erscheinung, die ihre vielfältigen kommerziellen Dienste zum Thema „Karriere mit Knigge" anbieten: von der „Knigge-Akademie" bis zum „Dresscode" und zum

Abb. 5 / Website „Kesslers Knigge",
2009

„Knigge für Kids". Ein breit gefächertes Panorama der schönen neuen Online-Benimmwelt liefert knigge.de – Manieren per Mausklick (Abb. 4). Das viel versprechende „Portal für Stil- und Etikettefragen" bleibt in der Tat seinen Usern so gut wie nichts schuldig: Vom Knigge-Handbuch zum Download, über den „Knigge-Newsletter" und den „Knigge der Woche", bis zum „Knigge-Stilclub" und „Dr. Knigges Benimm-Show".

In den unendlichen Weiten des Internets stößt man unweigerlich auch auf die Homepage des Comedy-Stars Michael Kessler, dem der Privat-sender SAT.1 im Sommer 2009 eine Personality-Show spendierte unter dem Titel „Kesslers Knigge" (Abb. 5). Eine Slapstickserie im Clip-Format mit Spielszenen aus dem gesellschaftlichen Alltagswahnsinn, die laut SAT.1 „Orientierung im Irrgarten der No-Go's" bieten soll: „Im Mittel-punkt steht mit Michael Kessler einer der beliebtesten deutschen Comedians, der sich in seiner ersten Solo-Show als Experte in allen Lebensfragen präsentiert. Er zeigt die Patzer auf, die den durchschla-genden Erfolg in Beruf und Privatleben verhindern können."

Womit zumindest eines klar wäre: Auch im 21. Jahrhundert hat das Thema „Umgang mit Menschen" Konjunktur. Und wenn davon die Rede ist, treten unweigerlich die jeweils neuesten Epigonen Knigges auf den Plan, um die „unendliche Geschichte vom guten Benehmen" in ihrem Sinn fort zu schreiben. Aber seien wir doch mal ehrlich. Es ist durchaus fraglich, dass Knigge auch heute noch ein nennenswertes öffentliches Interesse hervorrufen würde, gäbe es nicht jenes populäre und so überaus werbeträchtig verbreitete Missverständnis über ihn. Aus der Welt zu schaffen ist es ohnehin nicht mehr – bei aller lobenswerten und nötigen Aufklärung über den „wahren" Knigge. Nach einer gut 200-jährigen Odyssee des Namens Knigge durch alle erdenklichen Untiefen der Trivialität und den uferlosen Vereinahmungen für alles und nichts ist wahrscheinlich Gelassenheit das beste Rezept angesichts des wild wuchernden Umgangs mit dem Freiherrn und seinem großen Buch. Für die Behandlung allzu bedenkenlos in Umlauf gebrachten Schrifttums hat er schließlich selbst am Ende des „Umgangs mit Men-schen" den passenden Ratschlag erteilt: „Bei der Menge unnützer Schrif-ten tut man übrigens wohl, ebenso vorsichtig im Umgange mit Büchern als mit Menschen zu sein. Um nicht zu viel Zeit mit Lesung unnützen Papiers zu verschwenden, das heißt: um nicht von Schwätzern mir die Zeit verderben zu lassen, suche ich auch von dieser Seite nicht neue Bekanntschaften zu machen, bis der allgemeine Ruf mich auf ein gutes oder besonders originelles Buch aufmerksam macht. Ich bin mit einem kleinen Zirkel alter guter Freunde zufrieden, die ich oft und immer schriftlich mit mir reden lasse."[27]

1 / Johann Peter Eckermann, Gespräche mit Goethe in den letzten Jahren seines Lebens, 3. Teil, 6. Mai 1827, in: Johann Wolfgang Goethe, Sämtliche Werke (Münchner Ausgabe). Bd. 19. München 1986, S. 571.
2 / Ebd. (3. Mai 1827), S. 568.
3 / Adolph Freiherr Knigge, Über den Umgang mit Menschen, hg. v. Gert Ueding. Frankfurt/Main 1977, S. 24.
4 / Ebd.
5 / Eine umfangreiche Textsammlung zum Thema bietet die CD-ROM „Gutes Benehmen – An-standsbücher von Knigge bis heute", hg. v Werner Zillig, Digitale Bibliothek Bd. 108, Directmedia Publishing GmbH 2004.
6 / Gerhard Anton von Halem, An Kniggens Grabe, in: Der Genius der Zeit. Bd. 8. 5. Stück, Mai 1796. Abgedruckt in: Michael Rüppel/Walter Weber (Hg.), Adolph Freiherr Knigge in Bremen. Texte und Briefe, Bremen 1996, S. 134.
7 / Friedrich Daniel Schleiermacher, Versuch einer Theorie des geselligen Betragens (1799), in: Ders., Werke. Auswahl in 4 Bänden, hg. v. O. Braun und Joh. Bauer. 2. Bd. 2. Aufl., Leipzig 1927, S. 1–31.
8 / Joseph von Eichendorff, Geschichte der poetischen Literatur Deutschlands, in: Ders., Sämtliche Werke. Hist.-krit. Ausg. Bd. 9., hg. v. Wolfram Mauser, Regensburg 1970, S. 238.
9 / Karl Goedeke, Einleitung zur 13. Originalausgabe des Umgangs mit Menschen. Hannover 1853, S. IX f. Zit. nach Katherina Mitralexi, Über den Umgang mit Knigge. Zu Knigges „Umgang mit Menschen" und dessen Rezeption und Veränderung im 19. und 20. Jahrhundert, Freiburg 1983, S. 132f.
10 / Goedeke, a. a. O., S. XVIII [Mitralexi, S. 148].
11 / [Ludwig Adolph Christian von Grolmann], Freyherrn von Knigge Welt- und Menschenkenntniß.

Ein Pendant zu dem Buche Umgang mit Menschen. [Gießen] 1796.
12 / Der Text wurde bereits 1824 separat erstmals veröffentlicht: Weltton und Weltsitte, ein Rathgeber für junge Männer und Jünglinge bei ihrem Eintritte in die große Welt, Hannover 1824.
13 / Johann J. Gruber, Über den Umgang mit Menschen. Im Auszug für die Jugend mit einer durch-gängigen Beyspielsammlung, Leipzig 1800.
14 / Erich Schmidt, Knigge, in: Allgemeine Deutsche Biographie, 1882, S. 288–291.
15 / Knigge redivivus. Ueber den Umgang mit Menschen. Neuzeitlich bearbeitet von Curt von Weißenfeld, Oranienburg 1908, Vorwort. Zit. nach: Mitralexi, Über den Umgang mit Knigge, S. 151.
16 / Der Moderne Knigge. 6. Aufl., 1919, Vorwort. Zit. nach Mitralexi, S. 151.
17 / Ebd., S. 152.
18 / Rumpelstilzchen (Pseud.), Wir benehmen uns! Ein fröhlich Buch für Fähnrich, Gent und kleines Fräulein, Berlin 1936, S. 14.
19 / Ernst Heimeran, Anstandsbuch für Anständige. Vom Gestern und Heute des guten Tons, o. O. 1937, S. 9.
20 / Rosemarie Wrede-Grischkat, Manieren und Karriere. Verhaltensnormen für Führungskräfte, Frankfurt/Main 1990, S. 6.
21 / Karlheinz Graudenz/Erica Pappritz, Etikette neu, 8. Aufl., München 1966 (Klappentext).
22 / Cora Stephan, Neue deutsche Etikette, Berlin 1995, S. 23.
23 / Ebd., S. 24.
24 / Ebd., S. 13.
25 / Asfa-Wossen Asserate, Manieren, Frankfurt/Main 2003, S. 32.
26 / Ebd.
27 / Knigge, Umgang, a. a. O., S. 405.

Aufmerksamkeit & Nachlässigkeit / Asfa-Wossen Asserate

„Et surtout pas de zèle!"

Talleyrand, Anweisung an die Beamten des Außenministeriums

Es kennzeichnet unsere Epoche, dass eine eigentümliche Mischung aus Herablassung gegenüber den Manieren und verstohlener Neugier, wie sie die Jahre nach der französischen Revolution hervorbrachten, die öffentliche Atmosphäre wieder bestimmt.

Die großen Lehrer der Manieren haben sich zu allen Zeiten niemals als Gesetzgeber verstanden, sondern als Deuter und Interpreten eines bereits vorliegenden, nach ihrer Vorstellung immer schon vorhanden gewesenen Korpus von Regeln, das mit anderen Grundsätzen aus der Kunst, der Philosophie und der Religion in Harmonie stand und noch in der kleinsten Geste mit dem Gesetz des ganzen Kosmos verbunden war. Erzogen werden, Manieren annehmen, das waren Menschwerdungsakte. In dieser Erziehung spielten die Aufmerksamkeit und die Nachlässigkeit eine besonders wichtige Rolle.

Die folgenden beiden kurzen Überlegungen müsste man eigentlich auf zwei gegenüberliegenden Seiten drucken und versuchen, sie auf einmal zu lesen. Jedes Stück enthält die ganze Wahrheit über einen wichtigen Aspekt der Manieren; beide Wahrheiten werden voneinander nicht relativiert oder geschwächt oder sind irgendwie kunstvoll zu mischen – nein, beide erheben den Anspruch auf vollständige Verwirklichung. Wer das leisten soll, das mag der alte Gurnemanz, der Erzieher des Parzival, oder der noch ältere Zentaur Chiron, der Erzieher des Herkules, wissen.

Die erste Überlegung gilt der Aufmerksamkeit. Die Aufmerksamkeit ist ein derart wichtiger Bestandteil der Manieren, dass man gelegentlich die Begriffe dafür austauscht und einen höflichen Menschen „aufmerksam" nennt. Die Aufmerksamkeit ist keine Regel, die man kennt und einhält oder verletzt; sie gehört zum Fundament der Person. Aufmerksamkeit ist eine Grundhaltung des Menschen der Welt gegenüber. Der Aufmerksame hat sich dazu entschieden, nicht sich selbst, sondern die ihn umgebenden Phänomene zu betrachten, man könnte auch sagen, sich selbst ausschließlich im Spiegel der anderen wahrzunehmen. Der Aufmerksame ist darauf konzentriert, die Lage, in der er sich befindet, zu erkennen. Er blickt die Menschen, die ihm begegnen, an. Diese Menschen sind ihm wichtig. Es gibt keine unwichtigen Menschen und unwichtigen Beobachtungen. Was in der jeweiligen Situation vernachlässigt werden kann, muss zunächst wahrgenommen werden. Auf jeden Fall zu vernachlässigen ist die eigene Person. Sie kennt im Zusammenspiel mit den anderen keine eigenen Bedürfnisse, ist nicht hungrig, nicht durstig, es zieht ihr nicht, sie braucht keinen Stuhl und kein Kissen. Es kommt auf ihr Befinden nicht an; dafür umso mehr auf das Befinden jedes einzelnen Anwesenden.

Der Aufmerksame kennt alle Namen, spricht sie richtig aus, kennt eventuell dazugehörende Titel und weiß, wann sie wegzulassen sind und wann nicht, erkennt jede Person wieder, die er einmal kennen gelernt hat, oder weiß doch zumindest, den überzeugenden Anschein solchen Wiedererkennens zu erzeugen. Das ist im Übrigen eine königliche Eigenschaft, auch wenn die Monarchen gelegentlich einen diskreten Nomenklator mit sich führen, an den sie die Pflicht der Erinnerung delegiert haben. Aber auch Armeechefs wie Napoleon haben davon profitiert, bei der Parade auf einen einfachen Soldaten zuzugehen und ihm auf den Kopf zuzusagen: „Du warst doch als Gardejäger bei Marengo dabei!" Nur, dass der Aufmerksame eben von seiner Aufmerksamkeit nicht profitieren möchte. Seine Aufmerksamkeit ist seine Natur. Es ist wichtig, Menschen zu erkennen, sie haben ein Recht darauf.

Aber nicht nur ihr Name, auch die Verdienste, Unglücksfälle, Krankheiten, Diätvorschriften und der Mädchenname der Ehefrauen haben sich dem Aufmerksamen in Blitzesgeschwindigkeit für immer eingeprägt, wahrlich nicht aus Neugier, sondern um jede Person mit Schonung und Behutsamkeit behandeln zu können. Der Aufmerksame hat nicht vergessen, wer eine Fischallergie hatte; er wird dem Elternpaar, das Kummer mit seinen Kindern hat, nicht von den Erfolgen der eigenen berichten; er kennt die Stellen im Zimmer, an denen am wenigsten Zug herrscht, und weiß, wen er dorthin platzieren wird.

Seine Augen sind überall. Er sitzt auf der Sesselkante, immer bereit aufzuspringen. Das Aufstehen ist ihm niemals nur der geringste Angang, es ist seine natürlichste Bewegung. An der Haltung zum Aufstehen entscheidet sich, welches Verhältnis der Mensch zu den Manieren hat. Das Aufstehen ist zentral. Dass eine Arbeitssituation, in der die Sekretärin ständig hereinkommt, um etwas zu holen und zu bringen, vom Aufstehen dispensiert, dass eine Hausfrau, die während eines Abends vielfach das Zimmer verlässt, um draußen etwas vorzubereiten, ihren Gast nicht in einen unablässig aufspringenden „Jack-in-the-box" verwandelt sehen möchte, bedarf keiner weiteren Erörterung. Aber wer, wenn irgendeine Hilfe erforderlich ist, zunächst einen Augenblick lauert, ob sich nicht jemand anders eher erhebt, hat schon verloren. Für den Aufmerksamen ist das Aufstehen, wenn Leute das Zimmer betreten, kein Akt der Höflichkeit, sondern ein Reflex. In Gegenwart einer stehenden Frau zu sitzen ist ihm eine physische Unmöglichkeit. Mit einem vor ihm stehenden Mann im Sitzen zu sprechen, wäre ihm eine Tortur. Es gibt viele Regeln, wer vor wem aufzustehen hat und wer sitzen bleiben darf, aber für den Aufmerksamen zählen sie wenig. Er steht immer auf. Kant stand noch als Todkranker auf, um seinen Arzt anständig zu empfangen. Er war aufmerksam und wollte nach seinen eigenen Worten zeigen, „daß die Humanität ihn noch nicht verlassen habe". Das ist eine gute Begründung für das Aufstehen: Der Mensch erhebt sich vor dem anderen in respektvoller Erinnerung der fremden und der eigenen Menschlichkeit. Daß der Aufmerksame dieser Begründung nicht bedarf, steht auf einem anderen Blatt. Er steht auf, wie der Vogel singt und der Baum grün ist.

Das Aufstehen ist in vielen Milieus ziemlich außer Gebrauch geraten. Man bemüht sich noch vor den Mächtigen aus dem Stuhl, der Vorgesetzte wird noch stehend empfangen, aber sonst herrscht oft Beklommenheit, wenn sich in größerer Runde zu Begrüßung oder Abschied noch jemand eigens erhebt. Auf den Gesichtern der Hockenbleibenden ist dann eine gewisse Verdrossenheit zu lesen: Wir hätten ja auch aufstehen können, aber solche Gesten gehören nicht zu uns und stehen

uns eigentlich auch nicht zu. Wenn Paulus von Menschen spricht, die den Bauch zu ihrem Gott gemacht haben, könnte man von den finsteren Hockenbleibern sagen, sie hätten ihren Hintern zu ihrem Gott gemacht.

Wie kann man die niemals ruhende Dienstbereitschaft des Aufmerksamen, seine an alle anderen hingegebene Selbstlosigkeit am besten charakterisieren? Das Wort Demut ist derart unattraktiv geworden, dass man es mit einem starken Charakter nicht mehr glaubt assoziieren zu können. Die Demut wirkt nach heutigem Gebrauch so passiv, und der Aufmerksame ist in höchstem Maße aktiv. Demut lässt auch an Schüchternheit oder In-sich-gekehrt-Sein denken, und der Aufmerksame ist im Gegenteil stets glänzend gelaunt und den Worten seines Gegenübers zugewandt, als enthielten sie die verrücktesten Einfälle der Welt. Man muss sich an ferne Zeiten erinnern, an das Mittelalter vielleicht, als Demut eine kraftvolle Tugend war, die mit großer innerer Unabhängigkeit einherging, um diesen Begriff auf den Aufmerksamen sinnvoll anwenden zu können.

Die zweite, wie oben gesagt und nun noch einmal mit allem Nachdruck wiederholt, zu verwirklichende Eigenschaft ist die Nachlässigkeit. Hier sei gleich bekannt, dass der Begriff nicht genau wiedergibt, welche Eigenschaft wirklich gemeint ist – zur Hilfe genommen werden müssen Umschreibungen: Unabsichtlichkeit, Desinvolture, Nonchalance, Zerstreutheit, Sprezzatura. Die Sprezzatura wurde in der italienischen Renaissance als die wichtigste noble Eigenschaft angesehen: Die Manieren sollten mit Beiläufigkeit, ohne Ostentation, ohne alles Aufplustern und Zelebrieren daherkommen.

Diese Nachlässigkeit ist noch viel schwerer anzunehmen als die Aufmerksamkeit. Sie hat ja nichts mit Gleichgültigkeit und Schlamperei zu tun. Auch sie bildet eine grundsätzliche Haltung zur Welt. Der Nachlässige kann sich nicht dazu entschließen, den ihn umgebenden Phänomenen wirklichen Ernst entgegenzubringen. Seine Umwelt sieht er mit

Wohlgefallen, aber aus deutlicher Distanz. Er ist mit sich selbst beschäftigt, aber nicht eitel, nicht narzisstisch oder sonst wie krankhaft, sondern wie mit einem guten alten Freund, der regelmäßig zum Kartenspielen kommt und dann dazu neigt, mehr zu trinken, als er verträgt, man könnte sagen, mit ironischer Fürsorglichkeit. Der Nachlässige blickt die Menschen freundlich an, aber er vermutet zunächst einmal, dass sie ebenso souverän sind wie er selbst und schon tun und lassen werden, wonach ihnen zumute ist. Sein Wohlwollen ist von nicht den geringsten Spuren von Neugier begleitet. Er hat die Erfahrung gemacht, dass das Leben der Menschen in zwei Teile aufzuteilen ist: Der eine Teil ist bei jedem Menschen wie bei allen anderen Menschen auch – das ist der größere; der andere gehört zum Privatleben und hat zwei Unterabteilungen: Der eine Teil des Privatlebens gleicht dem Privatleben aller anderen Personen, und der zweite ist wirklich privat. Zu interessieren hat weder der erste noch der zweite. Der Nachlässige würde nicht laut sagen, dass es überhaupt keine wichtigen Menschen gibt, aber das Wort „wichtig", das nach Eifer und Ohrenspitzen und Aufgeregtheit klingt, kommt ihm etwas komisch vor. Was in der jeweiligen Situation auffällt, ist zunächst die Schläfrigkeit des Nachlässigen. Es ist eine beruhigende, einladende Schläfrigkeit, man denkt an eine genussreiche Siesta in der Sommerhitze nach einem schönen Mittagessen. Sein Interesse erwacht nur, wenn es um wirklich vollständig Marginales geht. Die Frage, ob schon die Ergebnisse des Hunderennens vorliegen könnten, lässt einen Stromstoß in seinen entspannten Körper fahren. Überhaupt gibt es in den kleinen Dingen des Lebens vieles und Ernstes zu bedenken. Um seine harmlosen Gewohnheiten macht er einen kleinen Kult. Wie er

sich das Taschentuch in die Brusttasche stopft, damit es aussieht, als habe er es gerade eben gebraucht, das geschieht mit echter Konzentration.

Der Nachlässige kennt keine Namen, hat alle Titel und Verdienste jeder Person, mit der er bekannt gemacht worden ist, augenblicklich vergessen. Von Interesse ist doch nur die Sympathie, nicht wahr? Im französischen 18. Jahrhundert, als der Umgang der Menschen miteinander die höchste Formung erreicht hatte, war das Schlüsselwort für das Verhalten in der Gesellschaft die „Ungezwungenheit". Ungezwungenheit war die Einhaltung aller Regeln, als seien sie die natürlichsten Regungen der Welt. Der berühmte Opernregisseur Walter Felsenstein hatte den Ehrgeiz, in seiner Regie die Sänger so agieren zu lassen, dass es gar nicht mehr ungewöhnlich erschien, dass sie sangen, sondern dass ihr Gesang ganz selbstverständlich ihren Handlungen entsprang, als könne man in einer solchen Lage gar nicht anders als singen. Wenn der Nachlässige eine gesellschaftliche Regel einhält, merkt man gar nicht, dass da irgendetwas eingehalten werden soll. Eben noch hat er tief im Sessel gelegen; man hat ihm das tiefe Wohlbefinden, es sich so herrlich bequem gemacht zu haben, angesehen, und dieses Wohlbefinden ist auch auf seine Umgebung übergesprungen. Aber nun sind neue Gäste ins Zimmer getreten, und der Nachlässige steht unversehens auf – nicht wegen der Gäste natürlich, er macht es sich, indem er steht, nur auf eine andere Art bequem. Wenn man den Nachlässigen so beobachtet, in unschuldigem Egoismus mit den Vorlieben und Abneigungen seiner eigenen Person beschäftigt, mit entwaffnender Offenheit und völlig unbekümmert aussprechend, was ihn gerade bewegt, unbeeindruckbar, herzlich, zerstreut, unabhängig, scheint er in seiner Bedenkenlosigkeit am ehesten zur Familie der Katzen zu gehören, nicht unbedingt zu den ganz kleinen, eher den gepardengroßen. Wenn man seine tierhafte Entspanntheit, seine unkalkulierbare Sicherheit und seine geformte Natur charakterisieren wollte, kommt einem das beinahe schon vergessene Wort „Anmut" in den Sinn, das heute aber eher mit jungen Ballerinen und pastellfarbenen Sommerkleidern assoziiert wird, es hat geradezu einen leicht süßlichen Beigeschmack bekommen. Der Nachlässige aber ist das genaue Gegenteil von süßlich; es gibt Leute, die ihm Herzlosigkeit vorwerfen, aber das klingt bei ihm wie ein ganz besonderer Vorzug, seine Herzlosigkeit saugt die Herzen der anderen an. Man muss, um die Anmut richtig zu verstehen, an die Zeiten denken, als sie den Mut ergänzen und verschönen musste: „Mut zeigt auch der Mameluck" – von einem christlichen Ritter wird dazu noch Anmut erwartet.

Da hat man sie, die beiden Grundkomponenten der europäischen Manieren – Anmut und Demut. Wer beides besitzt, hat in seinem Leben noch nie etwas falsch gemacht. (Wenn die Demut diesen Schluss hört, glaubt sie ihn nicht, der Anmut ist er egal.)

Aus: Asfa-Wossen Asserate, Manieren
© Eichborn AG, Frankfurt am Main, September 2003

Über Anstand und menschliche Würde / Oskar Negt

Auch Begriffe, die aufgrund ihres normativen Gehalts einen hohen Verallgemeinerungsanspruch besitzen, sind in spezifischer Weise geschichtlich geprägt. Das historische Milieu, in dem sie gedeutet und verwendet werden, hinterlässt in ihnen eine unverwechselbare soziale Färbung. Wer sich heute mit Anstand, Manieren und Würde beschäftigt und sich dabei nicht auf das Benehmen in Privathaushalten beschränkt, wird an allen Ecken und Enden auf Dokumente über eine Gesellschaft stoßen, in der öffentliche Erniedrigung Andersdenkender, Vertreibung, Zerstörung der Achtungsbeziehungen zwischen Menschen und sadistische Demütigung zum Alltag gehörten. Nach wie vor ist der Tatbestand erklärungsbedürftig, wie eine Verbrecherbande nach Übernahme des Staatsapparates und Umwidmung der Hoheitssymbole so rasch eine gesellschaftliche Atmosphäre erzeugen konnte, in der sich denunziatorische Energien wie die Pest verbreiteten. Während des Dritten Reiches fragte kaum jemand nach, wie das Verschwinden des jüdischen Nachbarn zu erklären sei; nur selten protestierten Passanten, wenn sie beobachteten, wie Menschen auf offener Straße geschlagen oder jüdische Mitbewohner gezwungen wurden, mit Zahnbürsten oder sonstigen Kleinwerkzeugen die Straße zu reinigen, oder bekundeten auch nur Missbilligung. Weghören und Wegsehen angesichts des Leids gedemütigter Menschen waren weit verbreitet. Die Güterzüge, aus denen die Schreie eingepferchter Menschen drangen, konnten weitgehend unbehelligt durch Deutschland fahren.

Man würde die Reichweite dieser Zerstörung elementaren Anstands jedoch in unzulässiger Weise verkürzen, bezöge man sie nur auf das Alltagsleben in den Straßen und in der Nachbarschaft. Blindheit gegenüber der Entwürdigung von Menschen und mangelnder Mut, die bisher als selbstverständlich angesehenen Regeln des Anstands zu respektieren, waren auch weit oben in jenen Schichten anzutreffen, in denen die gutbürgerliche Gesellschaft selbstbewusst ihren Humanismus und ihr internationales Wissenschaftsverständnis feierte. Zu den erschütterndsten Dokumenten verletzter Anstandsregeln gehört für mich der kurze Briefwechsel zwischen Max Planck und Albert Einstein. In dem Dankesbrief Plancks an Einstein wird die ganze politische und moralische Misere jener bürgerlichen Intellektuellenschicht offenbar, ohne deren willige Gefolgschaft und beharrliches Wegsehen sich die Nazis kaum hätten an der Macht halten können. Im März 1933 schrieb Max Planck mehrere Briefe an Einstein, die dieser allerdings erst Anfang April in Empfang nehmen konnte, zu einer Zeit also, da Albert Einstein seinen Austritt aus der Preußischen Akademie der Wissenschaften bereits erklärt hatte. Inhalt der Briefe war wohl die Bitte Plancks, die Trennung Einsteins von der Akademie auf eine ehrenvolle Weise zu bewerkstelligen. Als Planck vom Austritt Einsteins Kenntnis erhalten hatte, verfasste er einen Dankesbrief, in welchem er erklärte, Einstein habe durch seinen Austritt seinen Freunden in der Akademie „ein unabsehbares Maß von Schmerz und Kummer erspart". Zweifellos wollte er damit andeuten, dass Einsteins „Freunde" dessen Ausschluss aus der Akademie gebilligt hätten, wäre Einstein ihnen nicht durch seinen Austritt zuvorgekommen. Einstein erwiderte auf Plancks Briefe am 6. April 1933: „Es wird wohl eine Zeit kommen, in der sich anständige Menschen in Deutschland unter anderem auch dessen schämen, in wie niedriger Weise man sich mir gegenüber verhalten hat."[1]

Derartige Erfahrungen der Erniedrigung, des Verlustes jeder zwischenmenschlichen Achtung und jedes Anstands machen deutlich, wie wichtig Würde und ein aufrechter Gang für die Friedensfähigkeit einer Gesellschaft sind. Nach den leidvollen Erfahrungen im Dritten Reich sind die Grundrechte, die in der Weimarer Republik noch durch eine Verfassungsänderung abgeschafft werden konnten, zu so genannten Staatsfundamentalnormen aufgewertet worden, gegründet auf Naturrechtstraditionen, aber mit Rechtszwang ausgestattet. Das gilt vor allem für den Artikel 1 des Grundgesetzes: „Die Würde des Menschen ist unantastbar. Sie zu achten und zu schützen ist Verpflichtung aller staatlichen Gewalt." Wie immer man die Erfahrungen des epochalen gesellschaftlichen Unglücks, das die Geschichte des 20. Jahrhunderts bestimmt hat, bezeichnen mag, woraus gemeinschaftliche Verantwortung für die Verbrechen abgeleitet werden kann, ob als Kollektivschuld oder kollektive Haftung – die Scham, wie sie Einstein in seinem Antwortbrief anspricht, ist aus diesem Kontext nicht wegzudenken. Der Begriff „kollektive Scham", den der erste Bundespräsident Theodor Heuss verwendet hat, ist nicht zuletzt auch deshalb so überzeugend, weil Heuss selbst dem so genannten Ermächtigungsgesetz, das den Nazis sämtliche Gesetzeskompetenzen übertrug, zugestimmt hatte.

Zwar hat die Rechtskultur einen gewaltigen Entwicklungsschub durchgemacht, wenn die Würde wie im Grundgesetz Orientierungsmaß jedes staatlichen Handelns ist, dennoch darf man nicht davon ausgehen, dass Würde und Anstand für immer gesicherte und verlässliche Bestandteile der Gesellschaftsordnung sind. Hier muss stets aufs Neue die richtige Balance gefunden werden: Anstand und Würde nur für die Mitglieder der eigenen Gruppe, des eigenen Volkes, des eigenen Stammes gelten zu lassen ist ebenso verwerflich wie die realitätsferne Proklamation allgemeingültiger Prinzipien. Bis der Satz „Die Würde besteht darin, die Menschheit in der eigenen Person zu achten" Geltung beanspruchen kann, ist ein langer, komplizierter und opferreicher Weg der Zivilisierung der Menschen zurückzulegen. In diesem Zusammenhang muss auch die Frage nach einer allgemeingültigen Definition dessen, was den Menschen und seine unveräußerlichen Grundrechte ausmacht, gestellt und beantwortet werden.

Als Beispiele seien hier Sokrates und Antigone angeführt: Beide fühlten sich nicht den von Menschen gemachten Gesetzen als höchster Instanz verpflichtet. Als Sokrates in Athen vor Gericht stand und ihm die Todesstrafe drohte, verwies er in seiner Apologie, wie Platons Aufzeichnung der Verteidigungsrede zeigt, auf sein Daimonion, das ihn davon abhalte, etwas Falsches und Unrechtes zu tun, das ihm aber nicht vorschreibe, wie er handeln solle. Auf die Frage der Richter, was denn diese innere

Stimme des Daimonion sei, erwiderte der sonst keineswegs um Antworten verlegene Sokrates ausweichend: „Mir ist", sagte er, „dieses von meiner Kindheit an geschehen, eine Stimme nämlich, welche jedes Mal, wenn sie sich hören ließ, mir von etwas abredet, was ich tun soll, zugeredet hat sie mir nie." Als Konsequenz seiner vom Daimonion bestimmten Lebensführung erschien Sokrates eine mögliche Flucht aus der Todeszelle, wie sie seine Schülern geplant hatten, wie ein Tausch seines Lebens gegen die Wahrheit seiner Lehre.

Es sei des Hades Grabesrecht, den toten Bruder zu beerdigen, und sei er auch als Feind des Staates gestorben – so sprach Antigone in ihrer Apologie. Kein von Menschen gegebenes Gesetz könne die würdige Bestattung verbieten. Weder Zeus noch die Bewohner des Hades noch sonst irgendein Lebewesen hätten das Recht der Toten formuliert, solche Gesetze seien „nicht von heut und gestern, sondern immerdar bestehen sie: niemand weiß, woher sie gekommen sind. Aus Furcht vor eines Menschen Willen wollt ich mich am Recht der Götter nicht vergehen."

Für Sokrates und Antigone stellten nicht menschliche Gesetze die höchsten Instanzen dar, beide befolgen aber auch nicht einfach göttliche Befehle und Anweisungen, vielmehr war es eine innere Instanz, die ihr Handeln anleitete, ja sogar unbedingten Gehorsam verlangte, auch wenn dieser mit tödlichen Risiken verknüpft war. Angesiedelt sind diese Befehlsinstanzen gleichwohl außerhalb der Person. Wenn Antigone von Menschen geschaffene Konventionen und ausgesprochene Befehle verneint, klagt sie mit ihrem Eigensinn archaisches Recht ein; jede Rechts- und Verhaltensnorm muss vor Antigones eigenem Gerichtshof bestehen. Fast könnte man den Kant'schen Begriff der Würde dafür anwenden. Doch das Verhalten von Sokrates und Antigone entspricht noch nicht ganz dem, was der Aufklärer und Sympathisant der Französischen Revolution unter „Würde" verstand. Die römisch-griechischen Tugenden waren nämlich wesentlich von den Charaktereigenschaften Mäßigung, Mut und Ausgleich bestimmt, um die menschlichen Triebenergien in Balance zu halten. Das einseitige Ausleben bestimmter Triebe, ob es sich nun um Schmerz, Rachsucht oder draufgängerische Tapferkeit handelte, galt in den Tugendkatalogen der griechisch-römischen Philosophen tendenziell als nicht wünschenswert. Eigensinn beispielsweise zielt auf Trennung von den Gesetzen der Polis, wie wir von den durch das Scherbengericht Verbannten wissen, und ist demnach nicht erstrebenswert. Auch Gnadenlosigkeit gegenüber Feinden ist keine nachahmenswerte Tugend; vielmehr gilt in der römischen Kaiserzeit Milde (clementia) als eine charakteristische Tugend der Kaiser.

Es ist daher eine bemerkenswerte Akzentverschiebung des Kant'schen Denkens, wenn einer seiner eifrigsten und gelehrigsten Schüler, Friedrich Schiller, einen Würdebegriff formuliert, der eher den antiken Tugendkatalogen nahe steht. In seiner kleinen Schrift „Über Anmut und Würde" heißt es: „Und auf diese Art nun wird die Ruhe im Leiden, als worin die Würde eigentlich besteht, obgleich nur mittelbar durch einen

Christian Wilhelm Ernst Dietrich,
Belisar als Bettler, 1730, Kat. 167

Vernunftschluß, Darstellung der Intelligenz im Menschen und Ausdruck seiner moralischen Freiheit."[2] Auch für Kant ist Würde, „die keinen Preis hat", mit einer erhabenen Gesinnung verknüpft. Das bedeutet jedoch nicht, dass Würde bestimmten Personen quasi als „Besitz" auf Lebenszeit zugesprochen wird. Genau das will Kant vermeiden; Würde ist bei ihm ein Kampfbegriff. Deshalb finden sich bei Kant auch vielerorts in seinem Werk Formulierungen wie: Der Mensch möge im Großen und Ganzen der Natur zwar eine Kleinigkeit sein, wenn aber Exemplare seiner eigenen Gattung ihn so behandelten, dann stelle dies eine komplette Verkehrung der Weltordnung dar. Die Spannbreite zwischen „dem bestirnten Himmel über mir und dem moralischen Gesetz in mir" zeige an, dass wir zwar Naturwesen seien, aber auch mit der Fähigkeit zur Freiheit ausgestattet, gegen jede Form der Erniedrigung und des Machtmissbrauchs zu kämpfen.

Das Gewissen als „innerer Gerichtshof", vor dem angeklagt und verteidigt, aber mit Urteilskraft auch entschieden wird, hat die Bescheidenheit eines Sokrates, nämlich nicht zu wissen, was man tun soll, verloren.

Auch ist die „Ruhe im Leiden", von der Schiller spricht, allenfalls im Umgang mit dem eigenen Leiden ein Akt erhabenen Verhaltens, unter keinen Umständen aber in der Wahrnehmung des Leidens und des Schmerzes anderer.

In dem Maße nun, in dem die ökonomischen Wertbestimmungen im Rahmen der sich ausbreitenden Warenproduktion immer stärker den Lebenszusammenhang der Menschen erfassten, wurde der Substanzbegriff „Würde" zunehmend aus dem Macht- und Herrschaftsgeflecht der Gesellschaft gelöst und ins Innere der Menschen verlagert. Zwar bleiben die „Würdenträger" im Staatsaufbau noch lange präsent, die Würde aber gewinnt durch die Kopplung an Pflicht, Moral, Rechtsverhältnisse und die Idee der Menschheit eine ganz andere Dimension. Immanuel Kant, der sich Fragestellungen rund um das Thema „Würde" in immer neuen Wendungen und Begründungen annahm, formulierte in seiner Philosophie die wohl radikalste Position dieser Definition von Würde. Gut 130 Jahre zuvor sprach der Philosoph Thomas Hobbes Ehre und Würde nur dem zu, der Macht besaß. Durch das Ehren und Wertschätzen taxieren wir das gesellschaftliche Machtgefüge, in das der Einzelne eingebunden ist. Hobbes bezog die Begriffe „dignity" und „honour" auf zwei Bereiche und brachte damit eine Gespaltenheit in der damaligen Entwicklung der bürgerlichen Gesellschaft zum Ausdruck: Ehre und Würde gehörten entweder zur Welt des bürgerlichen Warenverkehrs, in der die Werte des Marktes gelten, oder sie waren durch den Staat verliehene Amtswürden. Kant löste den Würdebegriff aus beiden Zusammenhängen und verschaffte ihm so einen weltbürgerlichen Status.

Würde ist gerade das, was im Tauschverkehr nicht aufgeht, also keinen Preis hat. Die deutlichste Aussage Kants, mit der er sich wohl auch vom Hobbes'schen Denken abgrenzen wollte, an dem er sich häufig gerieben hat, vor allem in Bezug auf die berühmte Sentenz „homo homini lupus" („der Mensch ist dem Menschen eine Wolf"), findet sich in seiner „Grundlegung zur Metaphysik der Sitten". Die Vernunft, so Kant, beziehe die Maximen des Willens als allgemein gesetzgebend auf jeden anderen Willen und auch auf jede Handlung gegen sich selbst, und das sei nicht um irgendeines anderen praktischen Beweggrundes oder künftigen Vorteils willen, „sondern aus der Idee der Würde eines vernünftigen Wesens, das keinem Gesetz gehorcht, als dem, was es zugleich selbst gibt. [...] Im Reiche der Zwecke hat alles entweder einen Preis oder eine Würde. Was einen Preis hat, an dessen Stelle kann auch etwas anderes als Äquivalent gesetzt werden; was dagegen über allen Preis erhaben ist, mithin kein Äquivalent verstattet, das hat eine Würde. Was sich auf die allgemeinen menschlichen Neigungen und Bedürfnisse bezieht, hat einen Marktpreis; das, was auch ohne ein Bedürfnis vorauszusetzen, einem gewissen Geschmacke, das heißt einem Wohlgefallen am bloßen zwecklosen Spiel unserer Gemütskräfte, gemäß ist, einen Affektionspreis; das aber, was die Bedingung ausmacht, unter der allein alles Zweck an sich selbst sein kann, hat nicht bloß einen relativen Wert, d. i. einen Preis, sondern einen inneren Wert, d. i. Würde."[3] Bei dieser Würdedefinition spielt die Gleichheitsbeziehung zum anderen eine zentrale Rolle: Wie ich mich selbst nicht als bloßes Mittel verwenden darf (deshalb: Verbot des Selbstmords), so betont Kant immer wieder, dass Entwürdigung des Menschen nicht erst dort stattfindet, wo es um Gewaltakte geht; seine Grenzbestimmung von Würde und Entwürdigung ist sensibler und setzt bei der Selbstachtung an, also bei der Frage, wie ich mich selbst im Blick auf die Menschheit verstehe. Wer den anderen lediglich als Mittel zu irgendwelchen Zwecken benutzt, bewegt sich schon im Kreislauf der Entwürdigungen. Eine der Formulierungen des kategorischen Imperativs hat im Kontext unserer Geschichte der Manieren besonderes Gewicht. Sie lautet: „Handle so, daß du die Menschheit, sowohl in deiner Person, als in der Person eines jeden anderen, jederzeit zugleich als Zweck, niemals bloß als Mittel brauchest." Und Kant fügt hinzu: „Wir wollen sehen, ob sich dieses bewerkstelligen lasse."[4]

Will man Menschen nicht bloß als Mittel für irgendwelche Zwecke benutzen, muss man immer den Selbstzweck des anderen und das heißt: die Erweiterung seiner Autonomie- und Freiheitssphäre im Auge behalten. In einer Gesellschaft, die quasi zum Anhängsel des Marktes, also der Tauschrelationen geworden ist, stellt dies eine große Herausforderung dar. Alle Reservate des Eigensinns, alle Restbestände der Tradition, die weder versteigerbar noch verkäuflich sind, wegzurationalisieren oder betriebswirtschaftlichen Kalkulationen zu unterwerfen, scheint ein Grundzug unserer Zivilisation und ihrer Modernisierungsmaßnahmen zu sein. Kants Begriff von Würde ist der äußerste Protest gegen eine so universelle Herrschaft der Mittel. Eine derartige Erniedrigung der Menschen ist für Kant freilich kein bloßes Resultat objektiver Verhältnisse, schicksalhafter Konstellationen. Die Menschen haben aktiven Anteil an dieser Art der Selbsterniedrigung, sie haben aber auch alle Fähigkeiten und Möglichkeiten, sich aus diesen demütigenden, gegen die menschliche Persönlichkeit gerichteten Herrschaftsstrukturen zu befreien. In der kleinen Schrift „Beantwortung der Frage: Was ist Aufklärung?" heißt es: Aufklärung sei der Ausgang des Menschen aus der selbstverschuldeten Unmündigkeit; man solle den Mut haben, sich seines Verstandes ohne Anleitung eines anderen zu bedienen. Sapere aude! Der Erkenntnismut gehe dem voraus.

Zu den eindrucksvollsten Kapiteln der moralphilosophischen Schriften Kants gehört der viel zu wenig beachtete Abschnitt über die „Kriecherei". Auch hierbei handelt es sich um eine selbst verschuldete Unmündigkeit, die den Menschen nicht von außen angetan wird, sondern die sie gedankenlos oder aus moralischer Stumpfheit hinnehmen. „Werdet nicht der Menschen Knechte. - Laßt euer Recht nicht ungeahndet von anderen mit Füßen treten. [...] Das Bücken und Schmiegen vor einem anderen Menschen scheint in jedem Fall eines Menschen unwürdig zu sein. Die vorzügliche Achtungsbezeigung in Worten und Manieren selbst gegen einen nicht Gebietenden in der bürgerlichen Verfassung – Referenzen, Verbeugungen (Komplimente), höfische – den Unterschied der Stände mit sorgfältiger Pünktlichkeit bezeichnende Phrasen, – welche von der Höflichkeit (die auch sich gleich Achtenden notwendig ist) ganz unterschieden sind, das Du, Er, Ihr und Sie, oder Ew. Wohledlen, Hochedlen, Hochedelgeborenen, Wohlgeborenen [...] in der Anrede – als in welcher Pedanterei die Deutschen unter allen Völkern der Erde (die indischen Kasten vielleicht ausgenommen) es am weitesten gebracht haben, sind das nicht Beweise eines ausgebreiteten Hanges zur Kriecherei unter Menschen? [...] Wer sich aber zum Wurm macht, kann nachher nicht klagen, daß er mit Füßen getreten wird."[5]

Es stellt sich also die Frage, warum sich die Menschen in diese demütigenden Situationen, in diese Kriecherei hineinbegeben, warum sie die der Würde und dem aufrechten Gang inhärente Macht nicht erkennen und in praktisches Handeln umsetzen. Zweifellos spielt dabei eine Rolle, dass die Menschen es allzu schnell als naturgegeben hinnehmen, dass die Welt ungleich und ungerecht gefügt ist. Die Idee der Gleichheit aber ist die Leitnorm jeder Form der Aufklärung, die auf Erweiterung des Autonomiespielraums in einem friedensfähigen Gemeinwesen gerichtet ist. Achtung der menschlichen Lebewesen voreinander setzt eine ebensolche Leitnorm voraus. „Allein der Mensch als Person betrachtet, d. i. als Subjekt einer moralisch-praktischen Vernunft, ist über allen Preis erhaben; denn als ein solcher [...] ist er nicht bloß als Mittel zu anderer ihren, ja selbst seinen eigenen Zwecken, sondern als Zweck an sich selbst zu schätzen, d. i. er besitzt eine Würde (einen absoluten inneren Wert), wodurch er allen anderen vernünftigen Weltwesen Achtung für ihn abnötigt, sich mit jedem anderen dieser Art messen und auf dem Fuß der Gleichheit schätzen kann."[6]

Zu Beginn meiner Überlegungen zu Anstand und Würde habe ich eine gesellschaftliche Situation beschrieben, in der ein ganzes System gekippt ist und zivilisatorische Mindeststandards im Umgang mit Menschen zerstört worden sind. Wollte man aus diesem epochal einzigartigen Zusammenbruch menschlicher Verhaltensweisen allerdings ableiten, dass unter „normalen" Lebensbedingungen dergleichen nicht passieren könnte, wäre dies ein gefährlicher Irrtum. Wenn eine ganze Gesellschaft „umkippt", waren im Vorfeld zahlreiche Prozesse im Gange, die einen solchen Umbruch überhaupt erst möglich gemacht haben. Eine sensible Beobachterin gesellschaftlicher Verschiebungen wie Christa Wolf hat diesen Aspekt genau benannt und in ihrer Erzählung „Kassandra" eine entsprechende Mahnung formuliert. „Wann Krieg beginnt, das kann man wissen", lässt sie Kassandra sagen, „aber wann beginnt der Vorkrieg. Falls es da Regeln gäbe, müsste man sie weitersagen. In Ton, in Stein eingraben, überliefern. Was stünde da. Da stünde, unter andern Sätzen: Laßt euch nicht von den Eignen täuschen."[7]

Die Spurensuche nach diesen „Vorkriegsereignissen" ist von existentieller Bedeutung für den gesellschaftlichen Zusammenhang. Denn dort wo Eingriffsmöglichkeiten im Sinne der Kant'schen Aufklärung bestehen, um ein kollektives Unglück zu vermeiden, handelt es sich um Konstellationen, die in gewisser Weise noch offen sind. Die Verletzung der menschlichen Würde in banalen Alltagssituationen und die Missachtung des Anstands besonders durch diejenigen, die über soziale Macht verfügen, geben eindeutige Hinweise darauf, dass im Gerechtigkeitsgefüge einer Gesellschaft etwas nicht in Ordnung ist.

Zurzeit ist die Finanzkrise in aller Munde und der skandalöse Tatbestand, dass Managern alle Anstandsregeln abhanden gekommen zu sein scheinen. Wenn Führungskräfte, die ihre Bank oder ihren Betrieb in den Ruin getrieben haben, gleichwohl ihre Erfolgsprämien kassieren, dann gilt das, unabhängig von allen rechtlichen Vereinbarungen, als unanständig. Das Lexikon verweist vom Begriff „Anstand" auf „gute Sitten". Es handelt sich um eine Abstraktbildung zu „anstehen" im Sinne von „passen", „sich schicken", wie man zum Beispiel von Kleidung sagt: etwas steht mir, es sitzt. Bezeugt ist das Wort „Anstand" seit dem 17. Jahrhundert, die heutige Bedeutung steht unter dem Einfluss der Ableitung „anständig". Ein anständiger Manager wäre derjenige, der seine Verantwortung für faule Kredite und inkompetentes Management übernimmt und die Annahme so genannter Leistungsprämien und Abfindungen verweigert. Die öffentliche spektakuläre Diskussion über Managergehälter ist jedoch nur die Spitze des Eisbergs, über der die innergesellschaftlichen Risse und Verwerfungen leicht vergessen werden.

Kants Begriff der Würde, in dem er Selbstbestimmung, Mitbestimmung und Autonomie in Fragen der Gestaltung der eigenen Lebensverhältnisse gegen jene Verhältnisse wendet, in denen die Menschen nur als Mittel für bestimmte Zwecke benutzt werden, bietet eine Richtschnur auch für die Beurteilung der gegenwärtigen neoliberalen Auswüchse, die das Wirtschaftssystem selber hervorgebracht hat. Wo Menschen auf Faktoren betriebswirtschaftlicher Rationalisierung reduziert werden, wo die offizielle Marktideologie den jederzeit und allseits verfügbaren Menschen zum Ideal erhebt, muss ein Eigensinn, wie ihn Antigone oder Sokrates an den Tag legen, als Blockade wirtschaftlichen Handelns gelten, die zu beseitigen ist. Dass den Betriebsbelegschaften Mitbestimmungsrechte streitig gemacht werden, ist Ausdruck dessen, dass die Produktionsgemeinschaft der Arbeitenden auf ein bloßes Mittel zu Renditezwecken reduziert wurde. Würde und Anstand werden im Alltagsleben infrage gestellt, ohne dass der Verursacher dieses Missstandes offensichtlich erkennbar wäre.

Heinrich Zille, der sich im Milieu der Ausgegrenzten und Obdachlosen gut auskannte, hat einmal davon gesprochen, dass man einen Menschen mit einer Wohnung genauso töten könne wie mit einer Axt. Der Kampf um Würde und Anstand ist also auch immer damit verknüpft, die Verhältnisse so zu ändern, dass ein würdiges Leben und Sterben ohne „übermenschliche" Kraftaufwendung möglich ist. In diesem Zusammenhang ist das gestörte Verhältnis von Arbeit und menschlicher Würde ein zentrales Thema. Viel zu selbstverständlich wird heute unterstellt, dass Arbeitslosigkeit gleichsam ein wertneutraler Bestandteil der gegenwärtigen Realität sei. Berichte darüber, dass selbst Betriebe oder Banken, die rentabel wirtschaften oder gar Milliardengewinne einstreichen, gleichzeitig (und inzwischen ohne jede Scham) im Sinne der Renditeerwartungen Entlassungen vornehmen, werden mehr und mehr hingenommen. Die in den 1970er-Jahren verbreitete Parole, die Gewinne von heute seien die Investitionen von morgen und die Arbeitsplätze von übermorgen, hat nicht nur ihre Geltung verloren, sondern ist ins Gegenteil verkehrt worden: Die Gewinne von heute sind häufig die Arbeitslosen von morgen.

Wenn ich von Arbeit und menschlicher Würde spreche, dann entnehme ich meiner Einschätzung der identitätsstiftenden Funktion von Arbeit, nicht nur im engeren Sinne der Erwerbsarbeit, die Überzeugung: Arbeitslosigkeit ist ein Gewaltakt, sie ist ein Anschlag auf die körperliche und seelisch-geistige Integrität, auf die Unversehrtheit der betroffenen Menschen. Sie ist Raub und Enteignung der Fähigkeiten und Eigenschaften, die innerhalb der Familie, der Schule und der Lehre (vorausgesetzt diese Ausbildungsstufe wird überhaupt noch erreicht) in einem mühsamen und aufwändigen Bildungsprozess erworben wurden. Können Kompetenzen nicht in der Gesellschaft eingesetzt werden, sind sie in Gefahr zu verkommen; schwere Persönlichkeitsstörungen bei den Betroffenen sind nicht auszuschließen. Selbstachtung und soziale Anerkennung im friedlichen Verkehr miteinander sind nach wie vor auf vielfältige und zentrale Weise mit einer Arbeit verknüpft, die des Lohnes würdig ist.[8] Mit anderen Worten: Arbeitslosigkeit ist ein gewalttätiger Angriff auf die Würde des Menschen.

Werden Konkurrenz, Wettbewerbslust und Rücksichtslosigkeit im Umgang der Menschen untereinander zu Tugenden deklariert, die ihre kreativen Kräfte mobilisieren, dann verändert sich unversehens das vorherrschende Menschenbild einer Gesellschaft. Man muss nicht so weit gehen, wie es Robert Musil in einer kleinen, wenig bekannten Schrift mit dem Titel „Der deutsche Mensch als Symptom" beschrieben hat, um in der gegenwärtigen Gesellschaft das aufzufinden, was Mandeville vor etwa 300 Jahren in seiner berühmten Bienenfabel mit dem Untertitel „Private vices, public benefits" als gesellschaftlichen Idealzustand betrachtete: Nicht die guten, solidarisch-menschlichen Eigenschaften bewirken den Volkswohlstand, es sind geradezu räuberische Einstellungen, die für produktive Entwicklungen sorgen. Robert Musil formuliert dies plastisch, wenn er über das Verhältnis von Tatsachen und Kapitalismus, über die Verlässlichkeit bestimmter Eigenschaften der Menschen nachdenkt: „Der Zusammenhang mit den ‚Tatsachen' ist der, daß die Ichsucht die verläßlichste Eigenschaft des menschlichen Lebens ist. Von unwirksamen Ausnahmen abgesehen, ist durch Reizung des Begehrens und Einschüchterung der Mensch zu allem zu bringen. Daß sich mit diesen beiden Eigenschaften verläßlich rechnen läßt, ist mehr als ein Wortspiel. [...] Dieses Bedürfnis nach Eindeutigkeit, Wiederholbarkeit und Festigkeit wird auf seelischem Gebiet durch die Gewalt befriedigt, und eine Spezialform dieser Gewalt, eine unerhört geschmeidige, entwickelte und nach vielen Richtungen schöpferische, ist der

Kapitalismus. Es wurde hier schon dafür der weitere Begriff einer Ordnung aufgestellt, welche mit der Ichsucht rechnet. Dieses Ordnungsprinzip ist so alt wie die menschlichen Verbände selbst. Wer auf Stein bauen will im Menschen, muß sich der Gewalt oder der Begierden bedienen. Dieses mit den schlechten Fähigkeiten des Menschen Rechnen ist eine Spekulation à la baisse. Eine Ordnung à la baisse ist dressierte Niedrigkeit. Sie ist die Ordnung der heutigen Welt. Ich lasse dich gewinnen, damit ich mehr gewinne, oder ich lasse dich mehr gewinnen, damit ich überhaupt etwas gewinne, diese List eines überlegenen Parasiten ist die Seele der anständigsten Geschäfte, welche abgeschlossen werden."[9]

Dieses Spekulieren „à la baisse" mit der Ichsucht und den räuberischen Instinkten der Menschen ist freilich durch moralische Appelle allein kaum zu beseitigen, wenn sie auf Antriebsmotive des wirtschaftlichen und politischen Machtzentrums verweisen.

Es mag sein, dass die Geschichte der Manieren, zumal in ihren Bildwelten, die Umgangsweise im menschlichen Alltagsverkehr konzentrierter und nachdrücklicher dokumentiert als jede Gesellschaftsanalyse. Wie man mit den Ausgegrenzten, den Obdachlosen, den Fremden umgeht, lässt sich an Manierengeschichten gleichsam seismographisch ablesen. Das betrifft nicht nur Vorurteile, sondern vor allem die Bindungsfähigkeit der Menschen, ob sie imstande sind, den anderen auf gleichem Fuße zu begegnen, wie Kant es ausdrückt. Hierbei stellt sich die Frage, inwieweit das sozialdarwinistisch auf das Überleben hin getrimmte Ich eine Monade wachsender sozialer Kälte ist. Der Kampf um Würde und menschliche Anerkennung erstreckt sich auch auf die Etablierung von Lebensbedingungen, in welchen die Menschen ihr Dasein als Monaden, die laut Leibniz bekanntlich keine Fenster haben, überwinden und solidarische Beziehungen entwickeln können. Soziale Kälte stellt für Adorno eine der entscheidenden Ursachen des Faschismus dar: „Die Kälte der gesellschaftlichen Monade, des isolierten Konkurrenten, war als Indifferenz gegen das Schicksal der anderen die Voraussetzung dafür, daß nur ganz wenige sich regten. Das wissen die Folterknechte; auch darauf machen sie erneut die Probe. [...] Wenn irgendetwas helfen kann gegen Kälte als Bedingung des Unheils, dann die Einsicht in ihre eigenen Bedingungen und der Versuch, vorwegnehmend im individuellen Bereich diesen ihren Bedingungen entgegenzuarbeiten."[10]

In dieser Ausstellung, die die Manierengeschichte über 800 Jahre in Bild und Begriff festzuhalten versucht, sind brisante Mischungen von Wärme- und Kälteströmen spürbar. Es gibt gute Gründe dafür, warum das Kapitel „Die Würde des Menschen" am Ende steht, schließlich ist es Zielinhalt der Ausstellung, die Verhaltensweisen, die Freiherr von Knigge mit dem Buchtitel „Über den Umgang mit Menschen" präzise bezeichnet, in Bildern und Texten sichtbar zu machen. Dieses Buch Knigges, dessen Erstauflage ein Jahr vor der Französischen Revolution publiziert wurde, kann als reichhaltige Gedankenarbeit zum Thema

„menschliche Würde" betrachtet werden. Dass es zu den erfolgreichsten Büchern der deutschen Sprache werden konnte, verdankt sich allerdings dem Tatbestand, dass man es in zahlreichen Überarbeitungen und Neufassungen seines republikanisch-revolutionären Pathos entledigt hatte.

Zwei Bücher haben mich in der Beschäftigung mit dieser Bremer Ausstellung und den Manieren besonders beeindruckt. Da ist einmal besagtes Buch des Adolph Freiherrn von Knigge, der von den herrschenden Adelsschichten genügend aus eigener Erfahrung zu berichten wusste, aber den Manieren dieses Standes nichts Menschliches abzugewinnen vermochte. Und ein anderes Buch eines Adligen, das mich mit seiner scharfsinnigen und ironischen Perspektive auf die Gegenwartsgesellschaft in Deutschland fasziniert hat. Es handelt sich um den Band „Manieren" des Großneffen des ehemaligen äthiopischen Kaisers Haile Selassi, der in Deutschland studiert hat und Deutscher geworden ist. Wie Knigge stellt auch Asfa-Wossen Asserate vornehmlich die Manieren der Herrschenden auf den Prüfstand. Mit einem Zitat aus seinem Kapitel „Der Adel in der Republik" möchte ich meine Überlegungen abschließen. Asserate schreibt: „Wenn in diesen Betrachtungen die Manieren als ein großes Gebäude erscheinen, das sich aus moralischer und ästhetischer Haltung, aus Charakterformung, aus ästhetischen und sprachlichen Idealen, einer bestimmten Weltsicht, einer Vielzahl von eigentümlichen Bräuchen und dem, was im üblichen Wortgebrauch ‚Manieren' genannt wird, zusammensetzt, dann muß schließlich auch einmal die Frage gestattet sein, wo denn eigentlich in unserer Gesellschaft diese Manieren anzutreffen sind."[11] Die Antwort auf diese entscheidende Frage bleibt offen.

1 / Albert Einstein, Frieden, Weltordnung oder Weltuntergang, hg. v. Otto Nathan und Heinz Norden. Vorwort von Bertrand Russell, Köln/Neu Isenburg 2004, S. 232f.
2 / Friedrich Schiller, Sämtliche Werke, Bd. 5, München 1975, S. 476.
3 / Immanuel Kant, Grundlegung zur Metaphysik der Sitten, Werke in sechs Bänden, hg. v. Wilhelm Weischedel, Bd. 6, Darmstadt 1963, S. 68.
4 / Kant, Grundlegung zur Metaphysik der Sitten, a. a. O., S. 61.
5 / Kant, Die Metaphysik der Sitten, Tugendlehre, XXX, S. 571f.
6 / Kant, Die Metaphysik der Sitten, a. a. O., S. 569.
7 / Christa Wolf, Kassandra, Darmstadt 1986, S. 79.
8 / Siehe dazu Oskar Negt, Arbeit und menschliche Würde, Göttingen ¹2001.
9 / Robert Musil, Der deutsche Mensch als Symptom, Reinbek bei Hamburg ¹1967, S. 45ff.
10 / Theodor W. Adorno, Erziehung nach Auschwitz, in: Stichworte, Kritische Modelle II, Frankfurt/Main 1969, S. 98ff.
11 / Asfa-Wossen Asserate, Manieren, München ⁴2009, S. 173.

„Manieren beibringen" …
soziale Kompetenz als Fernsehunterhaltung / Hanno Balz

Seit dem Beginn des bürgerlichen Zeitalters war die Frage von korrekten Manieren auch immer eine Frage ihrer Vermittlung. Wie Norbert Elias in seiner großen Studie über den „Prozeß der Zivilisation" zeigte, identifizierte sich das frühe Bürgertum in Deutschland zunächst nicht mit den höfisch-aristokratischen Kreisen und ihren Umgangsformen.[1] Doch übernahm man im Laufe der bürgerlichen Emanzipation die höfischen Manieren, wenn auch mit einiger Distanz. Hierbei war die Schwierigkeit, dass die zu erlernenden Umgangsformen nicht wie im Adel innerhalb der Familie weitergegeben, sondern auch damals schon medial verbreitet wurden: mittels einer steigenden Zahl von „Benimm-Literatur", zu der in seiner Rezeptionsgeschichte im weiteren Sinne auch Knigges „Über den Umgang mit Menschen" gezählt wurde.

Es scheint, als sei gerade in Zeiten eines Umbruchs in den allgemeinen Umgangsformen der Bedarf an Verständigung und medialer Vermittlung besonders groß. So stellten die Sozialwissenschaften fest, dass sich Formalisierungsphasen, in denen die gesellschaftlichen Regeln förmlicher werden, mit Informalisierungsphasen (z. B. Fin de Siècle, Goldene 20er-Jahre, 68er) abwechseln.[2] Nachdem mit der Revolte der 1960er-Jahre auch die traditionellen Etiketteregeln hinweggefegt werden sollten, ja sogar von einem „Ende der Höflichkeit" gesprochen wurde[3], ist in den vergangenen Jahren unter dem Motto „Benimm ist in" eine Renaissance der überlieferten Umgangsformen zu beobachten. Die letzten 20 Jahre lassen sich in punkto Manieren also durchaus als Formalisierungsphase bezeichnen, in der nun das Bedürfnis nach Verständigung groß zu sein scheint. Diesem Bedarf versuchen auch die Medien entgegenzukommen: In unzähligen Zeitschriften lassen sich die wichtigsten Punkte einer kleinen Benimmschule nachlesen, und konservative Stimmen fordern in den Tageszeitungen die Rückkehr zu alten Werten und förmlicheren Verhaltensregeln. In der „Frankfurter Allgemeinen Sonntagszeitung" findet sich beispielsweise seit Jahren eine Kolumne mit dem Titel „Manieren", in der im weiteren Sinne „richtiges Verhalten" behandelt wird. Vor allem in der Management-Literatur und hier beispielsweise im „Manager-Magazin", insbesondere in dessen Online-Ausgabe, geht es immer wieder um Umgangsformen im geschäftlichen Bereich. Hier spielt vor allem die Vermittlung von interkultureller Kompetenz, beispielsweise in Bezug auf Geschäftspartner aus Japan oder China, eine hervorgehobene Rolle. Auch im deutschsprachigen Fernsehen hat das Thema des „richtigen Benimms" in den letzten Jahren Konjunktur. Während sich in den 70er-Jahren Loriot mit seinem Sketch „Die Benimm-Schule" noch über die steifen Konventionen althergebrachter Umgangsformen lustig machte, widmet man sich heute in Talkshows und Dokumentationssendungen der Frage nach der Aktualität höflicher Umgangsformen und begrüßt deren angebliche neue Relevanz ausdrücklich.

Allgemein wird in den Massenmedien bei der Behandlung des Themas „Manieren" auf einen festen Kanon zurückgegriffen, über den sich alle mehr oder weniger einig sind und der auch keiner weiteren Begründung bedarf. Er wird als Garant für Erfolg im Beruf und in zwischenmenschlichen Beziehungen dargestellt, wenn man ihn denn anzuwenden verstehe – thematisiert wird letztlich also die Kontrolle eigener Lebensführung und damit auch soziale Kompetenz. Dabei wird jedoch betont, dass es heutzutage nicht mehr um das Befolgen strikter Anstandsregeln gehe, sondern dass gerade die flexible Handhabung etablierter Verhaltensregeln einen Nutzwert ermögliche und schließlich Distinktion und persönlichen Erfolg verspreche. Solche Informalisierungstendenzen zeigen sich vielleicht auch darin, dass das Thema „Manieren" und deren Vermittlung als Entertainment genutzt werden kann. Wie die medialen Inszenierungen im Einzelnen ausfallen, soll an einigen Fernsehbeispielen dargestellt werden.

Manieren im Fernsehen

Reality-TV und verwandte Formate wie Talkshows vermitteln neben alltäglichem Wissen auch Werte, Normen und Konventionen des gesellschaftlichen Zusammenlebens. Sie bieten Formen der Lebensbewältigung und Modelle zur Lebensführung an.[4] So wundert es nicht, dass auch das Thema „Benimm" in diesen Fernsehsendungen aufgegriffen wird. Ein Beispiel ist die WDR-Talkrunde „Müller live", die 2003 unter dem Titel „Der gute Ton: Manieren statt blamieren" eine Reihe von „Experten" zum Thema diskutieren ließ, so einen Butler, eine Unternehmensberaterin, die Benimmbuch-Autorin Sybil Gräfin Schönfeldt und den damaligen Bremer Bildungssenator Willi Lemke, der eine strengere Disziplin in der Schule forderte. In dieser Sendung wurde exemplarisch der Standpunkt vertreten, dass vor allem eine flexible Anwendung des Kanons althergebrachter Manieren erforderlich sei. Dabei wurden durchaus auch die vielfach vorhandenen Vorbehalte gegenüber dem Thema „Manieren" angesprochen, Zusammenhänge beleuchtet und Kriterien einer möglichen Einordnung genannt. Es drehe sich nicht mehr nur um ein bloßes Aneignen überlieferter Techniken, sondern letztlich um eine Art kultureller Kompetenz, die meist verbunden sei

Abb. 1 / „Der Star-Praktikant" (VOX): „Society Dame" Evelyn erläutert den Kandidatinnen, wie man ein Weinglas nicht anfasst.

mit einem Versprechen an gesellschaftlicher Teilhabe und Aufstieg. So gelte der Handkuss nicht länger als Ausdruck zeitgemäßer Manieren, auch wenn der Kabarettist und Entertainer Herbert Feuerstein diesen in der Sendung formvollendet vorzuführen wusste. Wichtiger sei heute zum Beispiel, älteren Menschen in der Bahn einen Platz freizumachen. Vor allem die Jugend war gemeint, als man sich hier öffentlich über die Renaissance der Manieren stritt und der jungen Generation ein hohes Maß an Rücksichtslosigkeit unterstellte, welche es durch einen flexibleren Umgang mit den traditionellen Benimmregeln zu bekämpfen gelte. Willi Lemke plädierte hierbei vor allem für die Rückkehr zu mehr Disziplin. Er war als „Experte" in diese Talkshow geladen worden, weil er kurz zuvor als Bildungssenator die Wiedereinführung von Schuluniformen gefordert hatte und öffentlich von einem Zurück zu preußischen Sekundärtugenden träumte.

Eher auf einer Metaebene argumentierte dagegen Gräfin Schönfeldt in der Talkrunde für einen „rücksichtsvollen Umgang miteinander", der durch die Vermittlung höflicher Umgangsformen gewährleistet sei. Als Fazit dieser Sendung blieb, auf die Jugend bezogen, die Forderung: „Manieren brauchen Vorbild." Hierbei spiele heutzutage die Peergroup aus Gleichaltrigen jedoch eine wichtigere Rolle als die familiäre Erziehung.

Nun verweist gerade die Frage nach den Vorbildern auf die Rolle der Massenmedien und insbesondere die des Fernsehens. Vor allem was die Peergroups unter den Jugendlichen anbelangt, für die Reality-TV eine wichtige Rolle spielt, sind Medien zwar keine direkte Sozialisationsinstanz, dennoch offerieren sie Angebote für eine Gestaltung des Selbst. Dies kann sich jedoch, besonders im Reality-TV, zu einer „Zwanghaftigkeit zur Selbstgestaltung und -inszenierung" steigern.[5]

Medien liefern Bilder und Geschichten, wie die gesellschaftlichen Individuen sein sollen und wollen und wie sie ihre Position im sozialen Gefüge einzunehmen bereit sind. Dies ermöglicht dem Publikum, sich zu solchen Bildern und Geschichten ins Verhältnis zu setzen, und zugleich die Selbstbestimmung ex negativo. Bezogen auf Manieren sind dies die „No-Gos" und die viel beschworenen Fettnäpfchen.

Ähnlich wie manche Talkshow beschäftigt sich auch das so genannte Lifestyle-TV mit der Gestaltung des Selbst; hier vor allem der Gestaltung des eigenen Aussehens (z. B. „The Swan"), des Zuhauses (etwa „Wohnen nach Wunsch") oder der Beziehung („Bauer sucht Frau"). Bisher wandte sich keines dieser Formate explizit und ausschließlich dem Thema „Manieren" zu. Jedoch wird das Thema in vielen Bereichen des Reality-TV aufgegriffen: Seien es aufmerksame und respektvolle Umgangsformen zwischen Eltern und Kindern, welche in „Die Super-Nanny" das gemeinsame Zusammenleben garantieren sollen. „Das perfekte Dinner" kann als Gastgeber nur gewinnen, wer über perfekte Tischmanieren, Begrüßungssitten und Smalltalk-Qualitäten verfügt. In „Der Star-Praktikant" geht es immer wieder um das Vermeiden von Fettnäpfchen und die Präsentation guter Manieren, ohne die der berufliche Erfolg nicht zu erreichen ist. In der Folge „Fashion for Floors", ausgestrahlt im März 2009, in der drei Kandidatinnen um ein Praktikum bei einem Teppichdesigner in Monaco kämpfen, sind angemessene Kleidung im Beruf,

Abb. 2 / „Der Star-Praktikant" (VOX):
Zur Begrüßung einer Gräfin gehört auch ein Knicks.

Pünktlichkeit und Smalltalk wichtige Kriterien, die über den Praktikumsplatz entscheiden.

Im Kontakt mit den Superreichen, die bei Teppichdesigner Moghadam für 10.000 Euro einen Teppich für ihre Yacht bestellen, betreten die drei jungen Kandidatinnen eine Welt, in der sicheres Auftreten und bestimmte Umgangsformen ein wichtiges „soziales Kapital" (Pierre Bourdieu) in der arrangierten Konkurrenzsituation darstellen. Da die Sendung suggeriert, als Praktikantin müsse man auch für abendliche Gala-Dinners gewappnet sein, wird die „Society Lady" Evelyn vorgestellt, die, wie es einführend heißt, „alle Manieren kennt". Im Restaurant erläutert sie den Kandidaten, wie man Austern richtig isst und wie ein Weinglas zu halten sei (Abb. 1). Unterschieden wird hier zwischen korrektem Verhalten und, wie die Benimm-Dame betont, dem „absoluten No-Go".

Neben dem so genannten Geldadel, für den die Teppiche laut Moghadam auch bestimmt seien, spielt ebenso der Familienadel für die Sendung eine Rolle, unter anderem in Gestalt der Teppichkundin Baronin von Brandstetter. Vor dem Kundenkontakt gibt eine Kandidatin zu: „Keine Ahnung, wie ich eine solche Dame begrüßen soll ..." Schließlich lernt sie, vor der älteren Dame einen Knicks zu machen und sich in Smalltalk zu üben (Abb. 2).

Am Ende ist die Frage nach den richtigen Manieren entscheidend für den Gewinn des ersten Wettbewerbs innerhalb der Sendung; der Preis besteht in der Begleitung des Teppichhändlers auf den Rot-Kreuz Ball in Monaco. Laut Aufgabenstellung solle die Kandidatin mit der „größten Stilsicherheit und Etikette" die Chance auf den Ballbesuch erhalten. Dort treffe man schließlich auf den Fürsten von Monaco. Die Kandidatin die sich in der Sendung durchsetzen konnte, betonte dann auch, sie sei die richtige Wahl, „weil ich mich zu benehmen weiß".

Auch hier spielt das Verhältnis zwischen Alt und Jung eine wesentliche Rolle. Sich in der Konkurrenzsituation der Sendung durchzusetzen heißt für die Kandidatinnen Anfang 20 vor allem, die Ratschläge der Älteren zu befolgen. Das Erlernen der richtigen Manieren ist letztlich ein

Abb. 3 / Manieren-Test im Internet zur „Benimm ist in"-Show mit Desiree Nick

pädagogischer Vorgang und damit eine sicher funktionierende Technik der Aneignung. Am Ende gewinnt schließlich die Kandidatin, an deren Umgangsformen der künftige Arbeitgeber anfangs noch einiges auszusetzen gehabt hatte, doch am Schluss stellt Moghadam fest, Manieren könne man ja schließlich auch noch lernen.

Dass die Vorführung von Benimm-Strategien für den Alltag durchaus auch Show-Charakter haben kann, zeigten die RTL-Sendung „Benimm ist in" sowie „Gottschalks große Benimm-Show" im ZDF. In der im Mai 2005 ausgestrahlten RTL-Sendung „Benimm ist in" mit Desiree Nick wurde am Beispiel des 16-jährigen „Halbstarken" Christian, aus dem ein „kleiner Kavalier" gemacht werden sollte, konkrete Alltagshilfe demonstriert. Desiree Nick, bekannt geworden als „Dschungelkönigin" der RTL-Show „Ich bin ein Star – Holt mich hier raus" („Dschungel-camp"), bot jedoch auch den Zuschauern Hilfestellungen bei der Lösung von Etiketteproblemen, indem sie im „RTL-Benimm-Check" quasi eine Checkliste für die Bereiche Essen, Urlaub, Kleidung und Beziehung vorstellte. Dabei bewegten sich die Fragen durchaus auf Einsteigerniveau, wenn es zum Beispiel hieß: „Wie erkenne ich ein Rotweinglas?"

Ein wesentliches Element der Vermittlung von Manieren im Show-Fernsehen wurde auch in dieser Sendung deutlich: Den korrekten Manieren wurde in der Regel „peinliches" und „unmögliches" Verhalten gegenübergestellt; so berichteten in der „Benimm ist in"-Show Prominente über Fettnäpfchen, in die sie selbst getreten waren. Inwieweit im Unterhaltungsformat des Fernsehens die Frage von guten und schlechten Manieren letztlich personalisiert wird, zeigte sich auch hier: Der „Benimm-Dame" Nick stand in Einspielungen der „ungehobelte Mr. Wrong" in der Person des Schauspielers Carsten Spengemann gegenüber, der zuvor als Soap-Darsteller, als negativ besetzte Figur in einer Staffel des „Dschungelcamps" und über eine Unterschlagungsaffäre zu Bekanntheit gelangt war. Er hatte die Aufgabe, in der Show zu demonstrieren, „was absolut gar nicht geht", und wurde in diversen, als peinlich aus-

gewiesenen Situation gezeigt. Gerade die Gegenüberstellung von „sich benehmen" und „sich danebenbenehmen" übt in vielen Reality-TV-Formaten eine wichtige Funktion für Identifikation und Sehvergnügen der Zuschauenden aus. Letztlich bestimmt die Vorführung von falschem Benehmen auch den Unterhaltungswert einer solchen Show.

Auf der Internetseite zur Sendung können sich die User schließlich unter der Frage „Können Sie sich benehmen?" einem Selbsttest unterziehen (Abb. 3). Crossmediale Angebote bieten heutzutage für das Publikum erweiterte Nutzungsmöglichkeiten und enthalten neben Zusatzinformationen oft Gewinnspiele und Wissenstests zu den Sendungen. Der Selbsttest zur Benimm-Show, der nicht mehr viel mit den oben genannten flexibleren Benimmregeln zu tun hat[6], soll das Publikum zum Mitmachen animieren. Hier wird das richtige Benehmen mittels Fragen und Antworten nicht nur vorgestellt, sondern das Publikum kann es im Mitmachen auch internalisieren.

Bereits ein Jahr zuvor hatte auch das ZDF das Thema „Manieren" zur großen Abendunterhaltung auserkoren, als es im April 2004 zu „Gottschalks großer Benimm-Show" einlud (Abb. 4). Der ZDF-Quotenliebling und ehemalige Lehrer Thomas Gottschalk hatte in dieser Show beispielsweise den Protokollchef des Bundespräsidenten und den Knigge-Enkel Moritz zu Gast. Die eigentliche Show bestand jedoch aus einem Wettstreit, in dem sich Prominente miteinander maßen. Parallel dazu trat das Publikum im Saal bestehend aus vier sozialen Gruppen gegeneinander an, denen unterschiedliche Kenntnisse höflicher Umgangsformen unterstellt werden: „Adlige", „Motorrad-Rocker", „Jugendliche" und „Service-Kräfte" wetteiferten um den Nachweis der besten Manieren (Abb. 5). Nicht zuletzt wurden auch die Zuschauer vor den Bildschirmen von passiven Konsumenten zu Beteiligten gemacht: Sie konnten mitspielen, ihr gutes Benehmen prüfen und sich dabei an den prominenten Mitwirkenden und den genannten Zuschauergruppen im Saal messen. Das Turnier ums gute Benehmen gewann in der Show mit

Abb. 4 / „Gottschalks große Benimm-Show" (ZDF)

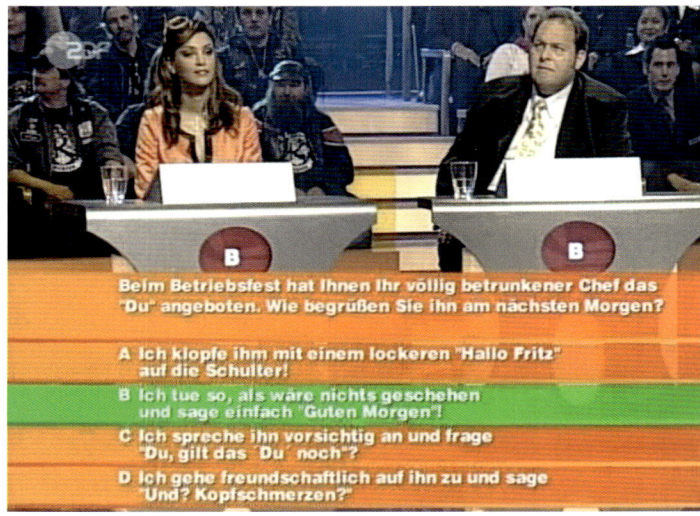

Abstand die Gruppe „Adel" vor den Gruppen „Service", „Biker" und „Jugend". Auch mit dieser Sendung wurde also einmal mehr demonstriert, dass angeblich fehlende Manieren vor allem ein Problem der Jugend sind, während die Adeligen, von jeher quasi naturgegebene Repräsentanten „guten Benehmens", als Verkörperung eines traditionellen Benimm-Kanons gezeigt wurden.

Abb. 5 / „Gottschalks große Benimm-Show" (ZDF): Die Kandidaten-Gruppe der Biker wird vorgestellt.

Zwischen Kanon und flexiblem Umgang

Mit dem Blick auf die genannten Sendungen, die sich explizit dem Thema „Manieren" widmeten, lässt sich für die Jahre 2003/04 eine gewisse Konjunktur dieses Sujets feststellen. Seitdem haben wir es zwar auch immer wieder mit der Behandlung von korrekten Umgangsformen zu tun, beispielsweise in „Das perfekte Dinner", jedoch bilden sie nicht das zentrale Thema der jeweiligen Sendung. Dies hat möglicherweise seinen Grund in breiteren sozialen Debatten, wie beispielsweise derjenigen, die 2003 von Willi Lemke mit seiner Forderung nach mehr Disziplin und Benehmen in den Schulen ausgelöst wurde. Dennoch scheint sich das Thema „Manieren" allein auf Dauer nicht für die Fernsehunterhaltung zu eignen. Der Kanon der Benimm-Regeln ist wohl zu festgeschrieben, als dass die Fernsehunterhaltung, die immer auf neue Themen angewiesen ist, sich ihm explizit über Jahre widmen könnte.

Bei der Frage, wer nun über guten und wer über weniger guten „Benimm" verfügt, ähneln sich die angesprochenen Sendungen und bedienen damit letztlich Allgemeinplätze, wenn vor allem die Umgangsformen der Jugend als verbesserungswürdig dargestellt werden. Dass damit ein jahrtausendealtes Generationenstereotyp reaktiviert wird, macht ein Ausspruch deutlich, der dem altgriechischen Philosophen Sokrates zugeschrieben wird: „Die Jugend von heute liebt den Luxus, hat schlechte Manieren und verachtet die Autorität. Sie widersprechen ihren Eltern, legen die Beine übereinander und tyrannisieren ihre Lehrer."

Demgegenüber werden in allen Fernsehformaten Mitglieder des Adels als positive Gegenbeispiele gezeigt, an denen es sich zu messen gilt, obschon fraglich ist, ob sich die Zuschauenden auch mit ihnen identifizieren können und wollen.

In den vielen Reality-TV-Sendungen, in denen es implizit ebenfalls um die richtigen Umgangsformen geht, steht vor allem soziales Verhalten im Mittelpunkt. Über die Darstellung von alltäglichen Situationen wird eine gewisse Nähe zur Lebensrealität des Publikums erzeugt, womit sich Anschlusserfahrungen für die Zuschauenden herstellen lassen.

Mit der bereits beschriebenen Tendenz zu einer flexibleren Aneignung verschiedener Höflichkeitsformen, die letztlich die Rahmung sozialen Verhaltens bedeuten, liegt der Distinktionsgewinn heutzutage aber auch in der betont lockeren Handhabung verschiedener Benimm-Regeln. Immer wieder wurde in den hier vorgestellten Fernsehsendungen darauf hingewiesen, dass ein Mittelweg zwischen den formalen und informalen Umgangsformen das beste Handlungskonzept darstelle. Mit dieser Flexibilisierung wird allerdings nicht zu einem selbstbestimmten Umgang mit den eigenen Verhaltensweisen aufgerufen, sondern einer weiteren Normierung sozialen Verhaltens Vorschub geleistet. In einer Leis-

tungsgesellschaft hält das Erfüllen einer solchen Norm schließlich einige Erfolgsaussichten sowohl im beruflichen als auch im privaten Leben bereit. Nicht zuletzt geht es hierbei auch um Fragen sozialen Aufstiegs – im Fall der Jugendlichen entsprechend um den Einstieg in die Welt der Erwachsenen. Dabei hat Pierre Bourdieu in seinen Arbeiten insbesondere betont, dass sich die gehobene Mittelschicht des Bildungsbürgertums immer auch von eben jenen Aufsteigern zu distinguieren wisse. In Anlehnung daran fasst der Soziologe und Eliteforscher Michael Hartmann zusammen: „Soziale Aufsteiger lassen es fast immer an der erwünschten Selbstverständlichkeit in Auftreten wie Verhalten und damit zugleich an der Bereitschaft mangeln, den offiziellen Kanon und die herrschenden Codes auch einmal gekonnt in Frage zu stellen bzw. sie gegebenenfalls zu durchbrechen. Diese Souveränität, die den spielerischen Umgang mit den gültigen Regeln beinhaltet, macht die entscheidende Differenz aus zwischen denen, die dazugehören, und denen, die nur dazugehören möchten."[7]

Der sich als distinguiert begreifende Bildungsbürger hat es eben nicht immer nötig, sich orthodox an das Regelbuch der Manieren zu halten.

Bei aller Thematisierung von Manieren im Fernsehen wie auch in anderen Medien gilt es jedoch zu unterstreichen, dass dies in erster Linie nicht eine Anleitung zum sozialen Umgang miteinander darstellt. Vielmehr geht es hier um Entertainment. Dass dabei auch Themen aus der Alltagswelt mit all ihrer Anschlussfähigkeit an die Lebenswelten der Zuschauer eine Rolle spielen, ist ein unterhaltsamer Mehrwert.

In diesem Sinne soll hier der vielfach als Urahn der deutschen „Benimm"-Vermittlung missverstandene Adolph Freiherr Knigge das letzte Wort haben: „Vor allen Dingen vergesse man nie, daß die Leute unterhalten, amüsiert sein wollen; daß selbst der unterrichtetste Umgang ihnen in der Länge ermüdend vorkommt."[8]

1 / Norbert Elias, Über den Prozeß der Zivilisation, 2 Bände, Frankfurt/Main 1995.

2 / Cas Wouters, Informalisierung. Norbert Elias' Zivilisationstheorie und Zivilisationsprozesse im 20. Jahrhundert, Opladen 1999, S. 115.

3 / Diethart Kerbs, Das Ende der Höflichkeit: für eine Revision der Anstandserziehung, München 1970.

4 / Tanja Thomas, Leben nach Wahl? Zur medialen Inszenierung von Lebensführung und Anerkennung, in: Ulla Wischermann/Tanja Thomas (Hg.), Medien – Diversität – Ungleichheit. Zur medialen Konstruktion sozialer Differenz, Wiesbaden 2008, S. 225–243, S. 225f.

5 / Thomas, S. 229.

6 / Können Sie sich benehmen?, http://film.aol.de/TV-sp-BenimmIstIn-Quiz/Koennen-benehmen-66764951-0.html (5.7.2009).

7 / Michael Hartmann, Elitesoziologie. Eine Einführung, Frankfurt/Main 2004, S. 142.

8 / Adolph Freiherr von Knigge, Über den Umgang mit Menschen, Frankfurt/Main 2008, S. 44f.

„Nehmen Sie eine Uhr!"
Der englische Gentleman und seine Gegenparts im Hollywood-Film / Urs Roeber

In einer Studie über den englischen Gentleman stellt der Autor Philip Mason fest: „Ein Grund, warum das Konzept des Gentleman auf allgemeine Zustimmung stieß, bestand darin, dass niemand so genau sagen konnte, wer ein Gentleman war und wer nicht."[1]

Abgeleitet von altfranzösisch „gentil hom" bezeichnete der Begriff zunächst die Standeszugehörigkeit, nämlich diejenige zum Adel.[2] Der bildete in England ein Verhaltensideal aus, das sich an Baldassare Castigliones "Cortegiano" anlehnte (vgl. Kat. 2). Dieses Ideal konnte auch von Bürgerlichen übernommen werden, während die tatsächliche Zugehörigkeit zur "gentry", dem englischen Adel, mehr und mehr zurücktrat. Bleibenden Eindruck hinterließ Castigliones Definition der „Sprezzatura", „eine gewisse Nachlässigkeit [...], die die angewandte Mühe verbirgt und alles, was man tut und spricht, als ohne die geringste Kunst und gleichsam absichtslos hervorgebracht erscheinen lässt"[3]. Sie lebt fort im britischen Understatement.

Dass wir gegenwärtig recht konsensfähige, stereotype Vorstellungen mit dem englischen Gentleman verbinden, ist vor allem der Filmindus-

trie Hollywoods zu danken. Insbesondere der Brite David Niven (1909–1983), der sich seit den 1930er-Jahren in Hollywood etabliert hatte, hat unser Gentleman-Bild geprägt (Abb. 1).[4] Niven verband die schulbuchmäßige äußere Haltung und formvollendete Umgangsformen mit dem Eindruck von Unangestrengtheit. Zudem war er einer Distanz verpflichtet,[5] die Schicksalsschläge gelassen hinnimmt und mit trockenem – britischem! – Humor kommentiert. Dazu ein Beispiel aus „Around the World in 80 Days" („In 80 Tagen um die Welt", 1956): Dem Entsetzen des Dieners Passepartout (Cantinflas), dem bei Antritt der Weltreise einfällt, dass er im Hause seines Herrn Phileas Fogg das Gas angelassen hat, wird die unerschütterliche Ruhe Foggs (Niven) entgegengesetzt, der erwidert, man werde eben die Gasrechnung mit dem Lohn des Dieners verrechnen – damit ist die Sache abgetan.

In Erinnerung geblieben ist dem Publikum die Ballongondel mit der hoch aufgerichteten Gestalt Nivens in Umhang und Zylinder (Abb. 2). Sein sidekick, der kleine und quirlige Lateinamerikaner Cantinflas, der seinem Herrn ein Glas Champagner einschenkt, verdeutlichte die Erhabenheit der Hauptfigur zusätzlich.

Die Konstellation zweier ganz unterschiedlicher Typen, des Gentlemans, der Auftreten und Umgangsformen verinnerlicht hat, und einer Kontrastfigur, die der Distanz und mitunter Arroganz des anderen mit Unbedarftheit begegnet, wird in weiteren Filmen wieder aufgenommen. Nicht immer ist es der Diener, der den Gegenpart übernimmt, wenngleich auch der nicht fehlen darf, wenn es gilt, die Lebensumstände eines Gentlemans zu umreißen. In dem Film „Bedtime Story" („Zwei erfolgreiche Verführer", 1964) etwa wird der Wettstreit zweier Hochstapler geschildert, die an der Riviera reiche Frauen ausnehmen. Niven ist wiederum der englische Gentleman, der in einer Villa residiert, den „gebildeten Nichtstuer" gibt und sich mit unliebsamer Konkurrenz auseinandersetzen muss. Sein Gegenspieler ist ein gutgelaunter, immer etwas zu lauter Amerikaner namens Freddy Benson, gespielt von Marlon Brando. Freddy steht für den amerikanischen Selfmademan, während der kultivierte Lawrence Jameson (Niven) das alte Europa repräsentiert. Freddy bewundert Jameson, dem sein Reichtum und distinguiertes Äußeres erlauben, in ganz anderen Kreisen zu operieren als der Nachwuchsschwindler, für den bereits eine ergaunerte Gratismahlzeit einen Triumph bedeutet.

Der Film konfrontiert uns mit einem weiteren Stereotyp: dem Gentleman, dem seine Zugehörigkeit zur Upperclass die perfekte Tarnung für Verbrechen liefert. Er entstammt der Kriminalliteratur um 1900. Die bekanntesten Vertreter sind Raffles, ursprünglich eine Art verbrecherisches Abziehbild von Sherlock Holmes, das E. W. Hornung, ein Schwager Conan Doyles, in den 1890er-Jahren entwickelte,[6] und der französische Meisterdieb Arsène Lupin in den Romanen von Maurice Leblanc, erschienen zwischen 1905 und 1935. Beide begehen ihre Verbrechen aus Leidenschaft, um der sportlichen Herausforderung willen. Raffles legt

Abb. 2 / David Niven und Cantinflas
in „Around the World in 80 Days",
USA 1956, Regie: Michael Anderson

verleiht er offiziellen Charakter, indem er eine Visitenkarte hinterlässt, diese freilich mit einem Pseudonym: „The amateur cracksman". Raffles gewinnt die Sympathien des Publikums, da er Charme hat und witzig ist. Dass er dabei auch noch blendend aussieht, versteht sich von selbst (Abb. 3). Vom Ball in seine Wohnung zurückgekehrt, schwingt sich der Gentleman-Einbrecher nonchalant über die Lehne eines Sofas, schleudert seinem älteren Diener den Zylinder wie einen Football entgegen und fordert ihn in Anerkennung seiner Dienste gönnerhaft auf, eine Uhr von ihm anzunehmen – Diebesgut, das er beiläufig aus dem Frack zieht. Sprezzatura? Eher nicht, und bestimmt nicht im Sinne Castigliones, der dieses ungestüme Auftreten allenfalls Heranwachsenden zugestanden hätte. Vielmehr sollen diese Manierismen das Jungenhafte, Übermütige der Filmfigur unterstreichen.

Diverse Neuverfilmungen beider Stoffe folgten, u. a. mit David Niven als Raffles (1939).

Ebenfalls als Gentleman mit Hang zur Kriminalität in Erinnerung geblieben ist Cary Grant als John Robie, genannt „die Katze", in Alfred Hitchcocks „To Catch a Thief" („Über den Dächern von Nizza", 1955). Robies große Zeiten als Juwelendieb gehören bei Einsetzen der Filmhandlung allerdings bereits der Vergangenheit an. Wir erfahren, dass er sich zur Zeit der deutschen Besatzung Frankreichs in der Résistance hervorgetan hat und nun Heldenstatus genießt – ein weiteres, typisches Detail einer Gentleman-Biografie: bewiesene Tapferkeit im Krieg.

Abb. 3 / Ein filmischer Vorfahre
David Nivens: Ronald Colman,
um 1934/35

ausdrücklich Wert darauf, als Einbrecher lediglich Amateur zu sein, um sich von der echten, proletarischen Unterwelt abzugrenzen. Auch hier wird mit Klischees gespielt: Ein Gentleman geht keiner geregelten Arbeit nach, ist in jeder Hinsicht unabhängig und pflegt allenfalls extravagante Hobbys – in diesem Fall krimineller Art. Beide Stoffe wurden bereits in der Stummfilmära für die Leinwand adaptiert, erste Hollywoodverfilmungen folgten Anfang der 1930er-Jahre: „Raffles" (1930) mit Ronald Colman, „Arsène Lupin" (1932) mit John Barrymore in der Titelrolle.

Raffles begeht einen Einbruch schon mal unmittelbar vor einem Ballbesuch, ausgefertig in Frack, Zylinder und praktischerweise auch mit Handschuhen, um später seiner Dame für den Abend ein kostbares Armband umlegen zu können. Seinem Aufenthalt in fremden Häusern

Abb. 4 / Die äußerliche Angleichung: Michael Caine und Steve Martin in „Dirty Rotten Scoundrels", USA 1988, Regie: Frank Oz

In „Miss Undercover" (2000) schlüpfte Caine noch einmal in die Rolle des distinguierten Mannes von Welt, der sein Wissen weitergibt. Gracie Hart, eine junge FBI-Agentin (gespielt von Sandra Bullock), soll bei der Miss-America-Wahl ermitteln – als Kandidatin getarnt. In einem Restaurant trifft sie den Model-Trainer Victor Melling (Caine), einen ehemals Großen der Branche, dessen Karriere durch einen Skandal beendet wurde. Es gibt Anklänge an „Dirty Rotten Scoundrels", etwa wenn der alternde Melling seiner Schülerin auf einer belebten Straße das perfekte Gehen vorführt und dies mit Streichern untermalt wird: „Gleiten, Gleiten! Ganz locker aus dem Gesäß – Bin ich nicht schön?" Auch die Ausgangssituation ist grundsätzlich vergleichbar: Die Notwendigkeit, Benimmunterricht zu nehmen, ergibt sich spontan, der auserkorene Lehrer lässt sich eher widerwillig auf das Unterrichtsverhältnis ein, die Schülerin ist ein hoffnungsloser Fall. Wesentlicher sind jedoch die Unterschiede, die insbesondere die Bewertung des Gentleman betreffen: In den „Scoundrels" folgt die Perspektive Caine, so dass der Gegenpart als echter sidekick erlebt wird, der nach dem Motto „Hoppla, jetzt komm' ich" vor allem für die Lacher gut ist. In „Miss Undercover" hingegen identifiziert sich der Zuschauer mit der zwar trampeligen, aber patenten Gracie, während Victor Melling zur Karikatur des Gentlemans gerät. Das fängt mit seiner übertrieben komischen Verzweiflung und seinem Selbstmitleid an und gipfelt in Andeutungen seiner Homosexualität. Unausgesprochen wird die Botschaft transportiert, feine Manieren seien etwas Unmännliches.

Was Melling letztlich wirklich angreifbar macht und seinen Gentleman-Status konterkariert, ist sein Hang zu Gehässigkeit und Häme. Im Restaurant fragt er Gracie anzüglich, ob sie „noch ein Fässchen" Bier haben wolle (sie trinkt aus der Flasche), oder gibt vor, sie nicht verstanden zu haben, da er so fasziniert von der „halbzerkauten Kuh" (einem Stück Steak) sei, die sich in Gracies „weit geöffneter Futterluke" herumwälze. In solchen Beleidigungen steht Melling dem Phonetik-Experten Henry Higgins nahe, dargestellt von Rex Harrison in der 1964er-Verfilmung des Broadway-Musicals „My Fair Lady". Der gut situierte Junggeselle Higgins konzentriert sich ganz auf die Wissenschaft und begegnet seinen Mitmenschen mit Ungeduld und Grobheit. Seine mitunter geradezu menschenverachtenden Spitzen gegen die aus einfachsten Verhältnissen stammende Eliza Doolittle (Audrey Hepburn), die ihm als Demonstrationsobjekt dient, werden lediglich milde gerügt, und zwar von dem alten Colonel Pickering (Wilfrid Hyde-White), der Higgins auf Augenhöhe begegnet. Die Figur Gracie Hart hingegen kann, wie ihre Zielgruppe, ein jüngeres Publikum, für sich selbst einstehen. Selbstbewusst wehrt sie sich gegen die Arroganz Mellings und wirft ihm vor, „absolut widerlich" zu ihr zu sein.

Dennoch, die Lehrerrolle wird dem vorgeblichen Gentleman auch in diesem Film nicht streitig gemacht. Seine Autorität in Formfragen bleibt unbestritten, und die Schülerin bemüht sich, seine Lektionen zu verinnerlichen. Es blieb dem Comic vorbehalten, dieses Verhältnis umzu-

Die erwähnte „Bedtime Story" erlebte 1988 unter dem Titel „Dirty Rotten Scoundrels" („Zwei hinreißend verdorbene Schurken") ein Remake.[7] Michael Caine (geb. 1933) beerbte Niven als „Engländer vom Dienst" und spielte Lawrence Jamieson, lieferte dabei gleichzeitig eine Hommage an den verstorbenen Niven, dessen Schnurrbart er sich für den Film zulegte. Brandos Part übernahm der Komiker Steve Martin, der der Rolle des Freddy Benson einen Zug ins Groteske gab, so dass der Kontrast zwischen beiden Typen noch stärker hervortrat als im Original. In einer Sequenz ohne Ton, die mit dem Irving-Berlin-Stück „Puttin on the Ritz" unterlegt ist, formt Jamieson Benson nach seinem Vorbild (Abb. 4) und bringt ihm bei, in Gesellschaft eine gute Figur zu machen. Freddy Benson eignet sich dieses Können in verbrecherischer Absicht an. Die Zugehörigkeit zur „feinen Gesellschaft" erscheint ihm erstrebenswert, weil diese Geld besitzt, das man ihr abknöpfen kann. Das ergaunerte Geld wiederum soll ein Leben nach dem Vorbild Jamiesons ermöglichen, wenngleich sich Benson in seinen Wünschen nach dem Muster des Parvenüs auf die materiellen Annehmlichkeiten wie Villa und Butler beschränkt, ohne eine Verfeinerung des Geschmacks anzustreben. Jamieson seinerseits übernimmt die Rolle des Lehrers unfreiwillig; er wird von Benson erpresst. Die Komik entsteht vor allem aus Freddy Bensons Unbedarftheit in Etikettefragen. Bei ihm geht es nicht um den letzten Feinschliff der Manieren, sondern es ist ein Anfang bei Null.

Abb. 5 / Benimmunterricht im Wilden
Westen: „Calamity Jane" aus der Serie
„Lucky Luke", Frankreich 1966,
Text: René Goscinny, Zeichnungen: Morris

kehren. 1966 tauchte David Niven als Karikatur in „Calamity Jane",
einem „Lucky Luke"-Abenteuer auf (Abb. 5). Als aus Boston in den
Westen kommender Benimmlehrer Robert Houston erscheint er in Frack
und Zylinder, wie dem Leser aus „Around the World in 80 Days"
vertraut. Seine Schülerin Calamity Jane, ein Flintenweib des Wilden
Westens nach historischem Vorbild, zeigt sich jedoch für Etikette un-
empfänglich. Houston leidet zusehends, beginnt zu verwahrlosen und
zu trinken. Schließlich verabschiedet er sich mit derben Flüchen und
reitet unrasiert und wild um sich ballernd wieder gen Osten. Man ist geneigt, eine Passage in Knigges „Umgang mit Menschen" von 1788 an-
zuführen und festzustellen: Der Gentleman hat den Ton der Gesellschaft
angenommen, in der er sich befindet.[8]

1 / „One reason why the idea of the gentleman was so widely accepted was that no one was quite
sure who was a gentleman and who was not". (Philip Mason, The English Gentleman. The Rise and
Fall of an Ideal, New York 1982, S. 9).

2 / Zu den verschiedenen Konzepten des Gentlemans vgl. David Castronovo, The English Gentleman.
Images and Ideals in Literature and Society, New York 1987, S. 5ff.

3 / Castiglione 2004, S. 35, 1.26.

4 / Zu einer Übersicht über die Filme David Nivens vgl. Gerard Garret, The Films of David Niven,
London 1975.

5 / Zu Distanzierungsstrategien seit der Antike vgl. Andreas Urs Sommer, Coolness. Zur Geschichte
der Distanz, in: Zeitschrift für Ideengeschichte I/1, 2007, S. 30–44.

6 / Vgl. Friedrich Depken, Sherlock Holmes, Raffles und ihre Vorbilder. Ein Beitrag zur Entwick-
lungsgeschichte und Technik der Kriminalerzählung, Heidelberg 1914, hier S. 60–65.

7 / Stanley Shapiro, der am Drehbuch zu „Bedtime Story" beteiligt war, wirkte auch bei der
Neuverfilmung als Drehbuchautor mit.

8 / „Lerne den Ton der Gesellschaft annehmen, in welcher du dich befindest". (Knigge, S. 53, 1.1.22).

Katalog

800 Jahre Etikette

"Ob diese Regeln für alle Menschen passen?"

Die Geschichte der Etikette- und Anstandsliteratur in deutscher Sprache lässt sich bis ins Hochmittelalter zurückverfolgen. Die frühen Texte wurden als illuminierte Handschriften an den Höfen des Feudaladels gelesen. Eine kleine Elite, die sich über ihren Besitz und ihre besonderen Rechte definierte, wollte sich auch durch ihre Umgangsformen von den übrigen gesellschaftlichen Ständen abheben.

Der Buchdruck ermöglichte die Verbreitung von Texten in hoher Auflage. Durch Übersetzungen in fremde Sprachen wurden zusätzliche Leser erreicht. Baldassare Castigliones „Il cortegiano" (1528, deutsch: „Der Hofmann") erreichte jahrhundertelang in ganz Europa ein Publikum, ebenso Erasmus von Rotterdams Schrift „De civilitate morum puerilium" (1530, deutsch: „Züchtiger sitten zierlichen wandels / und höfflicher geberden der jugent"), die 1625, fast 100 Jahre nach ihrem ersten Erscheinen, Pflichtlektüre in den untersten Klassen der niederländischen Lateinschulen wurde.

Das Benimm-Buch, wie es in Deutschland noch heute existiert, entstand im wilhelminischen Kaiserreich (1871–1918). Die Industrialisierung hatte zahlreiche bürgerliche Aufsteiger hervorgebracht, die in der so genannten feinen Gesellschaft bestehen, die entsprechenden Regeln lernen und nicht unangenehm auffallen wollten.

Nach dem Ersten Weltkrieg änderte sich das Leserprofil; zahlreiche Menschen lebten in stark eingeschränkten Verhältnissen, die traditionellen Vorrechte des Adels – der bis dahin vorbildlichen „feinen Gesellschaft" – wurden mit Einführung der demokratischen Verfassung 1919 abgeschafft. Entsprechend wurden die Bücher schmaler und billiger, das in ihnen vermittelte Wissen sollte möglichst vielen potenziellen Lesern zur Bewältigung des banalen Alltags dienen.

Die anti-bürgerliche Haltung der Nationalsozialisten führte dazu, dass die Zahl der Veröffentlichungen nach 1933 deutlich abnahm. Eine erneute Blüte erlebte das Genre nach 1945. Mit Besserung der wirtschaftlichen Situation stieg das Bedürfnis nach Sicherheit in Sachen Umgangsfragen. Die Bücher der 1950er-Jahre knüpften in Aufbau und Inhalt unmittelbar an die Vorkriegszeit an. Ihre große Verbreitung ist durch zahlreiche Neuauflagen dokumentiert. Inwieweit die Bücher auch tatsächlich gelesen und wie ernst sie genommen wurden, bleibt offen.

Die gesellschaftlichen Lockerungen der späten 1960er-Jahre erforderten ein erneutes Umdenken der Autoren, die nun ein Publikum erreichen mussten, das der Rückkehr zu den bürgerlichen Werten der Vorkriegszeit kritisch gegenüberstand und althergebrachte Benimmregeln hinterfragte.

Heute bieten sich der Anstandsliteratur neue Anknüpfungspunkte. Die zunehmende Zwanglosigkeit der Gesellschaft ruft bei vielen das Gefühl hervor, dass in den letzten Jahrzehnten möglicherweise etwas Wertvolles aufgegeben wurde – vom „Benimmvakuum der 68er-Generation" ist da die Rede („Wirtschaftswoche", Nr. 23, 2.6.2005, S. 86). Den wachsenden Erfolgsdruck im Berufsleben greifen die Medien schon seit einigen Jahrzehnten gerne und regelmäßig auf, um Umgangsformen in Beziehung zu beruflichem Erfolg zu setzen – ohne dabei immer so drastisch zu formulieren wie Joachim Müller, Herausgeber des Knigge-Trainingsbriefes „Etikette heute": „Heute können unprofessionelles Benehmen und Nichtkenntnis der Etikette-Regeln immerhin Ihren Job kosten." Die Bedürfnisse beschränken sich allerdings häufig auf das Wissen um die Handhabe von Besteckfolgen und die korrekte Form beim Vorstellen und Begrüßen. Eigene Etiketteregeln haben das Internet und der tägliche E-Mail-Austausch hervorgebracht.

„Ein Anstandsbuch sammelt und beschreibt nur. Es kann nicht diktieren und vorschreiben, denn dann würde sein Text verhöhnt und verspottet. Die Regeln eines Anstandsbuches werden nur befolgt, wenn sie bestätigen, was sich seine Benutzer so ungefähr gedacht haben", reflektiert Sybil Gräfin Schönfeldt über die Gattung, und Andreas Hartmann bemerkt: „Zur Ideologie von Benimmbüchern gehört [...] deren affirmative Grundausrichtung, die sich darin zeigt, daß sie Erfolg immer innerhalb bestehender oder als bestehend postulierter Ordnungen versprechen." (Schönfeldt, S. 19; Hartmann, S. 66)

PRIMO.

Et come la pecchia ne'uerdi prati,fempre tra lherbe ua carpendo i fio-
ri,cofi il noftro Cortegiano hauera da rubare quefta gratia da que,che
allui parera che la tenghino,& da ciafcun quella parte che piu fara' lau-
deuole:& nó far come un amico noftro,che uoi tutti conofciete,che fi
péfaua effer molto fimile al Re Ferrádo minore d'Aragona,ne in altro
hauea pofto cura d'imitarlo,che nel fpeffo alzar il capo,torzendo una
parte della bocca , il qual coftume il Re hauea contratto cofi da infir-
mità. Et di quefti molti fi ritrouano,che penfan far affai,pur che fian
fimili ad un grád'huomo in qualche cofa, & fpeffo fi appigliano a' qlla,che in colui é fola uitiofa. Ma hauendo io gia piu uolte pen-
fato meco,onde nafca quefta gratia,lafciando quegli , che dalle ftelle l'
hanno , trouo una regula uniuerfaliffima la qual mi par ualer circa
quefto in tutte le cofe humane,che fi facciano,o dicano piu che alcuna altra. Et ció é fuggir quanto piu fi po:& come un afperiffimo , &
pericolofo fcoglio la affettatione,& per dir forfe una noua parola,ufar
in ogni cofa una certa fprezzatura,che nafconda l'arte, & dimoftri ció
che fi fa,& dice uenir fatto fenza fatica,& quafi fenza penfarui . Da
quefto credo io che deriui affai la gratia,per che delle cofe rare , & ben
fatte ogn un fa la difficultà , onde in effe la facilità genera grandiffima
marauiglia:& per lo contrario,il fforzare,&(come fi dice)tirar per i ca-
pegli da fomma difgratia & fa eftimar poco ogni cofa,p grande ch ella
fi fia. Peró fi pó dir quella effer uera arte che non apare effer arte . ne
piu in altro fi ha da poner ftudio,che nel nafconderla,perche fe é fco-
perta,leua in tutto il credito,& fa l'homo poco eftimato. Et ricordo-
mi io gia hauer letto effer ftati alcuni antichi oratori excellentiffimi i
quali tra l'altre loro induftrie fforzauanfi di far credere ad ogn uno,
fe non hauer notitia alcuna di lettere,& diffimulando il fapere moftra-
uan le loro orationi effer fatte fimpliciffimamente , & piu tofto fecon-
do che loro porgea la natura,& la uerità,chel ftudio,& l'arte · laqual fe
foffe ftata conofciuta,haria dato dubbio ne glianimi del populo di nó
douer effer da quella ingannati. Vedete adunq; come il moftrar
l'arte,& un cofi intento ftudio,leui la gratia d'ogni cofa. Qual di
uoi é che non rida , quando il noftro M · Pierpaulo danza alla foggia
fua con que faltetti , & gambe ftirate in punta di piede,fenza mouer la
tefta,come fe tutto foffe un legno, con tanta attentione,che di certo pa-
re che uada numerádo i paffi? Qual occhio é cofi cieco, che nó uegga
in quefto la difgratia della affettatione,& la gratia in molti homini , &
dóne che fono qui prefenti di qlla fprezzata definoltura(che ne i mo
uiméti del corpo molti cofi la chiamano)có un parlar,o ridere,o adat-
tarfi,moftrádo nó eftimar,& péfar piu ad ogni altra cofa che a' quello,

b iiii

1
Thomasîn von Zerclære (um 1186 – vor 1238)
Der welsche Gast, schwäbische Handschrift,
um 1460–1470
107 Bll., 39,3 x 28,4 cm, Illustrationen Feder,
koloriert
Universitätsbibliothek Heidelberg
Sign. Codex Palatinus germanicus 320

„Swer ze hove will wol gebârn,
der sol sich deheime bewarn
daz er nien tuo unhüfschlîchen."

Im Winter 1215/16 schrieb der Ministeriale Thomasîn
von Zerclære in Friaul am Hofe des deutschsprachigen Patriarchen von Aquileja den „Welschen Gast",
die nach heutiger Erkenntnis früheste Tugendlehre in
deutscher Sprache. Die mittelhochdeutsche Versdich-
tung ist in 24 Handschriften und Handschriftenfrag-
menten des 13. bis 15. Jahrhunderts erhalten, der
überwiegende Teil davon reichhaltig illustriert. Der
„welsche Gast" ist auf der hier gezeigten Buchseite
dargestellt als aus Italien kommender Reiter, der von
der personifizierten „deutschen Zunge" empfangen
wird, versehen mit dem Kommentar „Sendet mir
tomasin das". Tugendhaftigkeit („tugent"), Erziehung
(„zuht"), Beständigkeit („stæte") und Mäßigung
(„mâze") sind zentrale Werte, die Thomasin der deutschen Adelsgesellschaft vermitteln will. Hinweise auf
den höfischen Roman, etwa das Figurenarsenal des
im ersten Jahrzehnt des 13. Jahrhunderts entstandenen „Parzival", sollen das Tugendideal des Verfassers
veranschaulichen.

2
Baldassare Castiglione (1478–1529)
Il libro del cortegiano, Venedig 1528
Staatsbibliothek zu Berlin – Preußischer Kulturbesitz,
Abteilung Historische Drucke
Sign. 2" Ald. Ren. 105,3
Herzog August Bibliothek Wolfenbüttel
Sign. A: 9 Pol. 2°
Lit.: Burke, Hofmann

„Und wenn Ihr ihn nicht Hofmann nennen wollt, so
macht mir das wenig Kummer, weil zwischen den einzelnen menschlichen Ständen keine solchen Schran-
ken bestehn, daß man nicht von einem zum andern
aufsteigen könnte […]."

Conte Baldassare Castiglione hielt sich als Diplomat
an den Renaissancehöfen von Mailand, Mantua und
Urbino auf. Während des Pontifikats Leos X. (1513–
1521) war er Botschafter am Vatikan. 1522 kehrte er
nach Mantua zurück, seine letzten Jahre verbrachte
er als päpstlicher Nuntius in Spanien. Im „Libro del
cortegiano" (deutsch: „Der Hofmann") porträtiert
Castiglione die Hofgesellschaft von Urbino, darunter Renaissance-Persönlichkeiten wie Giuliano de'
Medici, Bernardo Bibbiena und Pietro Bembo. Im
Aufbau und den Charakteren angelehnt an Platons
„Gastmahl", lässt Castiglione seine Figuren an vier
Abenden über die Eigenschaften des perfekten Höflings und der Palastdame diskutieren; die Herzogin
von Urbino fungiert als Moderatorin. Das Buch
wurde in ganz Europa gelesen und erschien 1565
auch in deutscher Sprache. Zur Ausbildung der Umgangsformen des englischen Gentlemans trug es
ebenso bei wie zum Entstehen der französischen
Galanterie im frühen 17. Jahrhundert. Von weit rei-
chender Wirkung waren die Passagen über Anmut
(grazia) und Beiläufigkeit (sprezzatura), mit der der
Höfling über tatsächliche Anstrengungen hinwegtäuschen sollte und deren Ideal im Gebot des understatement fortlebt.
Das hier gezeigte Berliner Exemplar ist mit handschriftlichen Anmerkungen des Erstbesitzers Pietro
Bembo (1470–1547) versehen.

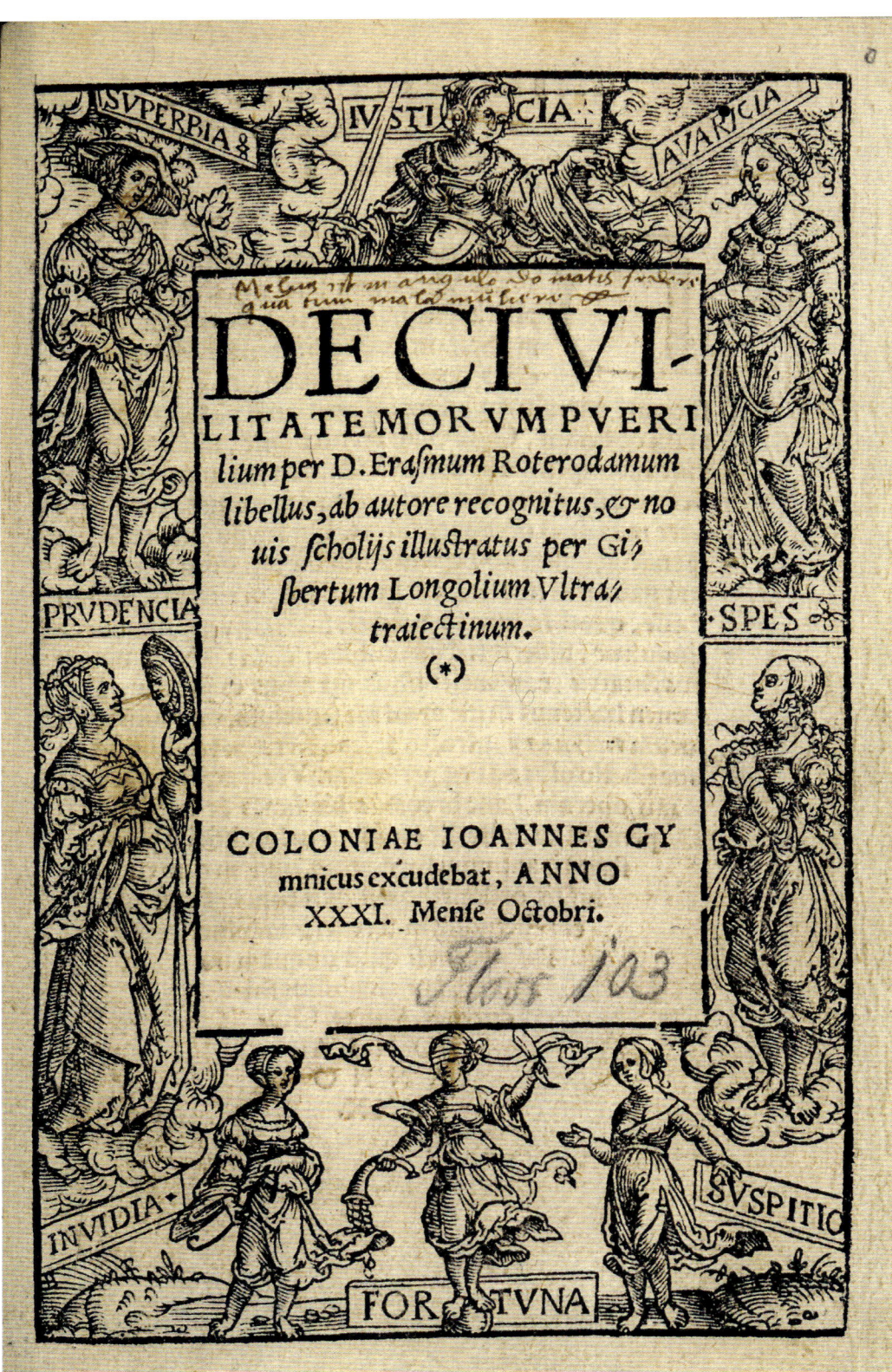

Erasmus von Rotterdam (1465/69–1536)
Civilitas Morum Puerilium Latinis & Germanicis ...,
lateinisch-deutsche Ausgabe, Leipzig 1695
Herzog August Bibliothek Wolfenbüttel
Sign. Xb 6616

„Wenn ein Gefährte unwissentlich einen Verstoß begeht, dann sage ihm durchaus, was dir wichtig erscheint, und zwar ihm allein und in freundlichem Ton. Das ist Höflichkeit."

Neben Castigliones „Cortegiano" entsteht in der ersten Hälfte des 16. Jahrhunderts ein zweites, weit über seine Zeit hinaus wirkendes Werk zum Thema: „De civilitate morum puerilium". Die kurze Erziehungsschrift wendet sich an heranwachsende Knaben. Ihr Verfasser, der große niederländische Humanist Erasmus von Rotterdam, geht auf Körperpflege, das Verhalten an der Tafel, auf der Straße und beim Spiel ein. Insbesondere Tischsitten spielen eine wichtige Rolle, ganz in Einklang mit den zahlreichen Tischzuchten der Zeit. Das Buch ist einem Fürstensohn gewidmet, liefert aber Regeln, die von Angehörigen aller Stände befolgt werden können. Leitbegriff des Erasmus ist die Zivilität (lat.: civilitas), und damit verbunden die Toleranz, die anderen Menschen entgegenzubringen ist. Bereits in den sechs Jahren bis zum Tod des Autors wurde „De civilitate" 30-mal neu aufgelegt, noch das 18. Jahrhundert verzeichnet 13 Neuausgaben. Die erste deutsche Fassung erschien 1531 unter dem Titel „Züchtiger Sitten zierlichen wandels / und höfflicher Geberden der Jugent".

Julius Bernhard von Rohr (1688–1742)
Einleitung zur Ceremoniel-Wissenschaft der Privat-Personen, Berlin 1728
Stiftung Eutiner Landesbibliothek
Sign. Li 11

„Versiehet es bissweilen ein junger Mensch im Spielen, bey dem Dantzen, bey einem Compliment u. s. w. so wird von manchen Leuten ein grösser Verbrechen daraus gemacht, als wenn er wider göttliche und weltliche Gesetze gesündigt hätte."

Das Buch des sächsischen Verwaltungsangestellten Julius Bernhard von Rohr enthält Abschnitte zu allen denkbaren Bereichen der Lebensführung eines jungen Mannes. Die Einrichtung der eigenen Wohnung wird ebenso berücksichtigt wie die Einladung zum Abendessen oder der „Umgang mit Frauenzimmern". In der detaillierten Behandlung all dieser Themen nimmt der Autor die Etikettebücher des späten 19. Jahrhunderts vorweg. 1733 ließ von Rohr ein zweites Buch folgen, die „Einleitung zur Ceremoniel-Wissenschaft der grossen Herren". Die unterschiedlichen Titel deuten nicht etwa auf unterschiedliche Adressaten hin. Beide Bücher sind für junge Leute bestimmt, die die „Welt und die Höfe" bereisen. Diese Leser sind Privatpersonen in dem Sinne, dass sie bei Hofe kein Amt bekleiden, was aber nicht mit einer Zugehörigkeit zum bürgerlichen Stand gleichzusetzen ist. Als „Insider" schildert von Rohr im zweiten Band die Gepflogenheiten an verschiedenen europäischen Höfen der Vergangenheit und Gegenwart, jedoch ohne konkrete Tipps zu geben, wie sich der junge Kavalier im Falle eines etwaigen Aufenthalts verhalten solle.

3

Erasmus von Rotterdam (1465/69–1536)
De civilitate morum puerilium, Köln 1530/31
Staatsbibliothek zu Berlin – Preußischer Kulturbesitz,
Abteilung Historische Drucke
Sign. A 1500 R
Lit.: Ausst. Kat. Milchbrei und Rute, Kat. 7; Rohls,
S. 66ff.

6
Bildnis Adolph Freiherr Knigge, um 1780–1795
Pastell, 55 x 44 cm
Focke-Museum Bremen
Inv. 1936.201
Lit.: Ausst. Kat. Kunst und Bürgerglanz, S. 67, 70

53

7

Adolph Freiherr Knigge (1752–1796)
Über den Umgang mit Menschen, Hannover 1788
Focke-Museum Bremen
Inv. 1999.413
Lit.: Hermann, S. 159–170; Zimmermann

„Der Gegenstand dieses Buches kömmt mir groß und wichtig vor, und irre ich nicht, so ist der Gedanke, in einem eignen Werke Vorschriften für den Umgang mit allen Classen von Menschen zu geben, noch neu."

Der Name „Knigge" ist zum Synonym für Benimm-Bücher geworden. Alle denkbaren Regelkataloge firmieren als „Knigge", vom Business- über den Sex- und Angel- bis zum Hunde-Knigge. Zudem gibt es den „Großen Knigge", der verkündet: „Benimm ist wieder in". Das ursprüngliche Werk und sein Verfasser verschwinden dahinter. Um 1900 wurde Adolph Freiherr Knigge, ein politischer Autor und Verfechter der Aufklärung, nur noch als „Verkünder goldener Lebensregeln" wahrgenommen. Sein „Umgang mit Menschen" war nach seinem Tod dermaßen entschärft, erweitert und verwässert worden, dass vielen Menschen bis heute nicht bewusst ist, dass sich Knigge zu Tischmanieren und Stilfragen nie geäußert hat. Vielmehr beschreibt sein Buch den Umgang mit „Menschen aller Arten und Stände". Es geht darum, dass der Leser eine gewisse Leichtigkeit („esprit de conduite") erwirbt, ohne unvorsichtig und vertrauensselig zu werden, was Knigge selbst bei seiner angestrebten Karriere bei Hofe zum Verhängnis geworden war. Gleichzeitig betont er die Notwendigkeit, „mit der eigenen Moralität Abrechnung zu halten" und im Umgang mit Menschen den Anstand zu wahren. Knigge widmet sich dem Miteinander von Verliebten, Eheleuten, Herren und Dienern, jungen und alten Menschen, gibt Hinweise zur Behandlung von Betrunkenen, Windbeuteln, Schurken und Sonderlingen, zum Umgang mit plauderhaften, vorwitzigen und neugierigen Menschen. Diese Regeln, am Vorabend der Französischen Revolution geschrieben, schließen niemanden aus. Als freier Schriftsteller und Journalist sympathisierte Knigge mit den Entwicklungen in Frankreich, kritisierte in späteren Schriften politische Missstände an den deutschen Fürstenhöfen und entwarf Modelle für eine republikanische Verfassung. Seine letzten Jahre verbrachte Knigge in Bremen, wo er 1790 eine Stelle als Oberhauptmann der kurfürstlich-hannoverschen Regierung antrat.

8

Franz Ebhardt
Der gute Ton in allen Lebenslagen. Ein Handbuch für den Verkehr in der Familie, in der Gesellschaft und im öffentlichen Leben, 3. Aufl., Berlin 1878
Focke-Museum Bremen
Sign. 16.N.10.062
Lit.: Krumrey, S. 35–45

„Die Art, wie wir unsere Besuche empfangen sollen, ist durchaus nicht gleichgültig, denn ein Haus, in dem man nicht zu empfangen versteht, dürfte wohl bald leer sein und keine Besuche mehr sehen."

Franz Ebhardt, ein Berliner Unternehmer, gab in den 1870er-Jahren in Paris ein Frauenjournal heraus, für das – vorgeblich – eine junge Französin eine Artikelserie mit dem Titel „ Le Savoir-vivre en toutes les circonstances de la vie" schrieb. Daraus entstand für den deutschen Markt das Buch „Der gute Ton in allen Lebenslagen" (23 Auflagen von 1878 bis 1931). Sein Aufbau machte Schule: In umfangreichen Kapiteln werden das familiäre Leben, das Verhalten in Gesellschaft, in der Öffentlichkeit und im Geschäftsleben abgehandelt, ergänzt durch Regeln zur Korrespondenz („Der gute Ton im schriftlichen Verkehr"). Zahlreiche Hinweise auf die Gepflogenheiten einer so bezeichneten „feinen Gesellschaft" lassen als Adressaten den ambitionierten Aufsteiger ermitteln, dem beruflicher Erfolg Zugang zu gehobenen gesellschaftlichen Kreisen verschafft, in denen er sich nun zurechtfinden muss. Ebhardt und sein Buch sind heute vergessen, nicht so der Titel, der zum Synonym für Manieren und Umgangsformen wurde.

9

Konstanze von Franken
(i. e. Helene Stökl, 1845–1929)
Handbuch des guten Tones und der feinen Sitte, 47. Aufl., Berlin 1922
Focke-Museum Bremen
Sign. 16.N.10.039
Lit.: Krumrey, S. 50–55

„Merke: Iß nicht auf der Straße, pfeife und singe nicht, lache nicht und sprich nicht laut von persönlichen Angelegenheiten."

Mit mindestens 530 000 Exemplaren gehört das Buch zu den am weitesten verbreiteten Anstandsbüchern im deutschen Sprachraum. Titel und Aufbau lehnen sich an Ebhardts „Guten Ton" an, doch ist das Buch von weitaus geringerem Umfang und in einer einfachen Sprache geschrieben, mit der eine breite Masse von Käufern erreicht werden sollte. Der imaginäre Leser wird geduzt, der Stoff im Imperativ vermittelt, der nichts erklärt und keinen Widerspruch duldet. In 77 Auflagen bis 1951 wurde das Buch stets an die Zeitumstände angepasst (Zeit des Mangels und der „inneren Erneuerung" nach dem Ersten Weltkrieg, so genanntes neues Volksleben im Dritten Reich). Die vermutlich letzte Auflage des Handbuchs erschien 1957.

10

Erna Horn (1904–1982)
Hohe Schule der Lebensart, Neuauflage, Kempten 1954
Focke-Museum Bremen
Sign. 16.N.10.054

„Auf diese Weise will das Buch auch dauernd mithelfen und mitgestalten an einer Erhöhung der Lebensfreude aller seiner Leser. Es will ihnen den Weg nach oben ebnen, ihren Alltag lebenswerter und ihre Feierstunden festlicher machen."

Bildtafel 4

Auch das ist falsch

Das Frühstück wird nicht stehend, halbangezogen und hastig eingenommen

Die Asche gehört nicht auf die Untertasse

Ausschweifend

„ … es ist auch Pflicht, ihren Ausschweifungen,

möchten sie solche auch in das gefälligste Gewand hüllen,

nicht durch die Finger zu sehn … "

In seinem großen Hauptwerk „Über den Prozeß der Zivilisation" (1939), bis heute ein Standardwerk der Kulturwissenschaften, konstatierte Norbert Elias einen im späten Mittelalter einsetzenden starken Schub der individuellen Selbstkontrolle, der sich zunächst im Erleben, insbesondere im Empfinden von Scham und Peinlichkeit, und – damit verbunden – im Handeln, in der Vermeidung des Anstößigen, niederschlug (Elias, Bd. 2, S. 380–420). Hinzuzufügen ist, dass verfeinerte Umgangsformen bald strategisch eingesetzt wurden. Sie kennzeichneten die soziale Standeszugehörigkeit. Angehörige des Feudaladels und bereits im Spätmittelalter auch das Bürgertum der großen Städte definierten sich zunehmend über die neuen, verfeinerten Umgangsformen.

Dem Zwang zur Selbstkontrolle und dem Gebot, eine der gesellschaftlichen Stellung angemessene Haltung einzunehmen, stand das zeitlose Bedürfnis entgegen, sich gelegentlich gehen zu lassen. Problematisch war, dass unkontrolliertes, ausschweifendes oder auch einfach formloses Verhalten in der Bewertung der Stände dem Bauernstand zugeordnet war, der in der Anstandsliteratur jahrhundertelang als abschreckendes Beispiel herangezogen wurde. Die Finger in die Brühe zu tunken sei bäurisch, notierte Erasmus, und „bäurisch" sollte es in gehobenen Kreisen des frühen 16. Jahrhunderts eben nicht mehr zugehen. Auch im „Cortegiano" wird der Höfling davor gewarnt, sich gewisser Manieren des Landmannes zu bedienen, die „Hacke und Pflug herbeirufen". Die Manieren, über die man sich erhob, waren zugleich aber reizvoll, da sie einem verwehrt blieben. Das erklärt die Beliebtheit holländischer Genregemälde des 17. Jahrhunderts, die ein wohlhabendes Bürgertum zu vergleichsweise niedrigen Preisen erwarb. Die dargestellten Figuren durften sich ungehemmt der Ausschweifung hingeben, die Besitzer der Bilder erfreuten sich daran und sahen gleichzeitig ihre eigenen Umgangsformen als die besseren bestätigt – schlechtes Benehmen wurde delegiert.

Anders verhielt es sich in der politischen und gesellschaftlichen Karikatur, die in England, vorbereitet durch William Hogarth, gegen Ende des 18. Jahrhunderts einen Aufschwung erlebte. Karikaturisten wie James Gillray, Thomas Rowlandson oder George Cruikshank dienten tatsächliche und unterstellte Ausschweifungen als Ansatzpunkt. Davon allerdings blieb kein gesellschaftlicher Stand ausgeschlossen. Die Darstellung von Exzessen vermittelte nicht länger eine soziale Distanz zwischen Betrachter und Bildobjekt, sondern kritisierte ständeübergreifend moralisch verwerfliches Verhalten.

Ein gesellschaftlicher Freiraum war jahrhundertelang das ritualisierte Trinkgelage, einst an den Höfen des Feudaladels gepflegt, heute fortlebend in Kameradschaftsabenden, Junggesell(inn)enabschieden, den Trinkritualen von Studentenverbindungen oder der Verabredung zum „Komasaufen". Generell galt und gilt ja hemmungsloser Suff nicht nur als unangenehm und peinlich, sondern auch als moralisch anstößig. Die zugrunde liegenden Vorstellungen sind religiöser Art: Das unkontrollierte Sich-voll-laufen-Lassen erfüllte den Tatbestand der Völlerei, als eine der sieben Todsünden fest im Bewusstsein jedes gläubigen Christen verankert. Im Ritual jedoch, das einer Art Rollenspiel vergleichbar war, wurde das konsequente Besäufnis zum Programm erhoben, unterlag festen Regeln, und die Teilnehmenden wurden in die Pflicht genommen, um anschließend wieder zum gesellschaftlichen Alltag und seinen Zwängen zurückzukehren.

Das maßlose Trinken erschien vielen bedenklich, und König Friedrich Wilhelm I. von Preußen stellte in einem 1718 erlassenen Edikt alkoholische Exzesse und Nötigung zum rituellen Trinken unter Strafe und mahnte seine Untertanen, sich vor der Trunkenheit, „dieses heßliche / schädliche und einem Menschen / geschweige Christen / unanständige Laster der Völlerey zu hüten". Die Folgen übermäßigen Alkoholgenusses seien verheerend: Er führe zu Raserei, Mord und Totschlag, und die Trinkenden machten sich selbst „den unvernünfftigen Thieren gleich". Unter dem Vorwand des „Gesundheit-Trinckens" – also des zeremoniellen, wiederholten Anstoßens und Toast-Aussprechens – werde wiederum der Weg zur Völlerei gebahnt. Von den in der Tat beträchtlichen Quantitäten genossenen Alkohols zeugen große, voluminöse Humpen. Eine vermeintlich harmlose, spielerische Note geben dem Ritual die seit dem Mittelalter bekannten Scherzgefäße.

16
Kopie nach Adriaen Brouwer (1605/6–1638)
Raucher und Trinker in einer Kneipe
Öl auf Holz, 25 x 37,2 cm
Bez. u. l.: A. B. F.
Museumslandschaft Hessen Kassel, Gemäldegalerie
Alte Meister, Kassel
Inv. GK 137

17
Adriaen van Ostade (1610–1685)
Tanzende Zwerge in einer Bauernschenke, um 1635
Öl auf Holz, 24,5 x 29 cm
Kunsthalle Bremen – Der Kunstverein in Bremen
Inv. 238-1929/3
Lit.: Höper, S. 243

Eine dösige Stimmung liegt über der bäuerlichen Kneipenszene Adriaen Brouwers. Sich selbst überlassen sitzen die Figuren auf niedrigen Schemeln, die bestens dafür geeignet scheinen, zu vorgeschrittener Stunde von ihnen hinunterzugleiten. Verschiedene Stadien des Tabakgenusses werden vorgeführt, vom Stopfen der Pfeife über das Anzünden bis zum Ausspeien. Eine verschmitzte kleine Figur, die Hände um einen Bierkrug gelegt, lenkt den Blick des Betrachters auf einen mit großer Hingabe gähnenden Mann. Ein weiterer Gast ist bereits eingeschlafen.
Wild und lebhaft geht es hingegen im scheunenartigen Interieur Adriaen van Ostades zu. Von zwei Musikanten auf selbst gebastelt anmutenden folkloristischen Instrumenten begleitet, tanzen skurrile Figuren

einen ausgelassenen Reigen, der keinerlei Regeln folgt. Die bei Brouwer und van Ostade üblichen Bauern-Stereotypen werden hier durch eine Gruppe Zwerge ersetzt – eine diffamierende Karikatur des Bauernstandes. Dessen durch harte Arbeit gebeugte Angehörige unterschieden sich bereits körperlich vom reichen holländischen Bürger, der sich solche Bilder kaufte und an die Wand hängte.
Das niederländische Bauerngenre in der Tradition Pieter Brueghels, das im 17. Jahrhundert durch Adriaen Brouwer und Adriaen van Ostade weiterentwickelt wurde, bildet die „Manieren der anderen" ab, gegen die sich das Bürgertum der holländischen Städte gesellschaftlich abgrenzte – „so" wollte man nicht sein, und zum Glück besaß man das Wissen und die Formen, die das verhinderten. Bauern dienten als Zielscheibe adligen und bürgerlichen Spottes. Bereits im „Cortegiano" erzählt die Hofgesellschaft von Urbino Witze, in denen Bauern brutal und entwürdigend behandelt werden. Gerade Städter begegneten der Landbevölkerung mit großer Arroganz. Andererseits faszinierten das vermeintlich ausschweifende Treiben, die spontanen Reaktionen und die ungelenken Bewegun-

gen der Figuren, die das niederländische Bauerngenre auszeichneten und die sich mit verfeinerten Umgangsformen nicht in Einklang bringen ließen. Die Figuren übernahmen eine doppelte Funktion, schmeichelten einerseits den Besitzern der Bilder, indem sie den gesellschaftlichen Abstand verdeutlichten, und gaben sich andererseits den Ausschweifungen hin, die den Angehörigen der gehobenen Stände verwehrt blieben.
Gegenwärtig werden die „Manieren der anderen" im Fernsehen vorgeführt. Die so genannten Dokusoaps des Privatfernsehens präsentieren Menschen, an deren Leben man aus sicherer Distanz auf dem Fernsehschirm teilhaben darf. Neben einem skurrilem Äußeren, Marotten, Dialekten oder mangelnder Allgemeinbildung sind dabei auch unorthodoxe oder fehlende Umgangsformen eine Quelle der Faszination und des Vergnügens. Vergleichbar den niederländischen Bürgern des 17. Jahrhunderts, die die Gemälde Brouwers und van Ostades erwarben, amüsiert sich der heutige Fernsehzuschauer gerade deshalb so hemmungslos über die „Manieren der anderen", weil er selbst über deren Auftreten und Benehmen weit erhaben zu sein glaubt.

To the Right Honourable Henry Fox, &c. &c. &c. – This Plate is humbly Inscrib'd by his most Obedient Humble Serv.t W.m Hogarth

18

William Hogarth (1697–1764)
An Election Entertainment
Aus der Folge: „Four Prints of an Election", 1755–58
Radierung und Kupferstich, 40,3 x 53,4 cm
Kunsthalle Bremen – Kupferstichkabinett –
Der Kunstverein in Bremen
Inv. 1908/317
Museum für Kunst und Gewerbe Hamburg
Lit.: Ausst. Kat. Hogarth, Kat. 120–123; Burke, S. 47,
Kat. 237; Paulson, P.198

Mit William Hogarth begann die Blüte der englischen
Karikatur, wenngleich sich der Künstler nie als Kari-
katurist verstanden hat. Seine ins Groteske gehenden
Darstellungen ausschweifenden Verhaltens zielen auf
moralische Belehrung. Der abgebildete Stich, der ein
Gemälde Hogarths im Sir John Soane's Museum in
London wiedergibt, ist als Kommentar zur Parlaments-
wahl 1754 in Oxfordshire zu verstehen. Straßen-
schlachten, Stimmenkauf und Korruption prägten den
Wahlkampf.

Zwei Vertreter der liberalen Whigs haben zum Dinner
gebeten. An der Stirnseite des Tisches müssen sie die
Zudringlichkeiten ihrer Anhänger über sich ergehen
lassen, die mit qualmenden Tabakspfeifen auf Tuch-
fühlung gehen, worunter die beiden Kandidaten
offensichtlich leiden. Auf der gegenüberliegenden
Seite des Tisches hat sich ein Gast an Austern über-
fressen und wird zur Ader gelassen, ein anderer wird
von einem durchs Fenster fliegenden Backstein ge-
troffen. Rechts ist ein weiterer Gast in einer Pose der
Standhaftigkeit wiedergegeben. Mit Drohgebärden
und Geld versuchen die Umstehenden ihn zu be-
einflussen. Im Vordergrund des Bildes wird ein Stra-
ßenkämpfer medizinisch versorgt, draußen vor dem
Fenster tobt eine wilde Demonstration. Mangelnde
politische Integrität wird in der Karikatur mit aus-
schweifendem Verhalten gekoppelt. Das gut abge-
füllte Publikum, verrutschende Perücken und allerlei
Schabernack prägen das Dinner, unterstreichen die
moralische Fragwürdigkeit der Gastgeber und ihrer
aus Berechnung erfolgten Einladung.

64 / AUSSCHWEIFEND

GERMANS EATING SOUR-KROUT.

Pub.d May 7th 1803 by H.Humphrey, St James's street.

19

James Gillray (1756–1815)
Germans eating Sour-Krout, 1803
Radierung, koloriert, 26 x 36,6 cm
Privatsammlung
Lit.: Ausst. Kat. Gillray, Kat. 144

Bereits in der Renaissance hat man die deutsche Kultur gemeinhin nicht mit Zurückhaltung beim Essen und Trinken in Verbindung gebracht. Vielmehr galten die Deutschen als unmäßige Säufer und Fresser, und angesichts der mehrere Liter fassenden Humpen, die zur Begrüßung, dem so genannten Willkomm geleert wurden, scheint diese Einschätzung auch nicht besonders abwegig. Vor allem das Verhältnis der Deutschen zu ihrer angeblichen Leibspeise Sauerkraut war ein beliebtes Thema der englischen Karikatur.

Gillrays kolorierte Radierung nimmt sich aus wie eine „Grobianus"-Illustration. Bei dieser Literaturgattung handelt es sich um die ironische Belobigung katastrophaler Tischmanieren als gute Sitten.

Ort des Geschehens ist Weylers deutsche Gastwirtschaft am Londoner Leicester Square, in der es offensichtlich nichts anderes zu essen gibt als Sauerkraut mit Würsten. Beides aber in übergroßen Mengen. Diese bewältigen die fünf am Tisch sitzenden Herren nur, indem sie mit zwei Gabeln zugleich die formlose Masse in die Münder schaufeln. Die gewaltige Kraftanstrengung beim Essen erfordert offensichtlich die Handhabung des Bestecks mit weit ausladenden Bewegungen und flügelartig vom Körper abgespreizten Armen. Schlechter als die Manieren der Männer können die der Tiere auch nicht sein: Der gefleckte Hund frisst gleich vom Teller seines Herrn mit, die Katze leckt die am Boden liegenden, abgegessenen Schüsseln sauber. Insgesamt ein Verhalten, das Gillray mit dem Verhalten des viel zitierten Borstenviehs am Trog vergleicht – so legt es jedenfalls das an der rückwärtigen Wand der Wirtsstube aufgehängte Bild nahe.

Ganz zwanglos

„Vor allen Dingen vergesse man nie, daß die Leute unterhalten, amüsiert sein wollen ..."

Die gelockerten Umgangsformen im heutigen Alltag machen es möglich, mit schlechten Manieren zu kokettieren, ohne als „Grobianus" (nach der literarischen Figur von Friedrich Dedekind, 1549) zu gelten. Von echter Unkenntnis etablierter Umgangsformen ist der spielerische Umgang mit Erwartungshaltungen zu unterscheiden, die bewusst durchbrochen werden, um andere zu verblüffen, zu verunsichern oder einfach zum Lachen zu bringen.

Das geschieht weniger in offiziellen Situationen, im Berufsleben oder im Umgang mit Fremden als im vertrauten Kreis von Freunden oder der Familie. Deren Selbstverständnis hat sich in den letzten Jahrzehnten verändert. Die Benimmbuch-Autorin Erna Horn definierte Familie 1954 als Einheit, die „Schutz, Nest und Liebe vom Beginn des Lebens bis zu seinem Ende" bietet (Horn, S. 11). Der Mutter oblag die Erziehung der Kinder zum richtigen Familienton – „Dazu gehören Schmiegsamkeit, Nachgebenkönnen, Bescheidenheit und vor allem – Respekt!" (Horn, S. 14).

Entsprechendes zeigte die beliebte Fernsehserie „Familie Schölermann", mit deren Ausstrahlung ebenfalls 1954 begonnen wurde. Die Serie führte trotz individueller Sorgen und Nöte der Familienmitglieder Harmonie innerhalb des Familienalltags vor, der im Übrigen streng hierarchisch organisiert war. Das Konzept der Geborgenheit gebenden Fernsehfamilie lebte fort bis in die 1980er-Jahre. In der amerikanischen Serie „Alf" (in Deutschland ab 1988) wurde der netten, aber letztlich langweiligen Familie dann ein Außerirdischer beigegeben, der als Pensionsgast für Wirbel sorgte.

Im heutigen Familienalltag schließen übermütige Späße und Harmonie einander nicht aus. Auf diesem Grundsatz basiert ein Erziehungsratgeber von 2007, dessen Anleitungen vor allem einen ausgeprägten Hang zur Situationskomik zeigen: „Rennen Sie morgens nackt und laut schreiend einmal um den Frühstückstisch und verschwinden Sie dann ganz schnell wieder im Bad." (Fischer-Appelt, S. 27)

Ein Kinderpullover mit der Aufschrift „Scheiße sagt man nicht" drückt ebenfalls eine unkonventionelle Einstellung aus, wenngleich die tatsächlich gelebte Praxis in Fragen Erziehung das Tragen solcher Produkte, die dann lediglich frech erscheinen, möglicherweise gar nicht rechtfertigt. Mit wem man ein Schimpfwörtermemory mit Kartenpaaren wie „Schwach-Kopf", „Pest-Beule", „Arsch-Kanone" oder „Hühner-Ficker" spielt, bleibt ebenfalls jedem selbst überlassen. Echter Anarchie im Sinne von Marx (Groucho) beugen die Spielregeln allerdings vor: „Um aber Streitereien darüber, was ein korrektes Schimpfwort ist und was nicht, von vorneherein auszuschließen, erkennt man die richtigen Kartenpaare eindeutig an der Farbe …"

Weniger an der Kompliziertheit von Benimmregeln als an der eigenen Ungeschicklichkeit scheitert der Typ des unbedarften, tollpatschigen Mannes – eine Rolle, mit der zahlreiche Männer kokettieren, in die sie häufig auch von ihren Frauen gedrängt werden und die im Freundes- und Bekanntenkreis für Heiterkeit sorgt. Als Geschenke für derartige Männer bieten sich beispielsweise ein T-Shirt mit der Aufschrift „Ich kann nichts dafür, ich bin so!" und zwei Brandeisen an, mit denen beim Grillen die Worte „Meins" und „Deins" ins Fleisch gebrannt werden können – „so kriegt jeder seins und ich das Größte" (Thomas Gottschalk auf der Verpackung). Sprechende Flaschenöffner, die beim Ansetzen an die Flasche mit versoffener Stimme Sinnsprüche zum Besten geben, sorgen ebenfalls für Lacher und haben ihre Vorläufer in Schildern, die in früheren Jahrzehnten in Partykellern zu finden waren. Ihre einfachen Lebensweisheiten muten zuweilen fast barock an: „Genieße das Leben ständig, denn du bist länger tot als lebendig."

Während Etiketteverstöße bewusst begangen und ins Lustige gewendet werden können, wagen bislang nur wenige Menschen Verstöße gegen die Political Correctness, die weit weniger akzeptiert werden und einen sehr viel eher in Verruf bringen. Grenzüberschreitungen dieser Art werden den „Bad Guys" der TV-Unterhaltung wie Dieter Bohlen oder dem Versicherungsabteilungsleiter „Stromberg" (gespielt von Christoph Maria Herbst) überlassen, die bei großen Fangemeinden Kultstatus erlangten und in Werbekampagnen wieder auftauchten.

25
T-Shirt „Ich kann nichts dafür, ich bin so!"
Baumwolle

27
Kinderlätzchen „It wasn't me"
H & M
Kunststoff, gesäumt
Privatsammlung Lilienthal

26
Postkarte „Mad Bunny"
Depesche Vertrieb GmbH & Co. KG, Geesthacht

28
Grill-Brandeisenset
Michelin Besteck- und Metallwarenfabrik GmbH,
Krefeld
Gegossenes Metall, Holzgriff mit Lederband

29
Sprechender Flaschenöffner
„Prost ihr lieben Sorgen, ihr könnt mich alle mal, bis morgen!"
Perleberg GmbH, Bochum

30
Werbeplakat für das Bremer Musikfest 2007
GLOCKE Veranstaltungs-GmbH, Bremen, 2007
Gestaltung: kleiner und bold, Berlin

31
Schweinebacke – Das gnadenlose Schimpfwörterspiel
Inkognito Gesellschaft für faustdicke Überraschungen, nach einer Idee von Julia Weiss

WER FICKEN WILL, MUSS FREUNDLICH SEIN.

32
Postkarte „Wer ficken will, muss freundlich sein"
Edgar Medien AG

34
Wackel-Dieter
Kunststofffigur, dreiteilig, mit Sprungfedern, Gummiband und Saugnapf
BILD, 2003

33
Werbeplakat für eine DSL-Flatrate
Communication Services Tele2 GmbH,
Düsseldorf, 2006
Gestaltung: cayenne werbeagentur, Düsseldorf

35
Aufziehfiguren „Racing grannies"
Bluw, London, 2006

36
Schild „Genieße das Leben ständig"
Deutschland, vermutlich 1960er-Jahre
Holz, Brandmalerei, Kordel
Privatsammlung

Galant

„Umgang mit Frauenzimmern dient zur Bildung des Jünglings und gewährt reine Freuden."

Der Begriff „Galanterie" bezeichnet höfisch geprägte Formen des geselligen Umgangs von Männern und Frauen (vgl. von der Heyden-Rynsch, Galanterie, S. 7–12). Das Adjektiv „galant" geht auf altfränkisch „walare", sich amüsieren, zurück (frühester Beleg 1308). Das Substantiv „Galanterie" ist seit Mitte des 16. Jahrhunderts belegt. Erscheinungsformen des Galanten finden sich vom Mittelalter bis ins frühe 20. Jahrhundert. Ihre Blüte, aber auch ihren Wandel erlebte die Galanterie im 17./18. Jahrhundert. Nachdem zunächst die Verfeinerung der Umgangsformen, die rücksichtvolle Behandlung der Frau und die Unterdrückung drangvollen männlichen Begehrens im Vordergrund standen, wurde galantes Verhalten zunehmend Mittel zum Zweck, diente der Einleitung erotischer Abenteuer. Während dem Mann dabei die aktive Rolle zukam, beschränkte sich die der Frau auf das Gewähren oder Verweigern.

Eine Vorläuferin der Galanterie war die im 12. und 13. Jahrhundert ausgebildete Courtoisie des höfischen Rittertums mit ihrer bedingungslosen Verehrung der auserwählten, auf eine höhere Warte gestellten Frau. Später wurden die italienischen Renaissance-Höfe des 15./16. Jahrhunderts, insbesondere Neapel, Mailand, Mantua, Ferrara und Urbino, Stätten der Entwicklung galanter Umgangsformen. Der neue Lebensstil, der an diesen Höfen geformt wurde, lässt sich auf den Niedergang des Rittertums und die beginnende Urbanität des Adels zurückführen. Hinzukamen die Wiederentdeckung antiker Kunst und Architektur, die seit dem 15. Jahrhundert das Wohnen prägte, sowie eine verstärkte Hinwendung zu den Wissenschaften, die ebenfalls durch die Neubewertung der Antike befördert wurde. Den geselligen Konversationston am Hof von Urbino fängt Baldassare Castiglione im „Cortegiano" ein: Im geistreichen Gespräch suchen die Figuren nach einer Gelegenheit, provozierende Bemerkungen über das andere Geschlecht zu machen und diese schlagfertig und scherzhaft zu erwidern.

Unter dem Einfluss der Lektüre Castigliones wurde im frühen 17. Jahrhundert in den Pariser Stadtpalästen das Ideal des „honnête homme" entwickelt, eines Mannes mit vollendeten Umgangsformen. Als legendäre Geburtstätte der französischen Galanterie gilt das Hôtel Rambouillet, wo sich nach 1610 allabendlich der literarische Zirkel Catherine de Vivonnes, der Marquise de Rambouillet (1588–1665) traf. Die Teilnehmer kultivierten die brillante Formulierung und das erotische Gespräch.

Literarische Modelle lieferten der Schäferroman und das Schäferspiel mit Torquato Tassos „Aminta" (1573), Miguel de Cervantes' „Galatea" (1585) und Honoré d'Urfés „L'Astrée", einem Werk von 5000 Seiten (1607–27). Diese Texte lösten eine Schäfermode aus, die von Frankreich aus die Höfe Europas eroberte. Geselligkeiten im Schäferkostüm bereicherten fortan das Hofleben, etwa in Dresden unter August dem Starken (1670–1733). Auch im Rokoko-Porzellan wurde die Welt der Hirten beschworen. In der Malerei entwickelte sich die Gattung der „fête galante" mit ihren lauschigen Waldszenarien, in denen sich Männer und Frauen ein Stelldichein geben. Begründer und bekanntester Vertreter dieses Genres war der Franzose Antoine Watteau (1684–1721), ihm folgten François Boucher (1703–1770) und Jean-Honoré Fragonard (1732–1806). Geblieben von den erotischen Sehnsüchten, die in die idealisierte Naturwelt projiziert wurden, ist der Begriff des „Schäferstündchens".

Nach 1800 wandelte sich das Wesen der Galanterie. Sie blieb Sache des Mannes und bestand darin, Frauen mit Aufmerksamkeit und Zuvorkommenheit zu begegnen. Noch heute ist dies greifbar im Behilflichsein beim Mantel-Aus- und -Anziehen, dem Tür-Aufhalten, dem Platz-Anbieten oder dem Handkuss. Die erotische Spannung hingegen lebte weiter im Flirt, der Ende des 19. Jahrhunderts unter Jugendlichen des Bürgertums aufkam und auch von verheirateten Frauen und Männern übernommen wurde (Ariès/Duby, Bd. 4, S. 560f.). Bereits damals wurde in Kurorten und Seebädern geflirtet. Heute scheint die lockere Urlaubsstimmung insbesondere jungen Leuten weit mehr als nur die Gelegenheit zu zärtlichen Blicken und zufälligen Berührungen zu bieten. Kontaktbörsen im Internet eröffnen die Möglichkeit, anonym zu flirten.

37
Sitzendes Schäferpaar mit Amorknaben
vor Herme
Meißen, um 1770
Porzellan, H. 21,8 cm
Focke-Museum Bremen
Inv. 09174

38
Ein Paar Verliebte mit einem Vogelbauer
Fürstenberg, Jean Desoches, 1771
Porzellan, H. 19,5 cm
Focke-Museum Bremen
Inv. 1912.294
Lit.: Haase, S. 46, Kat. 16

39
Teller mit Schäferszene
Fürstenberg, Malerei möglicherweise J. H. A. Hintze
nach Kupferstichen von Amiconi, um 1760
Porzellan, Malerei in Purpurcamaieu, Dm. 24,4 cm
Focke-Museum Bremen
Inv. 1949.188a
Lit.: Haase, S. 123, Kat. 61

Galante Szenen wurden im 18. Jahrhundert als Dekor
von Gegenständen der angewandten Kunst gewählt
und in Porzellan auch figürlich geformt. Gestalten im
Schäferkostüm spiegeln die Sehnsucht nach einem
vermeintlich leichten Hirtenleben, das mit dem harten
Alltag der Landbevölkerung des 18. Jahrhunderts so
gar nichts zu tun hat. Neckisch, mitunter auch stür-
misch, bekunden die leichtfüßigen, stets lächelnden
Figuren ihr Verlangen. Ein harmloser Vogelbauer wird
zum Anlass genommen, dem Gespräch eine Wendung
ins Erotische zu geben, steht der gehegte Vogel im
18. Jahrhundert doch für die Unschuld der Frau. Die
spielerische Form und die grundsätzliche Offenheit für
erotische Kontakte, die im 18. Jahrhundert europa-
weit in gesellschaftlich führenden Kreisen zu ver-
zeichnen ist, schwanden bald, um einer strengen Prüderie Platz zu machen, die bis nach 1945 anhielt.
Rückblickend verblüfft eine Passage wie die folgende,
die einem auf den 15. April 1751 datierten Brief des
Earl of Chesterfield an seinen Sohn entnommen ist:
„Man versichert mir, Madame de Blot besäße zwar
nichts Aufreizendes, wäre aber ungemein galant und
hätte sich ungeachtet dessen bis jetzt bloß an ihren
Mann gehalten, wiewohl sie bereits über ein Jahr verheiratet sei [...] Häufige Aufwartung, Höflichkeiten,
zärtliche Blicke und Liebeserklärungen von deiner
Seite werden wenigstens einigen guten Willen auf der
ihrigen erzeugen. Ist aber einmal der Wille da, so
werden die Werke nicht weit entfernt sein." (Stanhope,
S. 260) Geblieben sind die galanten Szenen in Porzellan, die sich bis ins 20. Jahrhundert verkauften und
als Nachbildungen auch Eingang in kleinbürgerliche
Haushalte fanden.

40
Runde Dose mit galanter Szene
Bremen, Jacob Wilmsen (?), bald nach 1713
Silber, innen vergoldet, getrieben, Beschau- u.
Meisterzeichen, H. 2 cm, Dm. 7,6 cm
Focke-Museum Bremen
Inv. 1927.14
Lit.: Löhr, S. 92, Kat. 110

Auch wenn er demütig zu ihren Füßen niedersinkt,
bleibt der erste Schritt bei der Annäherung der Ge-
schlechter dem Kavalier überlassen, während die
Dame sich abwartend verhält. Deren auffällige Frisur,
die nach einer Geliebten Ludwig des XIV. benannte
Fontange, belegt den Einfluss, der um 1700 vom französischen Hof ausging. In Mode zwischen 1685 und
1715, erlaubt diese Form der Haartracht zudem eine
zeitliche Eingrenzung der Entstehung der getriebenen
Szene, die vermutlich als Halbfabrikat zur Anbringung
an Dosendeckeln in Serie hergestellt wurde. Wenngleich auch Damen der Gesellschaft dem Tabakge-
nuss frönten, blieb die Schnupftabaksdose ein typisches Herrenaccessoire – ein kleiner Gegenstand, den
sein Besitzer mit großer Geste hervorziehen konnte.
Mit Schwung den Deckel zu öffnen, mit zwei Fingern
etwas Tabak zu entnehmen und diesen zur Nase zu
führen, war eins. Die Umstehenden konnten wäh-
renddessen die Qualität der Dose und der auf ihr an-
gebrachten Szene goutieren, vergleichbar dem heutigen Blick auf eine teure Armbanduhr.

41

2/3 Taler („Cosel-Gulden") 1706 ILH
Silber, Dm. 35,5 mm, Gewicht 13,55 g
Staatliche Kunstsammlungen Dresden, Münzkabinett
Inv. 1989/89 Stiftung Tschesche
Lit.: von der Heyden-Rynsch, Galanterie, S. 104–110

August der Starke (1670–1733), Kurfürst von Sachsen und seit 1697 zugleich König von Polen, verdankte seinen Beinamen neben seiner körperlichen Kraft angeblich auch seinem unbändigen sexuellen Appetit. Der Gräfin von Cosel, einer seiner Mätressen, soll er verkündet haben, er werde ihre Scham auf einer Münze abbilden lassen. Diese Legende entspann sich am so genannten Cosel-Gulden: Die Wappen Sachsens und Polens fügen sich so aneinander, dass ein vulvaförmiger Zwischenraum ausgebildet wird. August der Starke zeugte mit zahllosen Geliebten Hunderte von natürlichen Kindern.

42

Flakon in Form einer Hand
Venedig oder à la façon de Venise, Ende 17. bis Anfang 18. Jh.
Milchglas mit blauen gekämmten Fadenauflagen,
L. ca. 8,5 cm
Kunstsammlungen der Veste Coburg
Inv. a. S. 3772/81
Lit.: Theuerkauff-Liederwaldt, S. 484, Nr. 594

Auffällig ist der Kontrast zwischen dem kostbaren, fein gearbeiteten Material des Fläschchens und seiner obszönen Form: Eine Hand ballt sich zur Faust, der Daumen schaut zwischen Zeige- und Mittelfinger hervor. Im Italienischen wird diese jahrhundertealte rüde Geste als „fica" bezeichnet, zu Deutsch: Feige. Der ursprüngliche Besitzer des kleinen Kuriosums ist nicht bekannt. Ebenso bleibt offen, wer das Objekt zu sehen bekam und ob es tatsächlich benutzt wurde. Das kleine Format und die ungewöhnliche Form machen die Faust zu einem Gegenstand, der bestens dafür geeignet ist, im Beisein von Freunden unauffällig hervorgezogen und mit einem anzüglichen Blick kommentiert zu werden.

43

Tasse und Unterschale mit Phallusdekor
Porzellanmanufaktur Gotha, um 1802–04
Porzellan mit polychromer Malerei
Stiftung Schloss Friedenstein Gotha, Schlossmuseum
Lit.: Däberitz, S. 211 f.

Der Erbprinz und spätere Herzog August von Sachsen-Gotha-Altenburg (1772–1822), Sohn Ernsts II. (vgl. Kat. 105), erwarb 1802 die Gothaer Porzellanmanufaktur und nahm in einigen Fällen nachweislich Einfluss auf die Gestaltung ihrer Produkte. Das Ensemble aus Tasse und Unterschale wartet mit außergewöhnlich anstößigem Dekor auf. Das erschließt sich allerdings erst auf den zweiten Blick, denn Arrangement und Farbgebung der Phalli lassen bei flüchtigem Hinschauen an eine herkömmliche Blumenmalerei denken. Das war wahrscheinlich auch beabsichtigt: Da die Vorliebe des Herzogs für provozierende Auftritte bei Hofe verbürgt ist, ist nicht auszuschließen, dass Tasse und Untertasse in größerer Gesellschaft präsentiert wurden, um das Schockpotenzial auszureizen.

44

Ländliches Paar beim Blindekuhspiel
Lübecker Maler nach Jean-Honoré Fragonard,
um 1760–80
Öl auf Leinwand, 210 x 180 cm
Focke-Museum Bremen
Inv. 1925.210
Lit.: Cuzin, S. 34–36 u. 268, Kat. 44; Kühme,
S. 172–188

Mit dieser seitenverkehrten Wiedergabe eines Ge-
mäldes von Jean-Honoré Fragonard (um 1755, Toledo
Museum of Art) hielt die französische Galanterie Ein-
zug in die gutbürgerliche Kaufmannsstadt Lübeck.
Höchstwahrscheinlich griff der Lübecker Maler auf einen 1760 angefertigten Reproduktionsstich nach Fragonards Original zurück. Die übermütigen Protagonisten Fragonards geben ihren erotischen Wünschen
eine spielerische Form und erteilen dem Betrachter so
Anschauungsunterricht in Galanterie. Das vorliegende
Bild zeigt in duftig waldiger Umgebung Reste einer
Architektur, in der ein Pärchen im Schäferhabit Blindekuh spielt. Eine junge Frau mit verführerischem Dekolleté bewegt sich wiegend auf die Bildfläche zu, die
Arme tastend ausgestreckt. Der junge Mann neben

ihr wirkt wie eine Randfigur, jedoch ist er es, der das
Spiel gestaltet, indem er seine Spielgefährtin mit einem Strohhalm unter der Nase kitzelt. Im Einver-
ständnis mit dem „Strippenzieher" befinden sich zwei
kindliche Wesen, von denen eines eine Angel hält –
möglicherweise, um die Hauptfigur irrezuführen. Worauf das Spiel hinausläuft – die junge Dame blinzelt
bereits verheißungsvoll lächelnd unter der Binde hervor –, bleibt der Fantasie überlassen. „Blindekuh"
hatte im 18. Jahrhundert eine stark erotische Kom-
ponente – etwa, wenn es galt, Gesichter zu ertasten.
Ursprünglich ein Zeitvertreib des Adels, wurde das
Spiel bald vom Bürgertum übernommen und an dessen Moralvorstellungen angepasst.

45

Neun Fächer, um 1850–1910
Stäbe aus verschiedenen Hölzern, Bein, Perlmutt,
Schildpatt, teilweise geschnitzt, gesägt und graviert;
Bespannung aus Seide, Spitze, Papier, teilweise
versilbert und vergoldet, Paillettenstickerei,
Gouachemalerei
Focke-Museum Bremen
Inv. 1959.028a, 1966.037a, 1968.096 (3. v. l.),
1970.072, 1970.171, 1970.174, 1981.079 (2. v. l.),
1982.164 (1. v. l.), 1984.122 (4. v. l.)
Lit.: Osterloh-Gessat; von Boehn, S. 34–69

Der Faltfächer, der sich zu einem halben oder viertel
Rad öffnen lässt, tauchte im 16. Jahrhundert auf. Aus
Japan und China kommend, verbreitete er sich ver-
mutlich über Spanien in Europa. Mit seiner Hilfe
konnte eine Frau die ihr gesellschaftlich abverlangte
Passivität unterlaufen, ohne gegen die Normen zu ver-
stoßen: Mit der Fächersprache verfügte sie über einen
Code zur Übermittlung intimer Botschaften, der im
17. Jahrhundert in Spanien entwickelt worden war. Ein
Öffnen und Schließen des Fächers konnte bedeuten

„Du bist grausam!", der geschlossene Fächer die Frage
stellen: „Liebst du mich?" Der Fächer wurde bald von
bürgerlichen Frauen übernommen und blieb unver-
zichtbares Accessoire bis ins 20. Jahrhundert. Anstoß
erregten mitunter die Motive, mit denen die Bespannung bemalt war. So empörte sich eine Kirchenbesu-
cherin 1776 im „Lady's Magazine": „Vor einigen Sonn-
tagen saß ich in der Nähe von zwei jungen Damen,
die sehr aufmerksam und andächtig zu sein schienen.
Zufällig fiel mein Blick auf den Fächer der jüngsten
Dame, als sie zum Gebet aufstand. Ich war wirklich
beschämt, darauf nackte Liebesgötter und auch fast
ebensolche Frauen zu erblicken [...] Ist es nicht ein Unglück, wenn eine Dame anscheinende Unanständig-
keit und Schamlosigkeit auch nur im mindesten zu un-
terstützen scheint – und das im Hause Gottes." (zit.
nach Osterloh-Gessat, S. 54) Die beanstandeten kindlichen „Liebesgötter" oder Putti finden sich noch nach
1900 auf Fächern, so auf den hier gezeigten Exemplaren von einer Dame am Gängelband geführt oder
in wilder Flucht vor einem Bienenschwarm, in An-
spielung auf den Griff des Liebesgottes Amor nach
den verbotenen Honigwaben als Sinnbild der Wollust.

46

Tom Wood (geb. 1951)
Acht Aufnahmen aus „Looking for Love", 1989
Fotografie, jeweils 24 x 36 cm
Sammlung Bernd F. Künne
Lit.: Wood

Der Titel von Tom Woods Fotoserie liest sich wie eine
Definition von Galanterie: „Looking for Love". Die Bilder selbst hingegen, Impressionen aus der Diskothek
Chelsea Reach im englischen Seebad New Brighton
aus der erste Hälfte der 1980er-Jahre, zeigen einen
Ort ohne Glanz, dessen Besucher – Urlauber und Orts-
ansässige – vor allem schnell „zur Sache" kommen
wollen. Der größere Teil der Männer allerdings klam-
mert sich an den Biergläsern fest und beschränkt sich
auf verstohlene Blicke, nur die wenigsten beherrschen
die Kunst des Flirts. Selbstsicherer wirken die Frauen.
In Gruppen unterwegs, können sie sich auf der Tanz-
fläche wild und ausgelassen geben, ohne sich allzu
eindeutig den Männern zu präsentieren. Trotz unbe-
holfenen Verhaltens und der großen Zahl anwesender
Besucher kommt es noch an Ort und Stelle zu Intimi-
täten. Wer dabei die Augen schließt, könnte fast
meinen, er sei allein …

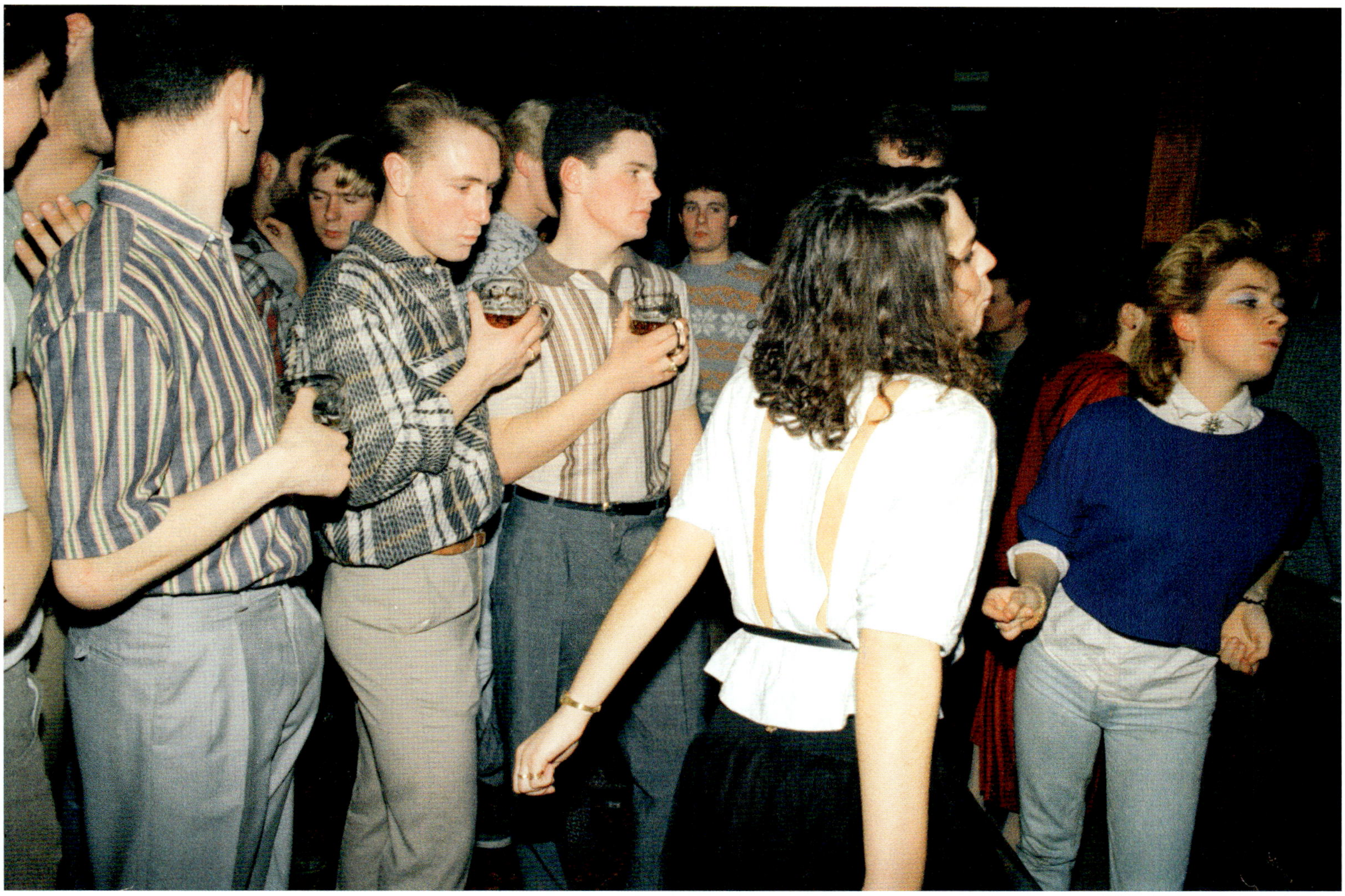

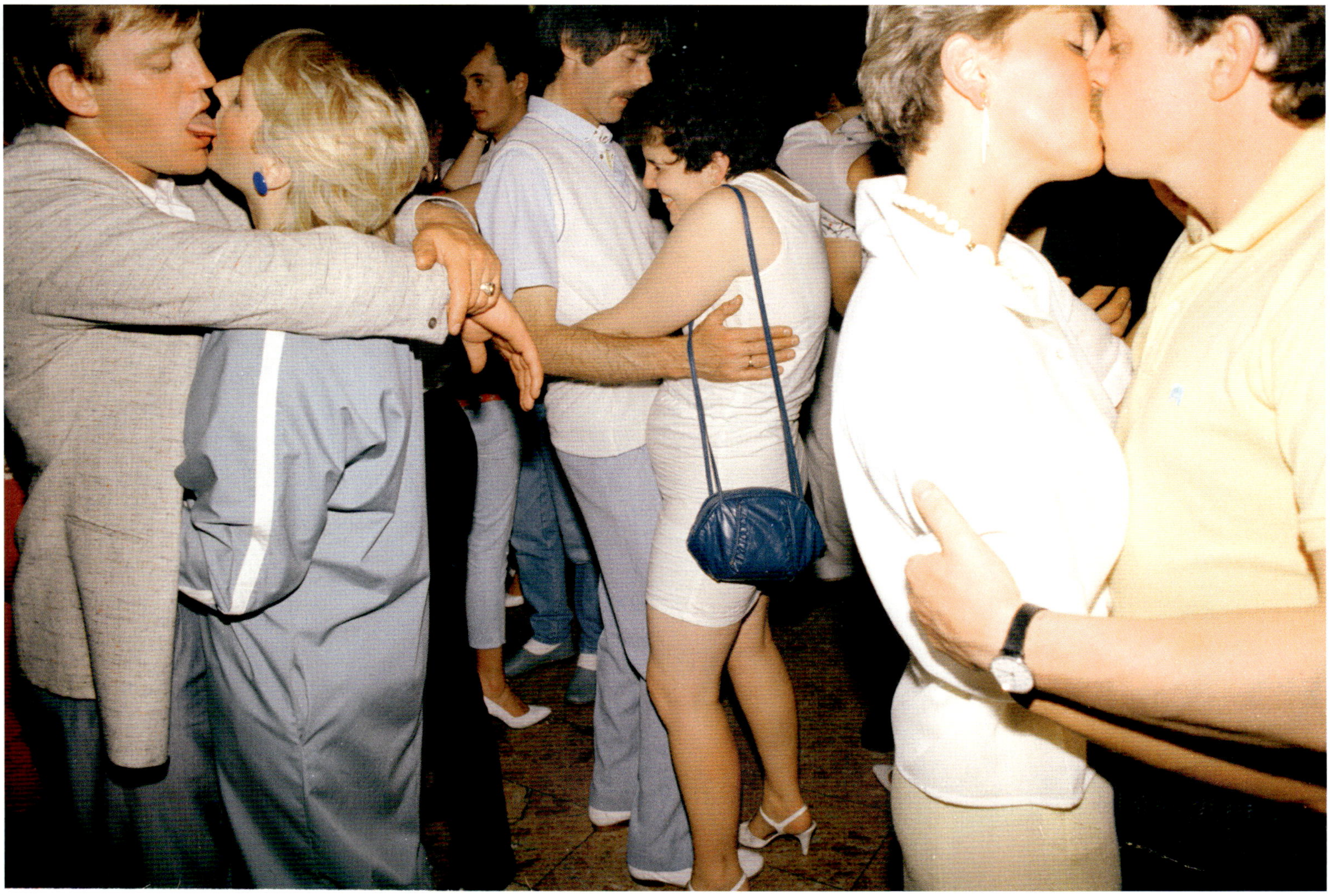

Schriftlich

„Vorsichtigkeit ist im Schreiben noch weit dringender

als im Reden zu empfehlen, und ebenso wichtig ist es,

mit den Briefen, welche man erhält, behutsam umzugehen."

„Briefe sind Unterhaltungen mit Abwesenden durch die Schrift", schreibt Johann Christoph Vollbeding in seinem 1833 in siebter Auflage erschienenen „Neuen gemeinnützlichen Briefsteller für das bürgerliche Geschäftsleben". „Sie vertreten folglich das mündliche Gespräch, und müssen sich diesem im Tone und Ausdruck mehr annähern als einer geschmückten und erhabenen Schreibart." (Vollbeding, S. 3) In diesen Bemerkungen orientiert sich Vollbeding mit der Analogie zwischen Gespräch und Verschriftlichung an der antiken Definition des Briefes als „sermo absentis ad absentem", als Gespräch zwischen räumlich Getrennten.

Der Rückgriff auf die Grundsätze antiker Briefkunst war indes nicht neu. 1751 hatte Christian Fürchtegott Gellert seine Schrift „Briefe, nebst einer praktischen Abhandlung von dem guten Geschmacke in Briefen" veröffentlicht und bereits 1742 waren seine „Gedanken von einem guten deutschen Briefe" erschienen (hierzu und im Folgenden: Schlaffer, S. 34f.). In den hier enthaltenen Briefmustern, deren Stil dem mündlicher Gespräche nachempfunden ist, wird die Natürlichkeit des Ausdrucks zum Ideal erhoben, die keine festen Formeln kennt, sondern Zufälligkeiten und individuelle Gefühlsäußerungen mit einschließt, ohne jedoch ins Schwatzhafte abzugleiten. Gellert wandte sich entschieden gegen die überkommenen so genannten Briefsteller, ein erstmals 1690 verwendeter Begriff für eine Anleitung zum Briefeschreiben (Kording, S. 31). Jene, die letztlich noch in der Tradition mittelalterlicher Normen standen, boten ihren Lesern eine Sammlung dem Anlass entsprechend bindend zu verwendender Grußfloskeln, Ergebenheitsformeln und gefälliger Redewendungen zu Hochzeiten, Geburten und Todesfällen, ebenso wie für Dankschreiben oder Geschäfts- und Handelsbriefe.

Im 19. Jahrhundert gewinnen die Briefsteller zunehmend an Umfang. Sie wachsen zu Kompendien an, die nicht nur die altvertrauten Stilregeln vermitteln, sondern auch Musterbriefe für den Schriftverkehr zwischen fiktiven Kommunikationspartnern aus unterschiedlichsten Anlässen zusammentragen. Mittelbar sprechen sie damit auch Normen bürgerlichen Verhaltens an. So liefert Vollbeding mit dem Beispiel eines konfliktreichen Briefwechsels zwischen Vater und Sohn auch ein Muster, wie das Familienoberhaupt in harscher, aber nicht beleidigender Rede nachdrücklich seine Autorität unterstreicht, indem dem Sohn harte Maßnahmen in Aussicht gestellt werden, wenn dieser sich in seiner Lehre weitere „Nachlässigkeiten" zuschulden kommen ließe: „Für den Fall schicke ich Deinen sehr gut gearteten Bruder in Deine Stelle zu Herrn M., und Dir werde ich eine solche Bestimmung anweisen, die für einen Menschen paßt, der in einem Alter von 18 Jahren noch nicht gelernt hat, bei seinen Handlungen der Stimme der Pflicht und Vernunft Folge zu leisten. Dies ist mein Entschluß, und Du kennst Deinen Vater." (Vollbeding, S. 174)

Im 19. Jahrhundert werden aber auch schon die Schwächen der Briefsteller offenbar, wenn es um tief emotionale Anliegen des Schreibers geht. Natürlich zog Fritz Gildemeister kein Regelwerk zu Rate, als er in vielen Briefen seiner Braut seine Persönlichkeit, seine Gedankenwelt und seine innersten Gefühle offenbarte. Kein Briefsteller leitet eine geschiedene Frau an, ihre Verbitterung mit gemessenen Worten zu ummanteln, kein Briefsteller verhilft einem Kriegsgefangenen aus seiner jede Korrespondenz verhindernden Lethargie. Die noch in der zweiten Hälfte des 20. Jahrhunderts edierten Briefsteller sind zumeist im Umfang sehr reduzierte Ratgeber, die sich auf Vorlagen für Geschäfts- und Konventionalbriefe wie etwa Glückwunsch-, Beileids- und Dankbriefe beschränken. Doch auch diese – vielleicht der per se konservativen Gattung geschuldet – spiegeln keine kritische Auseinandersetzung mit gesellschaftlichen Realitäten. Noch in einem Briefsteller aus dem Jahre 1998 heißt es im Muster eines Glückwunschschreibens zur Hochzeit an die Mutter der Braut: „[...] endlich kommt deine Hilde unter die Haube, die sie eigentlich schon lange trägt. Dass du dich darüber närrisch freust, wissen wir: Und deshalb gratulieren wir auch dir zum Eheglück deiner Tochter und zu deinem wohlgeratenen Schwiegersohn. Jetzt musst du dir keine Sorgen mehr machen. Hilde ist versorgt." (Reinert-Schneider, S. 56)

Transkriptionen der folgenden Briefe auf S. 198–200

Diskret

„Bringe bei niemand unangenehme Dinge in Erinnerung!"

„Die unbefangene Offenheit, mit der Erasmus und seine Zeit alle Bezirke des menschlichen Verhaltens besprechen konnten, ist uns verlorengegangen. Mit vielem überschreitet er unsere Peinlichkeitsschwelle", stellte Norbert Elias in seinem kulturhistorischen Standardwerk „Prozeß der Zivilisation" fest (Elias, Bd. 1, S. 240f.). Das Erscheinen des Buches liegt mittlerweile 70 Jahre zurück, und das von Elias entwickelte Modell eines durch die Jahrhunderte fortschreitenden Prozesses hin zu einem immer stärker differenzierten Schamgefühl des Menschen lässt sich längst nicht mehr aufrechterhalten. Unsere eigene Zeit ist sehr viel offener als das im Nachhinein beispiellos prüde erscheinende 19. Jahrhundert, das zum Zeitpunkt der Niederschrift des „Prozeß" noch nachwirkte. Zum anderen konnte belegt werden, dass das Schamgefühl der Menschen auch im Mittelalter bedeutend stärker ausgeprägt war, als von Elias angenommen (Duerr). Körperscham und Ekel werden in der Forschung nunmehr als Gefühle begriffen, die wesentlich zum Menschen gehören (Pernlochner-Kügler).

Körperliche Vorgänge, insbesondere das Verrichten der Notdurft, waren immer mit Peinlichkeit belegt. Auf niederländischen Genrebildern mit vielfigurigen Darstellungen von Volksfesten sind defäzierende Figuren stets am Rande des Geschehens dargestellt, sondern sich also diskret ab. Gleichwohl galt, dass sich auch die Umstehenden taktvoll zu verhalten hatten: „Es ist unhöflich, den zu grüßen, der uriniert oder seinen Magen entleert", notiert Erasmus von Rotterdam 1530 in „De cilvilitate morum puerilium" (zit. nach Elias, Bd. 1, S. 449). Durch einen Gruß hätte man eindeutig zu verstehen gegeben, dass man den Vorgang bemerkt hat – und das wäre dem Betroffenen möglicherweise peinlich gewesen. Entsprechend beklagt sich Liselotte von der Pfalz in einem in Fontainebleau geschriebenen Brief an die Kurfürstin von Hannover vom 9.10.1694: „Sie sind sehr glücklich, daß Sie scheißen gehen können, wann Sie wollen [...] Bei uns hier ist es ganz anders, wo ich gezwungen bin, mit dem Scheißen bis zum Abend zu warten; in den Häusern am Waldrand gibt es keinen Abort. Ich habe das Pech, ein solches zu bewohnen, und muss deswegen zum Scheißen leider nach draußen gehen [...] Item sieht uns jeder scheißen; es kommen Männer, Frauen, Mädchen, Knaben, Priester und Schweizer vorbei [...]" (zit. nach Pernlochner-Kügler, S. 110).

Nicht nur körperliche Vorgänge, auch der Körper selbst wurde mit Diskretion behandelt. Nacktheit war nur an bestimmten Orten zulässig, um 1500 etwa in den von Albrecht Dürer und anderen dargestellten Badehäusern. Um 1619 weist Richard Weste im „Booke of Demeanor" den Leser an: „Laß nicht Deine Geschlechtsteile so offen liegen, daß man sie sieht, es ist höchst beschämend und abstoßend, verabscheuungswürdig und ungehobelt." (zit. nach Elias, Bd. 1, S. 450) Die konsequente Tabuisierung des Körpers und aller Dinge, die ihn betreffen, brachte das 19. Jahrhundert. Neue Erkenntnisse in der Medizin führten zu einer veränderten Wahrnehmung des eigenen Körpers (Ariès/Duby, Bd. 4, S. 450–458). Aus Angst vor Krankheitsübertragung entwickelten sich ein übertriebenes Reinlichkeitsbedürfnis und daraus zunehmender Ekel vor allem Körperlichen, das bald offiziell nicht mehr stattfand. Der Anstandsbuchautor O. Berger stellte um 1887 die Tabuthemen wie folgt zusammen: „Zum Schluß noch einige Ausdrücke, welche in der gesellschaftlichen Unterhaltung zu vermeiden sind. Man spricht nie vom ‚Schwitzen‘, vom ‚Schnupfen‘, von der ‚Verdauung‘ und über ‚Hühneraugen‘." (zit. nach Krumrey, S. 199) Der ebenfalls in dieser Zeit typischen Prüderie, was das Ansprechen sexueller Dinge anbelangte, steht eine Vielzahl erotischer Darstellungen und anstößiger Gegenstände gegenüber, die in privaten Herrenzirkeln gezeigt und genossen wurden.

Scham und Peinlichkeit sind immer situationsgebunden. Heimliches Nacktbaden etwa wurde erst dann peinlich, wenn man dabei erwischt wurde. Erst in den 1960er-Jahren begann eine junge Generation, die kleinbürgerlichen Werte ihrer Eltern in Frage zu stellen und in diesem Zusammenhang auch einen lockereren Umgang mit dem eigenen Körper und körperlichen Dingen zu propagieren. Das gegenwärtige offensive Zur-Schau-Stellen nackter Haut in der Öffentlichkeit – am Strand, in den Medien, auf der Straße – hat eine stark narzisstische Note. Gleichzeitig wird das eigentliche Privatleben in Fernsehen und Internet zunehmend öffentlich gemacht. Dokusoaps, die den Alltag von Privatpersonen mit der Kamera begleiten, erfreuen sich großer Beliebtheit, möglicherweise gerade weil die privaten Details so banal sind und keinerlei Sensationswert haben.

57
Zwei Knaggen mit figürlichen Schnitzereien
Stade, 1. Hälfte 16. Jh.
Eiche
Mann mit Schale, H. 47 cm x B. 15 cm x T. 19 cm
Dukatenkacker, H. 47 cm x B. 15 cm x T. 21 cm
Schwedenspeicher-Museum Stade
Inv. 11002, 11003
Lit.: Meyer, S. 203–210

Diese und 18 weitere Knaggen mit figürlichen Schnitzereien stammen von einem Stader Fachwerkhaus. Einer Reihe von Figuren in bürgerlicher und geistlicher Tracht sind Darstellungen Adams und Evas und des Paradiesbaums mit Schlange beigefügt, vier Figuren mit Schriftbändern werden als Propheten gedeutet. Die beiden ausgesuchten Knaggen ergänzen einander zu einer szenischen Darstellung. Der „Dukatenkacker" ist ein hockender Mann in gutbürgerlicher Kleidung mit Halskrause und Barett. Der Mann auf der zweiten Knagge, der die Dukaten in einer Schüssel auffangen will, hält sich angewidert die Nase zu – Geld stinkt hier. Im 16. Jahrhundert konnten Details der Verdauung unbefangen angesprochen werden, in der Anstandsliteratur ebenso wie in der bildlichen Darstellung. Gleichzeitig belegt die Geste des Mannes mit der Schüssel, dass das Ekelgefühl damals ebenso ausgeprägt war wie heute. Die Beliebtheit so genannter grobianischer Themen in der Literatur bei einem gebildeten Publikum – etwa, wenn im „Eulenspiegelbuch" (1515) der Titelheld sich in Gesellschaft völlig unvermittelt niederhockt und scheißt – ist nicht zuletzt auf die im Alltag bereits gelebte Rücksichtnahme zurückzuführen.

58

Bourdalou
Meißen, um 1780
Porzellan, H. 16,5 cm, B. 28 cm
Marke: Schwerter mit Stern
Museen für Kunst und Kulturgeschichte der Hansestadt Lübeck, Sankt-Annen-Museum
Inv. 1990/95
Lit.: Pietsch, S. 20f.

Der Begriff „Bourdalou" spielt an auf den Jesuitenpater Louis Bourdaloue (1632–1704). 1669 wurde er als Prediger an den Hof Ludwigs XIV. gerufen, wo seine Kanzelreden eine solche Begeisterung auslöst haben sollen, dass die anwesenden Hofdamen den Harndrang unterdrückten, um nichts zu verpassen. Der „pot de chambre oval", so die offizielle Bezeichnung der ovalen Gefäße aus Porzellan, Glas oder Silber, soll angeblich aus der beschriebenen Verlegenheit geholfen haben: Die Damen schoben ihn sich unter den Rock und übergaben ihn nach Gebrauch ihren Zofen. Der Umstand, dass Frauen der oberen Schichten bis spät ins 18. Jahrhundert unter den Reifröcken keine Unterwäsche trugen (vgl. Ausst. Kat. Unterwäsche, S. 78ff.), mag eine solche diskrete und schnelle Handhabung in der Öffentlichkeit befördert haben – wenn sie denn tatsächlich stattfand. Eine bildliche Darstellung der Verwendung eines Bourdalous findet sich auf einer Tabaksdose des 18. Jahrhunderts im Musée du Louvre.

59

Spucknapf
Johann Heinrich Schröder, Wrisbergholzen, um 1740
Fayence, blau bemalt, H. 12,5 cm, Dm. 17,5 cm
Focke-Museum Bremen
Inv. 1970.093
Lit.: Krumrey, S. 213–217; Ausst. Kat. Biedermeier, S. 376, Kat. I-30

Spucknäpfe kamen vermutlich im 16. Jahrhundert auf. Seit dem späten 18. Jahrhundert wurden größere Exemplare auch als Kleinmöbel in den Innenraum integriert, aus Gründen der Symmetrie häufig gleich in doppelter Ausführung, gefüllt mit Sand und Lavendel. Den hier gezeigten handlichen Topf konnte man zu sich heranziehen, während man am Tisch saß, etwa beim Rauchen (vgl. Kat. 16). In Deutschland waren Spucknäpfe regional noch bis nach 1900 verbreitet. In der Etiketteliteratur des späten 19. Jahrhunderts allerdings lassen sich bereits Vorbehalte gegen ihren Gebrauch feststellen: „In Bezug auf das Speien dürfte Manchem ein wenig mehr Sauberkeit und Rücksicht empfohlen werden können. Ein gebildeter Mann wird sich für diesen Zweck immer nur des eignen Taschentuches bedienen, auch da, wo Speischalen aufgestellt sind" (Ebhardt, S. 590). Bald wurde das Ausspucken nur noch Lungenkranken zugestanden, das Taschentuch diente ausschließlich zum Schnäuzen, und der Spucknapf verschwand ganz.

60
Scherzkarte, um 1830
Lithographie, 6,4 x 8 cm
Bez.: A. P. Eisen Nr. 135
Focke-Museum Bremen
Inv. 1981.088

„Das Leben der europäischen Frau ist von doppelter
Beziehung. Es gehört zum Theil der Geselligkeit,
hauptsächlich aber der Häuslichkeit, dem Hauswesen
[…] Die Frauen sind die Pflegerinnen der Gatten und
Kinder" (Damen Conversations Lexikon, 1834-37,
Bd. 5, S. 193, zitiert nach Ausst. Kat. Unterwäsche,
S. 114). Das Frauenbild des Biedermeiers sah Erotik
offiziell nicht vor. Kompensiert wurde dies durch an-
zügliche Gegenstände, die im vertrauten Kreis unter
Männern gezeigt wurden. Die kleine Scherzkarte
scheint einen indiskreten Blick auf den Busen der dargestellten Frau zu versprechen. Zieht man jedoch den
eingeschobenen Pappstreifen mit dem Mieder herab,
erscheint lediglich eine Schrift, die „Herzliche Freundschaft" beschwört. Der Voyeur sieht sich gefoppt.

61
Pfeifenkopf, um 1830/40
Porzellan, L. 14,2 cm, Dm. 3,5 cm
Münchner Stadtmuseum, Sammlung Volkskunde
Inv. 28/1090
Lit.: Ausst. Kat. Hüte, S. 80, Kat. 72

Nur vordergründig geht es auf dem Pfeifenkopf um
ein Plädoyer für die Tabakspfeife. Die „Es rauchen nur
Narrn – Cigarrn" betitelte Darstellung zweier prome-
nierender Unterkörper mit Zigarren zwischen den
Pobacken zeugt von leicht anzüglicher Herrenbehag-
lichkeit, wie sie in Anschluss an ein Abendessen stattfand, wenn die Männer sich absonderten, um zu rauchen. Von Baudissin beschreibt das in „Spemanns
goldenes Buch der Sitte" (1901): „Die Herren behaupten, keine Zeit zu haben, sie müssen rauchen,
rauchen, rauchen, dazu möglichst viel Bier trinken und
sich Geschichten erzählen, die an Gewagtheit in den
seltensten Fällen etwas zu wünschen übrig lassen […]
Und während die ältesten und eindeutigsten Geschichten erzählt werden, wird darauf losgequalmt,
so toll es geht; daran, daß der Rauch unter Umständen in das Nebenzimmer zieht und die Damen dort
geniert, denkt kein Mensch." (von Baudissin, Nr. 374)
Bleibt hinzuzufügen, dass sich bei von Baudissin die
auf dem Pfeifenkopf verhöhnte Zigarre längst durch-
gesetzt hat.

62
Keuschheitsgürtel (Fragment)
Deutschland, um 1800
Eisenblech und Samt, L. 27 cm, B. 9 cm
Badisches Landesmuseum Karlsruhe
Inv. D 264
Lit.: Ausst. Kat. Liebe, Lust & Frust, S. 381ff., Kat.
42–47, dieses Exemplar vgl. S. 382, Kat. 45

Die Vorstellung, dass im Mittelalter Ritter ihren Frau-
en Keuschheitsgürtel anlegten, um sich deren Treue
zu versichern, regte im zugeknöpften 19. Jahrhundert
Männerfantasien an. Die historisierenden Stücke dieser Zeit ahmen Exemplare des 16./17. Jahrhunderts
nach. Die tatsächliche Funktion der frühen Gürtel ist
nicht abschließend geklärt. Reine Schaufunktion hatten die Nachbildungen, die unter Männern präsentiert
wurden. Von dem gezeigten Exemplar ist lediglich der
so genannte Durchbruch erhalten; der eigentliche
Gürtel fehlt. Die Vorderseite ist mit einem gezähnten,
vulvaförmigem Schlitz versehen, die Rückseite weist
eine herzförmige Aussparung auf. Es existiert ein älte-
res Vergleichstück aus dem 17. Jahrhundert (Schloss
Erbach, Odenwald).

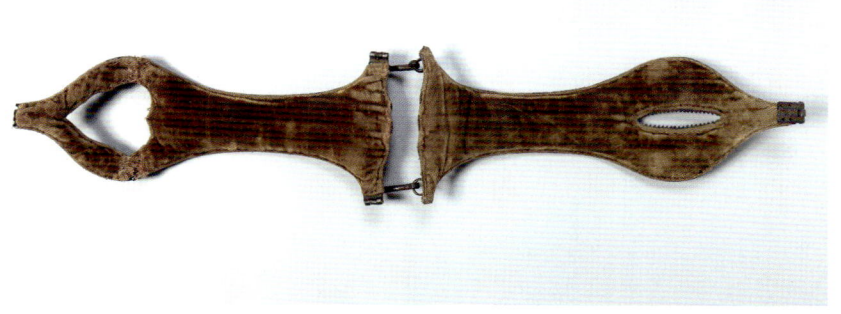

63
Nachtstuhl, um 1860
Mahagoni, H. 92 cm, B. 55 cm, T. 50 cm
Focke-Museum Bremen
Inv. 1965.318
Lit.: Pernlochner-Kügler, S. 105f. u. 179f.

In einer Zeit gefertigt, als die Entwicklung von Wasser-
klosetts und Abflusssystemen noch in den Anfängen
stand, zeugt der Nachtstuhl von einem Bedürfnis
nach Bequemlichkeit, sollte dem – womöglich ge-
brechlichen – Benutzer den langen Weg auf den Ab-
tritt ersparen. Aus teurem Mahagoniholz hergestellt,
weist das Möbel zudem auf den Wohlstand seines
Besitzers hin. Zwischen den Beinen herabhängende
Tücher kaschierten das Eingericht, einen Eimer, über
dessen Deckel sich das gepolsterte Kissen befand –
das „allzu Menschliche" sollte auch in Privaträumen
nicht augenscheinlich werden. Stühle wie dieser sind
die bürgerlichen Nachfolger der „Kackstühle" des französischen Adels im 17. und 18. Jahrhundert.

64

Toilettenpapierrolle
Hakle, wohl 1928
Papier, H. 10,9 cm, Dm. 12,3 cm
Hakle-Kimberley Deutschland GmbH

1928 brachte die Firma Hans Klenk die ersten Toilettenpapierrollen mit garantierter Blattzahl auf den Markt. Der damalige Werbeslogan „Verlangen Sie eine Rolle Hakle, dann brauchen Sie nicht Toilettenpapier zu sagen!" belegt, dass der Kauf von Toilettenpapier den Kunden peinlich war. Toilettenpapier und seine Funktion waren tabuisiert, die Käufer scheuten selbst vor dem Gebrauch des Wortes zurück. Auch in der Etiketteliteratur haben Toilettenpapier und seine Funktion kaum Spuren hinterlassen. 1956 gab Karlheinz Graudenz im „Buch der Etikette" Ratschläge zur „Neutralisierung unerwünschter Geräuschkulissen" auf der Gästetoilette in hellhörigen Wohnungen: „Und noch ein Hinweis sei erlaubt: Während und nicht erst nach der Benutzung wolle man sich der berühmten Kette bedienen. Dieses Gesetz gilt um so eiserner, je kleiner und hellhöriger die Wohnung ist. Danken wir der Technik, daß sie uns mit der Wasserleitung ein Mittel zur diskreten Neutralisierung unerwünschter Geräuschkulissen in die Hand gegeben hat. Womit Deutliches undeutlich, doch hoffentlich unmißverständlich angedeutet werden sollte." (Graudenz, S. 65f.) Dieser verkrampft wirkende Vorstoß ging offenbar bereits zu weit und löste eine Welle empörter Leserbriefe aus (Krumrey, S. 211f.).

65

Warenverpackung für „Camelia"-Binden
Deutschland, 1930er-Jahre, wohl 1937
Pappe, H. 19 cm, B. 23,5 cm, T. 8,2 cm
Hessisches Landesmuseum Darmstadt
Inv. H 1998: 106b
Lit.: Ausst. Kat. Menstruation, S. 38–43 sowie Kat. 4.

1926 brachten die Vereinigten Papierwerke Nürnberg die erste Zellstoffwegwerfbinde auf den Markt:: Camelia. Ein relativ niedriger Preis und der steigende Anteil berufstätiger Frauen, die sich während der Menstruation nicht „schonen" konnten, verhalfen dem Produkt zum Durchbruch. Die Tabuisierung der Menstruation erforderte eine diskrete Verpackung, um der Kundin den Kauf zu erleichtern. Auf dem Karton finden sich lediglich die Markenbezeichnung und ein Bildnis der Kameliendame, der Titelheldin aus dem gleichnamigen Roman Alexandre Dumas' d. J. (1848), die als Zeichen ihrer „Unpässlichkeit" eine rote Kamelienblüte trug. Damit die Frauen im Textilgeschäft nicht explizit nach dem neuen Hygieneartikel fragen mussten, wurden den „blauen Schachteln" Zettel mit dem Aufdruck „Bitte, geben Sie mir eine diskret verpackte Camelia-Schachtel" beigelegt, die beim Kauf der nächsten Packung unauffällig über den Verkaufstresen geschoben werden konnten.

66

Kartenspiel mit Pin-up-Fotos
USA, um 1960
Pappschachtel: H. 18,2 cm, B. 13,5 cm, T. 2,1 cm
Privatbesitz

„54 Glorious nudes in glowing color!" verspricht die Verpackung des pornografischen Kartenspiels, das Anfang der 1960er-Jahre in New York von einem jungen Mann aus Norddeutschland erworben wurde. Der schlüssellochförmige Ausschnitt des Deckels suggeriert den heimlichen Blick in ein privates Schlafzimmer, in dem die „nackte Wahrheit" enthüllt wird. Das Ergebnis fällt aus heutiger Sicht ziemlich harmlos aus. Die Bezeichnung „Gift Pack" (Geschenkpackung) baut dem potenziellen Käufer eine Brücke: Er erwirbt das Spiel selbstverständlich nicht für sich selbst, sondern für einen Freund.

68

Gehäkelter Überzug für Toilettenpapierrolle mit
Ankleidepuppe „Petra"
Hemmoor, um 1980
Weißes und oranges Polyestergarn, Kunststoff-
puppe, H. 29 cm
Handarbeit aus Privatbesitz

Kaschierende Funktion hatten die gehäkelten Überzüge für Toilettenpapierrollen, die in den 1970er-Jah-
ren auf Gästetoiletten zu finden waren, aber auch auf
den Hutablagen von Autos – für die Verwendung im
Freien bei längeren Touren über Land. Rückblickend
wirken die Überzüge unfreiwillig komisch, da ihre bun-
ten Farben den versteckten Gegenstand eher betonen,
als dass sie ihn wirklich unsichtbar machen. Häufig
fungierten die Überzüge gleichzeitig als Kleider aus-
gedienter Kunststoffankleidepuppen, mit denen seit
den 1960er-Jahren gespielt wurde, hier ergänzt durch
einen sommerlichen Hut. Die Idee leitet sich ab von
den so genannten Teepuppen, die zum Warmhalten
der Teekanne dienten. Sie bestanden nur aus einem
Oberkörper, an dem ein weiter Rock befestigt wurde,
der über die Kanne gestülpt werden konnte. Im Falle
der Anziehpuppe verschwindet der Unterkörper in der
Toilettenpapierrolle.

67

The Toilet Poster
Großbritannien, 1967
Fotograf: Robert Davidson
Arf-Society e. V.
Lit.: Weitzman, n. p.

Nackt auf der Toilette sitzend, blickt der amerikanische
Musiker und Komponist Frank Zappa (1940–1993)
direkt in die Kamera des Fotografen – eine Geste der
Provokation, denn sämtliche Ausscheidungsvorgänge
fanden bis in die 1960er-Jahre offiziell nicht statt.
Ursprünglich für einen Zeitschriftenartikel aufgenommen, fand das Foto als Plakat weltweite Verbreitung, ohne dass dies die Zustimmung Zappas gefunden hätte. Für zahlreiche Jugendliche drückte das Poster, das in unterschiedlichen Versionen existiert, das
Ablegen des Respekts vor der älteren Generation und
der durch sie vertretenen bürgerlichen Werte aus. Der
prüde Umgang mit allem Körperlichen wurde als lächerlich empfunden. In der Filmdokumentation über
das legendäre Woodstock-Festival (1969), das für die
damalige Aufbruchstimmung steht, sind zahllose
euphorische nackte Festivalbesucher und ein unbe-
schwert kackendes Kleinkind zu sehen. Die gesellschaftlichen Veränderungen, die Ende der 1960er-
Jahre in den USA und zahlreichen europäischen
Ländern stattfanden, brachten neue, gelockerte Umgangsformen mit sich.

69
Drei Postkarten
Martin Perscheid, 1990er-Jahre
© Martin Perscheid/Distr. by Bulls

In den Badezimmern zahlreicher Haushalte wird schriftlich darauf hingewiesen, dass die Toilette ausschließlich im Sitzen zu benutzen sei. Viele Männer lehnen das kategorisch ab. Der Cartoonist Martin Perscheid (geb. 1966), der 1994 mit ersten Veröffentlichungen in Zeitungen und Zeitschriften hervortrat, greift das Thema in Eulenspiegel-Manier auf: Seine unspektakulären bebrillten Helden setzen mündliche und schriftliche Anweisungen so abenteuerlich um, dass das Ergebnis stets zu Lasten der angestrebten Hygiene geht. Perscheids Postkarten finden sich an den Wänden zahlreicher deutscher Gäste-WCs. Das lässt darauf schließen, dass die Debatte um Sitzen oder Nicht-Sitzen noch nicht abgeschlossen ist.

70

Tanga
H & M, 2. Hälfte 1990er-Jahre
Kunstfaser
Privatsammlung
Lit.: Ausst. Kat. Reiz und Scham, hier S. 74 u. 82ff.

Der Kauf von Unterwäsche im Geschäft war bis in die 1950er Vertrauenssache und verlangte von den Verkäuferinnen Taktgefühl. Mütter bestimmten, was ihre Töchter trugen, die diesbezüglich kaum eigene Wünsche zu äußern wagten. An Dessous war überhaupt nicht zu denken. Seit ca. 1875 konnte Reizwäsche über den Versandhandel bezogen werden. Ihre Tabuisierung steigerte die Faszination, die von ihr ausging. Der Tanga (portugiesisch für Lendenschurz) wurde 1974 von der Firma Triumph als Bikiniunterteil – für das Tragen in der Öffentlichkeit – kreiert. Daraus entwickelte sich der Stringtanga, der in Deutschland seit den 1990er-Jahren zur Standardunterwäsche junger Mädchen gehört, die ihn sich auch ganz selbstverständlich selbst kaufen, ohne dass das peinlich wäre. Das gezeigte Exemplar mit seinem harmlos lustigen Dekor aus Snoopy-Figuren wurde für eine jugendliche Klientel hergestellt und von einer bei Teenagern beliebten Modehauskette angeboten.

71

„Lass die Hosen runter"
RTL 2, 2007
Gestaltung: OPIUM effect GmbH, München
Plakat, 175 x 118,5 cm

Im Jahr 2000 wurde in Deutschland die erste „Big Brother"-Staffel produziert. Zehn Kandidaten lebten in einer Wohngemeinschaft zusammen und wurden dabei rund um die Uhr gefilmt. Das Geschehen konnte im Internet mitverfolgt werden sowie in den von RTL 2 ausgestrahlten Zusammenfassungen. Die Zuschauer stimmten darüber ab, wer die WG verlassen musste. Regelmäßig benahmen sich Kandidaten gezielt schlecht, um ihre Beliebtheit beim Publikum zu steigern. Vordergründig wurde das mit dem Anspruch begründet, sich nicht zu verstellen, gemäß der Forderung im Titelsong: „Zeig mir Dein Gesicht". Auch Nacktheit – etwa unter der Dusche oder in Form eines Striptease – wurde zur Strategie. Die Aussage des Plakats zur siebten „Big Brother"-Staffel mit dem Slogan „Lass die Hosen runter" ist doppeldeutig. Die abgebildete junge Frau scheint mit übermütig herausgestreckter Zunge dazu aufzufordern, sich hemmungslos gehen zu lassen. Durch die Frage „Wer bist Du wirklich?" wird dies mit dem Wunsch nach einem unverstellten, authentischen Auftreten verknüpft.

72

„Wir tragen lieber Tatoo als Pelz"
PETA Deutschland, 2004
Fotograf: Olaf Heine
Plakat, 83,7 x 59,2 cm

Für die Kampagne der Tierrechtsorganisation PETA (People for the Ethical Treatment of Animals) „Lieber nackt als im Pelz" lassen Prominente die Hüllen fallen, um gegen das Tragen von Pelz und das damit verbundene Töten von Tieren zu protestieren. Das vorliegende Beispiel mit abgewandeltem Titel zeigt die Schauspielerin Franka Potente und Bela B von der Popband Die Ärzte. Die Inszenierung gibt einem neuen Verhältnis zum eigenen Körper Ausdruck, der selbstbewusst zur Schau gestellt wird. Mit diesem Körpergefühl verbunden ist die Nobilitierung von Tätowierungen, die lange Zeit als Unterschichtenphänomen galten. Seit den frühen 1990er-Jahren, als sie von der internationalen Clubszene mit ihrem exaltierten Lebensstil entdeckt wurden, haben sie sich vom Mittel der subkulturellen Abgrenzung zum modischen Accessoire gewandelt. Ihre Aufwertung kommt etwa in dem Begriff „Bodyart" zum Ausdruck, ebenso ihre Funktion: Sie sollen den Körper herausstellen. Die narzisstische Freude am eigenen Körper widerspiegeln auch die Schaukästen von Fotografen, bei denen gegenwärtig Aktfotos zum Standardangebot gehören.

An der Tafel

„... daß man bei Tische den abgeleckten Löffel, womit man gegessen,

nicht wieder vor sich hinlegen sollte."

Seit dem Mittelalter ist das Verhalten an der Tafel ein wichtiges Feld sozialer Identifikation und gesellschaftlicher Distinktion. Die Usancen der eigenen Gruppe werden als Ideal wahrgenommen, ebenso, im Laufe der Jahrhunderte immer ausgeprägter, die der eigenen Epoche (vgl. hierzu Ausst. Kat. Anständige Lust, S. 15). Die Kultivierung der Tischmanieren ist, wie Norbert Elias dargelegt hat, bis ins 19. Jahrhundert geleitet von einer linear vorrückenden Scham- und Peinlichkeitsschwelle. Diese hat aber zum wenigsten mit hygienischen Erfordernissen zu tun, sondern ist als ein Abgrenzungsmechanismus zu verstehen, ebenso wie die sich wandelnden Techniken zur Handhabung von Tischgerät. Halten und Leeren filigraner Gläser z. B. waren im 15. und 16. Jahrhundert so kompliziert, dass sie die Einübung seit früher Kindheit voraussetzten und von zupackenden, an harte Arbeit gewöhnten Händen kaum ausgeführt werden konnten (Wiewelhove, S. 76ff.).

Bis ins 15. Jahrhundert sind Tischmanieren schichtübergreifend durch die Nahrungsaufnahme mit den Fingern geprägt. So kommt der Reinlichkeit der Hände eine besondere Bedeutung zu; entsprechend besitzen repräsentative Lavabos und kostbares Tischleinen, an denen die fettigen Finger abgewischt werden dürfen, einen hohen Prestigewert. Der Vorgang des Händewaschens selbst unterliegt festen Regeln und ist wichtiger Bestandteil des höfischen Zeremoniells. Als Distinktionsmerkmal der gehobenen Tafelkultur gilt vom Mittelalter bis zum 16. Jahrhundert der Griff mit nur drei Fingern anstatt mit der ganzen Hand in die gemeinsame Schüssel. Die frühen, sich allein an Edelleute wendenden Tischzuchten formulieren Regeln elementarer Ekelvermeidung, etwa die Unterdrückung lauter Essgeräusche oder den Verzicht auf hemmungsloses Kratzen an Körper und Kopf mit bloßer Hand. Doch schon im 14. Jahrhundert ist der Kanon rücksichtsvollen Verhaltens um Ausdrucksformen von Selbstdisziplin erweitert, die bis heute Gültigkeit haben, wie die Vermeidung allen Anscheins von Gier und eine ordentliche Sitzhaltung. „Kein guterzogener Mann macht es so, daß er sich auf den Tisch lümmelt oder sich zurücklehnt, dort steht's nicht zum besten, wo das geschieht", heißt es in der „Rossauer Tischzucht" aus dem 14. Jahrhundert (zit. nach Endermann, S. 25). Daneben gibt dieser Quellentext Beispiele höflicher Zuwendung: „Wenn euer Geselle trinken möchte, so esst nicht, das gehört sich so." (zit. nach Endermann, S. 26)

Ab dem 16. Jahrhundert sinken die Ekelschwellen beträchtlich; entsprechend strenger werden die Verhaltenskodices und größer das Maß der voneinander erwarteten Rücksichtnahme. Die Manierenschriften des 16. Jahrhunderts, allen voran Erasmus' „De civilitate morum puerilium", reflektieren einen erweiterten Fragenkreis, der sich um das Benehmen des Menschen in der Gesellschaft dreht und nicht nur um das Verhalten bei Tisch (Elias, Bd. 1, S. 160). Hier kommt das Selbstbewusstsein eines Intellektuellen in einer spezifischen historischen Situation zum Ausdruck, dessen Werteskala verwandt ist mit dem späteren deutschen Verständnis von Zivilisation und Kultur. Er verzichtet auf die Betonung sozialer Distinktionen: „Der wichtigste Punkt der Höflichkeit ist der, daß Du, wenn Du Dir selbst niemals etwas zuschulden kommen läßt, anderen ihre Verstöße leicht nachsiehst und Deinen Gefährten nicht deshalb weniger liebhast, weil er schlechtere Manieren hat." (zit. nach Elias, Bd. 1, S. 433) Mit dieser Haltung unterscheidet Erasmus sich wesentlich von den nachfolgenden französischen und italienischen Schriften.

Vom 16. bis zum 18. Jahrhundert unterliegen die recht strikten Verhaltensregeln für die Mahlzeiten relativ schneller Veränderung. Diese entwickelt sich aus Rezeptionsmechanismen höfischer Verhaltensweisen in Adelsgesellschaften und Mittelschichten (Elias, Bd. 1, S. 225f.). Prägend für die Tischkultur im 16. Jahrhundert ist die höfische Aristokratie. Da der höfische Kreis also selbst Modell bildend wirkt, ist nicht er Adressat der Manierenschriften, sondern der Provinzadel, der wiederum seine Nachahmer in den oberen Mittelschichten findet, welche die „gesunkenen" Verhaltensnormen der eigenen sozialen Lage anpassen. Die ehemals höfischen Verhaltensweisen haben so ihren Charakter als Unterscheidungsmerkmal verloren und sind gleichsam entwertet. Das führt an der gesellschaftlichen Spitze zu einer weiteren Verfeinerung der Verhaltensweisen. Um 1800 sind der Standard der Esstechniken und der Gebrauch von Geräten festgelegt. Die Formen der Essgeräte werden zwar ab der zweiten Hälfte des 19. Jahrhunderts noch erheblich ausdifferenziert, sind aber im Grunde Variationen zu bekannten und akzeptierten Themen.

73

Christus im Hause Simon
Niederländisch, 1518
Öl auf Holz, 92 x 120 cm
Leihgabe der Bundesrepublik Deutschland
Inv. Mü 4929
Lit.: Museumshandbuch, S. 352f.

Das Gemälde erzählt eine der beliebten Geschichten aus dem Neuen Testament, welche die frühniederländischen Maler in die Schilderung lebensnaher Alltagssituationen einzubinden pflegten. Sechs Tage vor Ostern kehrt Jesus in das Haus des Pharisäers Simon in Bethanien ein, wo er vom Hausherrn aufmerksam bewirtet wird. Die Dirne Maria Magdalena, im Bibeltext als „Sünderin" bezeichnet, salbt dem Erlöser als Zeichen ihrer Demut und Reue die Füße. Die heilsgeschichtlichen Elemente des Bildes – das Gastmahl als Sinnbild der Tischgemeinschaft mit Gott und die angebotenen Nahrungsmittel Brot und Fisch als Sym-

bole der Eucharistie – geben zugleich Aufschluss über die Tafelsitten der Frühen Neuzeit. Anders als bei der Hochzeit zu Kana handelt es sich beim Mahl im Hause des Simon nicht um ein Festessen, doch sind das damastene Tischtuch und die Gerätschaften auf dem Tisch als Zeichen eines gewissen Reichtums zu verstehen. Vor jedem Gast liegen ein Messer und eine „quadra", ein viereckiges Holzbrettchen, das bei besonders fettigem Essen auch durch eine Scheibe Brot ergänzt werden konnte. Auf diese quadra legte man die vom Vorlageteller genommenen Fleisch- oder Fischstücke, um sie mit dem Messer in mundgerechte Brocken zu zerteilen. Krüge für Wein und Wasser sowie mehrere Laibe Brot komplettieren die gedeckte Tafel. Seit Beginn des 15. Jahrhunderts wurde in den europäischen Tischzuchten dem Umgang mit dem Messer besonderes Augenmerk geschenkt. Das alltäglichste Nahrungsmittel Brot mit dem Messer zu schneiden und es nicht zu brechen, gehörte bis zum

Ende des 18. Jahrhunderts zu den unumstößlichen Gesetzen vornehmen Gebarens. Denn dieses Tafelutensil, neben dem Löffel lange Zeit das einzige zur persönlichen Benutzung, war stets ein Produkt hervorragender Handwerkskunst und wurde entsprechend als Wohlstandsattribut eingesetzt. Das Messer sollte nicht ständig in der Hand gehalten, sondern nur bei Bedarf ergriffen und dann so zierlich gehandhabt werden, wie es der rechts neben Jesus sitzende Simon demonstriert. Doch kaum eine Konvention ohne Widerspruch: In seinen 1564 edierten „Emblemata" führt Joannes Sambucus den demonstrativen Gebrauch des Messers, da wo es überflüssig ist, als törichte Gewohnheit vor: „In menschlichen Angelegenheiten gibt es ein verkehrtes Vorurteil des Volkes, und dieses hält an der Sitte fest, die es einmal angenommen hat. So schneidet es mit dem Messer Brot, und was gäbe es Weicheres! Aber harte Nüsse knackt es im Mund mit den Zähnen." (zit. nach Henkel/Schöne, Sp. 1322)

74
Zwei Essbrettchen
16. Jh.
Holz, 15,4 x 15 x 0,5 cm; 15,3 x 13,3 x 0,7 cm
Museum für Kunst und Kulturgeschichte Dortmund
Inv. C 5561 a, i

75
Löffel
Tirol, 2. Hälfte 16. Jh.
Silber, Buchsbaumholz, L. 14,5 cm
Deutsches Klingenmuseum Solingen
Inv. 1942. B.143
Lit.: Ausst. Kat. Europäische Bestecke, S. 12

76
Löffel
Niederlande, 17. Jh.
Zinn, L. 17 cm
Deutsches Klingenmuseum Solingen
Inv. 1943. B.076
Lit.: Ausst. Kat. Europäische Bestecke, S. 12

Erst um 1700 wurden zusammengehörige Bestecksätze mit einheitlicher Ornamentik üblich. Bis dahin waren die meisten Stücke Unikate, die von ihren Besitzern mitgeführt wurden. Obwohl die Grundformen über lange Zeit konstant blieben, weisen kleinere Veränderungen doch auf unterschiedliche Handhabungen. So lag der kurze Stiel des Tiroler Löffels mit hölzerner Laffe in der geschlossenen Faust; der schlanke Stiel des etwa ein halbes Jahrhundert später gefertigten Zinnlöffels wurde nur noch mit drei Fingern der Hand gehalten. Die zupackende Art, welche die ältere Löffelform nahelegte, galt nun als derb und unmanierlich.

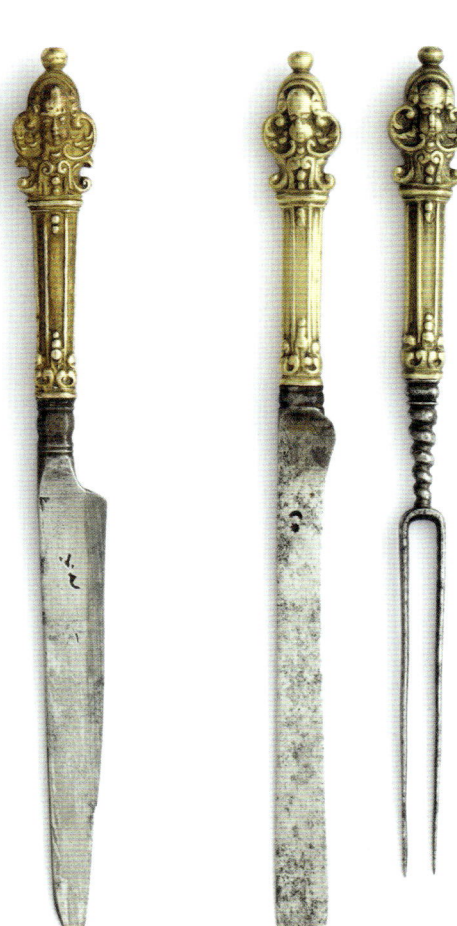

77
Einzelmesser und zweiteiliges Besteck
Deutsch, 17. Jh.
L. 18,3–20,5 cm
Deutsches Klingenmuseum Solingen
Inv. L.61a-c
Lit.: Ausst. Kat. Europäische Bestecke, S. 16

78
Essbesteck
18. Jh.
Stahl, Silber, roter Schmuckstein auf dem Knauf,
L. 18–19,5 cm
Deutsches Klingenmuseum Solingen
Inv. 1925. B.103a,b
Lit.: Ausst. Kat. Europäische Bestecke, S. 19

Im Laufe des 17. Jahrhunderts kam die Gabel in allgemeinen, wenn auch noch nicht alltäglichen Gebrauch. Ihre frühe, zweizinkige Form, man nennt sie auch Spießgabel, veränderte sich zur drei- oder vierzinkigen Kellengabel. In dieser Zeit entwickelten sich einheitlich gestaltete Bestecksätze, bestehend aus Messer, Gabel und Löffel, die für den Gast bereitgehalten wurden, für die jedoch nicht unbedingt eine so frühe Verbreitung angenommen werden kann. So stammt die älteste erhaltene dreiteilige Besteckgarnitur aus Bremen erst aus den Jahren um 1830.

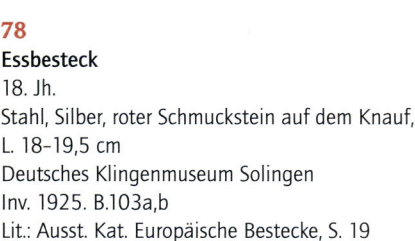

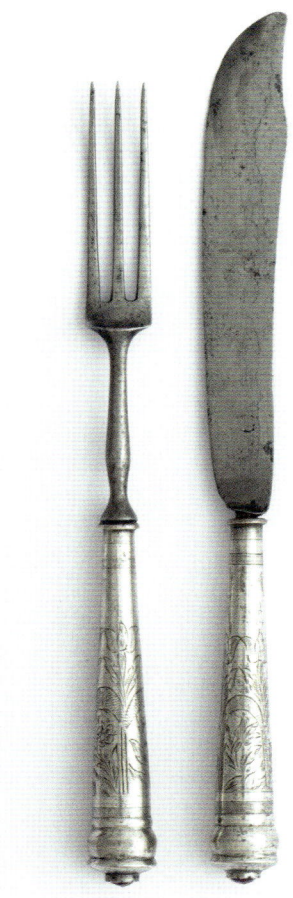

79

**Kanne und Becken vom Londoner Stalhof aus
dem Bremer Ratssilber**
Silber, teilweise vergoldet
London, 1562/63; 1535/36
Entwurf des Beckens: Hans Holbein d. J. (?)
Focke-Museum Bremen
Inv. 1977.510- 511
Lit.: Löhr, S. 191ff., Kat. 358f.

Eine ausgedehnte Bildungsreise führte den englischen Humanisten Thomas Coryate 1608 durch weite
Gegenden Mitteleuropas. Mit einigem Erstaunen berichtet er in seinem erstmals 1611 veröffentlichten
Reisetagebuch von einer in Venetien beobachteten,
ihm fremden Tischsitte: „In allen Städten und Städt-
chen Italiens, durch die ich kam, sah ich, was ich sonst
in keinem Land, das ich durchreiste, gesehen hatte,
[...] nämlich alle Italiener und die meisten der hier an-
sässigen Fremden verwenden beim Essen eine kleine
Gabel. Während sie mit ihrem Messer, welches sie in
der Hand halten, das Fleisch in ihrem Napf schneiden, halten sie es mit der Gabel, die sie in der anderen Hand haben, auf ihrem Teller fest." (Coryate, zit.
nach Grotkamp-Schepers, S. 100) Nun war Coryate
wegen seiner ausgesuchten Manieren selbst am Hof
des Prince of Wales anerkannt – man kann also davon ausgehen, dass der Gebrauch von Gabeln bis zum
Beginn des 17. Jahrhunderts in England ebenso wie in
den meisten Ländern auf dem europäischen Konti-
nent noch nicht üblich war.
Bis zu dem Zeitpunkt beschränkte man sich selbst in
vornehmen Kreisen bei Tisch auf den Gebrauch des
Löffels für flüssige Speisen und des Messers – dabei
handelte es sich um einen kostbaren, persönlichen Be-

sitz des einzelnen Gastes. Feste Speisen wurden vor
allem auch mit den Fingern gegessen. Gleichwohl war
die Peinlichkeitsschwelle, was das Verhalten an der
Tafel betraf, um 1600 recht niedrig: Dringend empfiehlt Erasmus 1530 in seiner Erziehungsschrift „De
civilitate morum puerilium" Salz nicht mit den Fingern
zu nehmen, sondern mit der Messerspitze und – um jeden Eindruck von Gier zu vermeiden – sich an den
überkommenen Brauch zu halten, Nahrung nur mit
drei Fingern vom Teller zu greifen. Da die meisten
Speisen also mit der Hand berührt wurden, steht die
Mahnung zur Sauberkeit bereits in den mittelalter-
lichen Tischzuchten an oberster Stelle. Im 1215/16
verfassten Lehrgedicht „Der Welsche Gast" des Thomasîn von Zerclære findet man das Gebot, nur das
eigene Essen mit der Hand zu berühren, und den Hinweis an den Wirt, zur Säuberung der Finger Wasser zu
reichen. Um 1430 schreibt John Lydgate in seinem
„Stans puer ad mensam" die Handwaschung auch vor
dem Essen als unerlässlich vor.
Die Sorge für die Reinlichkeit an der Tafel war also
ein besonderes Anliegen der gesellschaftlichen Oberschicht, der man nicht im Verborgenen, sondern sehr
demonstrativ nachging. Entsprechend kostbar und
aufwändig waren die Gerätschaften gestaltet, die von
Dienern, in höfischen Kreisen auch von Rangniede-
ren, zur Reinigung gereicht wurden.
Becken und Kanne aus dem Bremer Ratssilber gehör-

ten ursprünglich zur Ausstattung des Londoner Stal-
hofs, der Niederlassung der Kaufleute der Deutschen
Hanse. Der Stalhof umfasste neben Lager- und Kon-
torräumen auch Speise- und Festsäle, wo diese Sil-
berarbeiten vermutlich bei repräsentativen Gastereien
zum Einsatz gekommen sind. Wasserkanne und Auf-
fangbecken, die beiden Teile eines Lavabos, sind für
gewöhnlich als Garnitur einheitlich gestaltet. Diese
Kanne hat jedoch auf dem Standring in der Mitte des
Beckens keinen festen Halt. Die beiden Teile sind also
wohl später zu einem Ensemble zusammengefügt worden. Die schwere runde Schale mit breitem Rand zeigt
auf erhöhtem Mittelmedaillon ein emailliertes Dop-
peladlerwappen, umgeben von getriebenen Feigen-
blattranken und einem Buckelkranz. Für den Entwurf
der kostbaren Goldschmiedearbeit kann versuchs-
weise Hans Holbein d. J. in Anspruch genommen werden. Denn in dem durch Stempelung gesicherten Ent-
stehungszeitraum des Stückes hielt sich Holbein in
London auf und wurde wiederholt mit Arbeiten für
deutsche Kaufleute und den Stalhof selbst betraut.
Die zierliche Tüllenkanne ist als Typ eine Schenkkanne, wie sie etwa für Wein benutzt wurde. Aber
bereits 1609, als in Lübeck das Silbergeschirr des Stal-
hofs unter den Vertretern der Hansestädte aufgeteilt
wurde, bezeichnete man dieses Gefäß als „Gieß-
kanne", womit ein eindeutiger Hinweis auf seine ursprüngliche Funktion gegeben ist.

80

Franz Wulfhagen (1624–1670)
Hochzeit zu Kana, 1660
Öl auf Leinwand, 172 x 215 cm
Focke-Museum Bremen
Inv. 00278

Die erzählfreudige niederländische Barockmalerei und die ihrer Nachfolger haben mit der Darstellung bestimmter biblischer Themen zugleich Sittenbilder unterschiedlicher Häuslichkeiten hinterlassen. So findet die Begegnung von Christus mit Martha und Maria gemäß dem Bibeltext in einer Küche statt, wobei die detailgenaue Schilderung von Inventar und Hausgerät oft die Vordergrundsszenerie bestimmt. Mit dem Gleichnis vom verlorenen Sohn sind auch Einblicke in das moralisch verwerfliche Treiben in einem Bordell verbunden, die Hochzeit zu Kana vermittelt nicht nur die religiöse Botschaft, sondern auch einen Eindruck vom distinguierten Verhalten patrizischer Kreise bei festlichen Veranstaltungen. Denn bei dem Hochzeitsbild des Rembrandt-Schülers Franz Wulfhagen könnte es sich durchaus um ein profanes Genre handeln, wäre nicht rechts neben dem Bräutigam die Gottesmutter Maria zu erkennen, im Zwiegespräch mit ihrem Sohn Jesus, der als solcher durch einen Nimbus ausgewiesen ist. Die mit feinem Damast bedeckte

Tafel und die beiden kleineren seitwärts aufgestellten Tische tragen kostbares Tafelgerät, wie es von manchem niederländischen Prunkstillleben bekannt ist. So wie stets bei dieser speziellen Bildgattung ist auch hier den stilllebenartigen Arrangements von Tafelzier der Vanitas-Gedanke inhärent: Einer der Pokale auf dem Tischchen im Hintergrund ist umgefallen. Auf einem kleinen Silberteller neben dem Lavabo im Vordergrund liegt eine Zitrone als Sinnbild für den trügerischen äußeren Schein.

Kann schon die materielle Ausstattung als Indikator für Wohlstand und Vornehmheit gelten, so erst recht der Umgang mit den Gefäßen. Seit dem Mittelalter – nachwirkend bis in die Gegenwart – war die Ausbildung bestimmter Verhaltensnormen an der Tafel vom Wunsch nach sozialer Abgrenzung geleitet. Je komplizierter die vorgeschriebene Handhabung von Tafelgerät, umso aufwändiger war es, sie zu erlernen, und umso erlesener war der Kreis derer, der sie beherrschte. Als ein solcher „Lackmustest" für Tischmanieren im 17. Jahrhundert mag das Trinken aus einem hohen Balusterpokal gegolten haben, der nur am Fuß zwischen Daumen und angewinkeltem Zeigefinger gehalten werden durfte. Ein weiblicher Gast links an der Hochzeitstafel zu Kana schickt sich gerade zu dieser artistischen Meisterleistung an. Ihr Nachbar hingegen leert lustvoll und mit zurückgelegtem Kopf einen Trichterbe-

cher, dessen Schaft er mit der ganzen Hand umfasst hält. Zum Renommee eines Hausstandes konnte entschieden auch die Dienerschaft beitragen. Wulfhagen zeigt einen offensichtlich gut ausgebildeten Pagen, der ohne jede Anstrengung, den Körper im anmutigen Kontrapost, aus einer im großen Abstand gehaltenen Schenkkanne eine Kredenzschale befüllt. Eine solche auch Tazza genannte Kredenzschale trägt der Hausherr im Vordergrund der Szene, sichtlich erstaunt über die Verwandlung von Wasser in Wein gestikulierend. Doch anders als sein Diener hält er nicht den Schaft des Gefäßes, sondern nur zwischen Daumen und Zeigefinger dessen Fuß, um so einen Kontakt mit der fremdberührten Stelle zu vermeiden.

Wulfhagen setzt die geschilderten Handhaltungen nicht zufällig ein. Er nutzt sie als Hilfsmittel, die dargestellte Person in ihrer gesellschaftlichen Stellung präzise zu charakterisieren. Dass der Maler den Stand einer Person anhand von Gebärden und Körperhaltungen darstellen kann, hat eine Generation später der Niederländer Gerard de Lairesse in seinem „Schilderboek" an konkreten Beispielen erläutert (vgl. Kat. 99). Den behutsamen Griff des Glasfußes zwischen Daumen und Zeigefinger bezeichnet Lairesse hier als die gefällige Art des Fürsten. „Een Vorst wederom No 5. vat het zelve, behendig een voorzichtig onder aan de voet." (de Lairesse, S. 54)

83

Jan Baptist Weenix (1621 – um 1660)
Bildnis eines Mannes mit Weinglas
Öl auf Leinwand, 77,5 x 63,5 cm
Staatliche Museen zu Berlin, Gemäldegalerie,
Eigentum des Kaiser Friedrich-Museums-Vereins
Inv. KFMV. 286

Vermutlich um 1650 malte Jan Baptist Weenix vor he-
roischem Landschaftshintergrund einen unbekannten
Herrn mittleren Alters. In die rechte Hand hat der
Maler dem Dargestellten einen in stilllebenhafter Ge-
nauigkeit geschilderten Gegenstand gegeben: einen
zur Hälfte mit Wein gefüllten Römer, dessen zylindri-
schem Hohlschaft zwei Reihen von Beerennuppen
aufgeschmolzen sind – kein ganz simples Trinkgefäß,
aber auch keines mit der hoheitsvollen Anmutung
eines Balusterpokals.
Die Darstellung von Trinkern findet sich in der niederländischen Malerei schon seit der ersten Hälfte des
16. Jahrhundert; in den 1620er-Jahren wurde im Umkreis der Utrechter Caravaggisten der Bildtypus des
„Lustigen Trinkers" ausgebildet, mit lebhaften Charakteren, die sich, ein Glas erhoben, mit Gesten und
Blicken dem Betrachter zuwenden (Slive, S. 215). Der
von Weenix porträtierte Herr präsentiert sein Weinglas hingegen auf eine nachgerade sachliche Art, die
keinen moralisierenden Kontext oder symbolischen
Sinngehalt vermuten lässt. Möglicherweise ist das
Glas nicht mehr als ein Berufsattribut, das den
Unbekannten etwa als Weinhändler kennzeichnet.
Dieser nun hält den Römer ganz so, wie man es um
1650 von einem Mann mit guten Manieren erwarten
durfte: am unteren Rand zwischen Daumen und
Zeigefinger und nur ganz leicht unterstützt vom aus-
gestreckten Mittelfinger.

81

Balusterpokal
Farbloses Glas
Südniederlande, Lüttich, 2. Hälfte 17. Jh.
Focke-Museum Bremen
Inv. 1921.008
Lit.: Baumgärtner, S. 61, Kat. 53

Als ein besonderes Gefäß an vornehmer Tafel findet
sich seit dem Spätmittelalter der Pokal aus Edel-
metall, seit der Renaissance auch aus Glas. Seine elegante Anmutung erhält er durch das Verhältnis von
langem Schaft zur meist glockenförmigen Kuppa. Die
einheitliche Gestaltung von Tischgerät wurde erst im
Laufe des 18. Jahrhunderts üblich. Der Reiz der niederländischen Glaspokale bestand in ihrer Einmaligkeit –
durch die variantenreiche Gestaltung der Baluster-
schäfte bekam jedes Gefäß sein individuelles Aussehen. Diese trotz ihrer Höhe filigranen Gebilde
verlangten nach sorgfältigster und zierlichster Handhabung, einer solchen, wie sie die vornehme Dame
auf dem Wulfhagen-Gemälde demonstriert.

82

Kredenzschale mit Fadendekor (Tazza)
Venedig, 17. Jh.
Farbloses Glas, durchzogen mit Milchglasfäden
Focke-Museum Bremen
Inv. 1968.154
Lit.: Baumgärtner, S. 46, Kat. 40

Die Kredenzschale ist wohl um 1500 als neuer Ge-
fäßtyp von Nürnberger Goldschmieden geschaffen
worden (vgl. auch Hernmarck, S. 119). Sie diente
ebenso als Anbiet- wie als Trinkschale, in der der Wein
„kredenzt" wurde.
Die Form der flach gewölbten Schale mit Baluster-
schaft wurde später von venezianischen Glasbläsern
übernommen. Eine solche Schale mit netzartigen Ein-
lagen aus Milchglasfäden war ein ausgesprochener
Luxusgegenstand und als Repräsentationsobjekt höfischer Haushaltungen zu vermuten.

84
Georg Melchior Kraus (1737–1806)
Bauernfamilie bei der Mahlzeit
Öl auf Leinwand, 45,5 x 54,4 cm
Sign. l.: „G M Kraus"
Städel Museum, Frankfurt am Main
Inv. 1134
Lit.: Knorr, Bd. 1, S. 54, Bd. II, S. 8, Kat. G 16, Abb.
46; Brinkmann/Sander, Deutsche Gemälde, S. 42

Sechs Personen sind um einen einfachen Tisch versammelt: Zwei Jungen auf einer Holzbank, die einen Hund locken, eine ältere Frau auf einem Schemel, ein junges Paar und ein kräftiger Mann, auf einem umgedrehten Bottich sitzend, mit dem Rücken zum Betrachter. Das Interieur ist ärmlich, mit einfachem Bretterboden und verputzten Wänden. Eine Tür links im Hintergrund ist beschädigt aus den Angeln gefallen, die wenigen Möbelstücke sind marode, ein einziges

Wandbord trägt ein paar schlichte irdene Gefäße. Aber weniger das einfache Ambiente als vielmehr die Tischmanieren der Familienmitglieder kennzeichnen das geschilderte Milieu als bäuerlich: Die Kinder spielen lebhaft mit dem Hund, die junge Frau umfasst mit zwei Händen einen Bierhumpen, der Mann neben ihr säbelt an einem Stück Fleisch herum, wobei er Messer und Gabel fest in den Fäusten hält, und die alte Bäuerin führt einen auf ein Messer gespießten Essensbrocken zum Mund, während ihre linke Hand ein Stück Brot umklammert, von dem sie offensichtlich abgebissen hat. Es geht also recht zwanglos zu in dieser Bauernfamilie, die zufrieden ein bescheidenes Mahl verzehrt. Aber anders als die niederländischen Genremaler des 17. Jahrhunderts ruft Georg Melchior Kraus beim Betrachter dieser Szene weder das Gefühl hämischer Überheblichkeit hervor noch das von Abscheu, denn seine Darstellung fußt auf einer Neubewertung des einfachen Lebens fern jeder Etikette, wel-

che in der zweiten Hälfte des 18. Jahrhunderts von Jean-Jacques Rousseau theoretisch postuliert und in der französischen Malerei, vor allem von dem hoch geschätzten Jean-Baptist Greuze, in gefühlsbetonte Bilder umgesetzt wurde. Der Frankfurter Genremaler Georg Melchior Kraus hat während seines mehrjährigen Aufenthaltes in Paris von Greuze, in dessen Umfeld er zeitweise arbeitete, für seine künstlerische Entwicklung starke Impulse empfangen. So suchte er seine Motive während einer längeren Reise in die Schweiz 1770/71 auch nicht in den neuen Landschaftserfahrungen des Hochgebirges, sondern im Alltagsleben der bäuerlichen Schweizer Bevölkerung. Es waren dies Motive, die sich auch im Frankfurter Bürgertum großer Beliebtheit erfreuten. Doch sind es nicht die bitteren Lebensrealitäten, die Kraus schildert, sondern Idyllen, Fluchtwelten, welche eine friedvolle, harmonische Existenz fern der Zivilisation vorgaukeln.

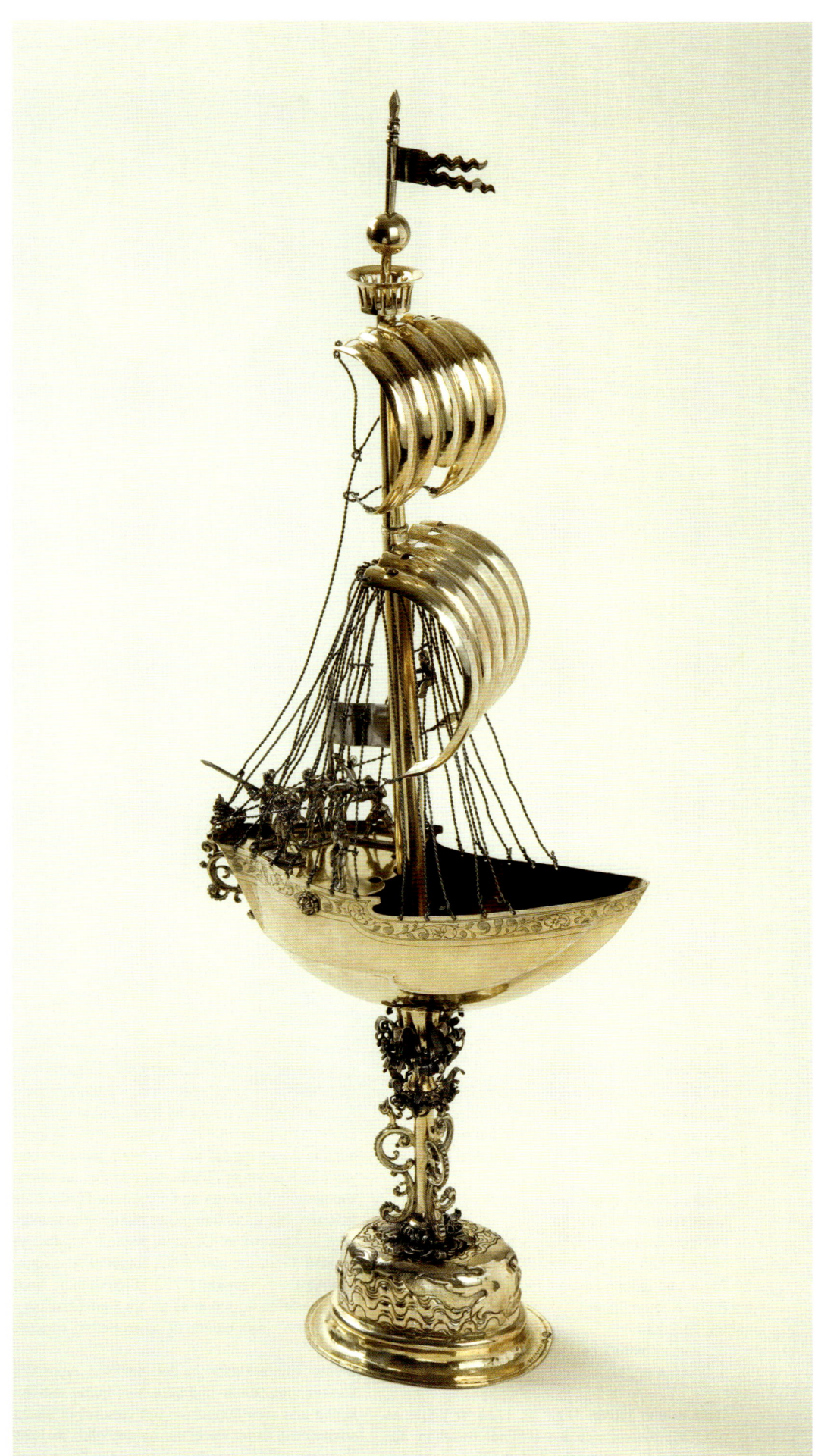

85
Tafelaufsatz in Schiffsform
Silber vergoldet
MZ Georg Müller, Nürnberg 1630–1640
Focke-Museum Bremen
Inv. 1961.131

Seit dem 12. Jahrhundert sind aus dem höfischen Speisezeremoniell Tafelschiffe (franz. Nefs) bekannt, die ursprünglich der Aufbewahrung der persönlichen Speisegeräte des Herrschers sowie der von Salz und Gewürzen dienten. Die separate Aufbewahrung war eine Schutzmaßnahme vor der Vergiftung des Fürsten. Das Tafelschiff war somit zugleich ein Ausweis des Ranges. Im Mittelalter war es noch dem Herrscher vorbehalten, seit dem 16. Jahrhundert entwickelte es sich immer mehr zu einem Statussymbol, das den Platz des ranghöchsten Gastes an der Tafel markierte. Die Funktion als Herrschaftszeichen behielt das Nef auch, als es nicht mehr mit Geräten befüllt, sondern in verkleinerter Form als Tafelzier aufgestellt wurde.

93
Friedrich Adam Wilhelm Barnutz (1791–1867)
Kaffeekränzchen Clevernser Bauernfrauen, um 1835
Öl auf Leinwand, 27 x 34cm
Unsigniert
Schlossmuseum Jever
Inv. 2237
Lit.: Meiners, S. 94f.

Mit einiger Ironie schildert Barnutz in diesem kleinen Bild die Versammlung sechs sonntäglich gekleideter Bäuerinnen zum gemeinsamen Kaffeetrinken. Denn einerseits werden hier Verhaltensmuster der vornehmen Gesellschaft imitiert, andererseits wird aber auch recht derbes Gehabe gezeigt. Die rechts an der Stirnseite des Tisches sitzende Dame greift mit spitzen Fingern in eine Schnupftabakdose; die Bäuerin neben ihr trinkt aus einem mit allen Fingern der rechten Hand umklammerten Koppchen, während sie mit der linken mit quer über den Tisch ausgestrecktem Arm die Kranenkanne anhebt. Aus dieser versucht nämlich die ihr gegenüber sitzende Frau das letzte Kaffeetröpfchen herauszuholen, indem sie mit einem Stöckchen den vom Kaffeemehl verstopften Ausfluss frei zu machen versucht. Den größten Fauxpas aber begeht die Dame in der Mitte. Diese schlürft den Kaffee aus der Unterschale, wie weiland die Damen im 18. Jahrhundert und wie man es knapp 100 Jahre später nur noch bei den Provinzlerinnen findet.

92
Felix Maria Diogg (1762–1834)
Bildnis einer Kaffee trinkenden Dame
Öl auf Leinwand, 80 x 64 cm
Bezeichnet unten links: Felix Diogg pinxit 1789
Kunstsammlungen Böttcherstraße
Museum im Roselius-Haus, Bremen
Inv. B 69
Lit.: Stamm, S. 142f.

Bei der porträtierten Dame im spitzenbesetzten dunklen Kleid handelt es sich vermutlich um Maria Josepha Müller-Brand (1742–1828), ein Mitglied der Familie Müller, eines der damals bedeutenden Patriziergeschlechter im Schweizer Ort Altdorf (Kanton Uri). Der Maler des Bildes, Felix Maria Diogg, war einer der führenden Schweizer Porträtisten seiner Zeit. Sein spezielles Interesse an Physiognomie fand Nahrung in den Schriften des Johann Caspar Lavater, der im menschlichen Antlitz den unmittelbaren Ausdruck des Charakters zu erkennen lehrte.

Diogg schildert die damals 46-jährige Maria Josepha Müller-Brand als eine eher kühle, distanzierte Frau, obwohl das Porträt die Dargestellte in privater Sphäre zeigt. Frau Müller-Brand ist gerade im Begriff, Kaffee zu trinken; einen Teil des Getränkes hat sie bereits zur Abkühlung in die Unterschale gegossen, aus der sie ihn dann genießen wird, und das mit vornehmer Noblesse und einigem Fingerspitzengefühl.

Nur für wenige Tischsitten lässt sich ein Wandel so genau bestimmen wie für die Art des Kaffeetrinkens. Einst überführte der französische Dichter Jacques Delille nach der Überlieferung den Abbé Cosson der Prahlerei, indem er diesen, der sich seines Umgangs mit der hohen Adelsgesellschaft rühmte, nach den neuesten Verhaltensmustern an der höfischen Tafel befragte. Auf die Frage, wie er denn seinen Kaffee zu sich genommen habe, gab der Abbé in dem 1786 geführten Gespräch die entlarvende falsche Antwort: „Nun, diesmal wie alle anderen auch: Er war kochend heiß, ich habe ihn schluckweise aus meiner Tasse in die Untertasse geschüttet." „Nun gut", antwortete darauf der Dichter, „Sie haben es so gemacht wie sicherlich kein Mensch: Alle trinken ihren Kaffee aus der Tasse und niemals aus der Untertasse." (zit. nach Elias, Bd. 1, S. 223, 444)

Die neue Art des Kaffeegenusses war also zunächst Attitüde eines erlesenen Kreises, bevor sie, etwa im Laufe eines Jahrzehnts, allgemeiner Standard wurde. Mit Beginn des 19. Jahrhunderts scheint das Trinken aus der Untertasse auch in bürgerlichen Kreisen völlig aus der Mode gekommen zu sein. Es galt nunmehr als Zeichen einer unfeinen Lebensart, das man allenfalls als Unsitte der Landbevölkerung belächelte.

98

„Margeriten"-Besteck
M. H. Wilkens & Söhne, Bremen, nach Entwurf von
Heinrich Vogeler, um 1902
Silber
Focke-Museum Bremen
Inv. 1995.447
Leihgabe des Haftpflichtverbandes der Deutschen
Industrie, Hannover
Lit.: Sänger, S. 239f.

Die umfangreichsten Veränderungen in der Tischkultur vom Mittelalter bis um 1800 betreffen den Status und die Benutzung von Essbesteck. So lange auch
an vornehmer Tafel feste Speisen fast ausschließlich
mit den Fingern gegessen wurden und Messer als
kostbarer persönlicher Besitz nur wenigen zur Verfügung standen, war es ein gesellschaftliches Distinktionsmerkmal, tägliche Nahrung, etwa Brot, mit dem
Messer zu schneiden. Mit vorrückender Peinlichkeitsschwelle und einer parallelen Diversifikation der Essgeräte, durfte zwar immer weniger Nahrung mit den

Fingern berührt werden, war aber auch die Tabuisierung des Messergebrauchs in bestimmten Situationen
akzeptiert. So galt seit dem Ende des 18. Jahrhunderts
das Brechen des Brotes als Zeichen gehobener Standeszugehörigkeit, ebenso die sehr diskrete Benutzung
der Serviette, die unsichtbar auf dem Schoß des
Gastes zu liegen hatte.
Die Ausdifferenzierung der Besteckteile hatte um
1900 auch in großbürgerlichen Haushalten einen
Höhepunkt erreicht. Insgesamt 171 Teile umfasst
das um die Jahrhundertwende nach Entwürfen von
Heinrich Vogeler bei der Bremer Silbermanufaktur
Wilkens hergestellte Besteck mit dem so genannten
Margeritenmuster, darunter allein fünf unterschiedli-
che Gabeltypen, Vorlegebestecke nicht mitgerechnet.
Ob die zahlreichen Geräte entsprechend ihrer Funk-
tion tatsächlich verwendet wurden oder nur Status-
symbol waren, sei dahingestellt. Vermutlich trafen
sich hier die Interessen der Silberwarenhersteller an
Vervielfältigung ihrer Absatzmöglichkeiten mit den
Bedürfnissen der „feinen Leute" nach Reichtum und
Überflusssignalen.

Mit Haltung

„Jeder Mensch gilt in dieser Welt nur so viel, als wozu er sich selbst macht."

Die äußere Haltung ist eine Konstante der Anstandsliteratur. Moralisch neutral, zielt sie über die ästhetische Wirkung hinaus so deutlich wie keine andere Kategorie der Manieren auf soziale Distinktion, auf gesellschaftliche Abgrenzung nach unten. Im ausgehenden 19. Jahrhundert galt eine aufrechte, kontrollierte Haltung als Merkmal der so genannten feinen Gesellschaft. Deren Bewegungen sollte sich der ambitionierte gesellschaftliche Aufsteiger, für den die Anstandsbücher geschrieben wurden, durch Beobachtung und Nachahmung zu eigen machen: „Je fleißiger man gute Gesellschaften besucht, je mehr man sich darin bewegt, desto schneller wird man das gewünschte Ziel erreichen." (Ebhardt, S. 287) Noch in den Benimm-Büchern der 1950er-Jahre, die längst für ein Massenpublikum geschrieben wurden, das auf Zugehörigkeit zu einer wie auch immer definierten „gehobenen Gesellschaft" keine Ansprüche machen konnte, wird die gerade Haltung empfohlen. Sie war mit Hilfe des berühmten Buches auf dem Kopf einzuüben: „Die Notwendigkeit, seine Last auszubalancieren, zwingt zu einer beherrschten Kopf- und Körperhaltung, die dadurch bei langer Gewöhnung gelöst und harmonisch wird." (Oheim, S. 37)

Die Illustrationen dazu zeigen Figuren, die an klassische Skulpturen erinnern, und in der Tat geht das Ideal der aufrechten, gemäßigten Haltung auf die klassische Antike zurück. In der Renaissance galten kontrollierte, zurückhaltende Bewegungen Adligen und hohen geistigen Würdenträgern als angemessen, und entsprechend sollten die Vertreter dieser Stände in der bildenden Kunst dargestellt werden. Für die „Haltung der anderen" mussten bis ins 18. Jahrhundert einmal mehr die Bauern herhalten, mit spontanem und ungelenkem Gebaren.

Baldassare Castiglione ergänzte die hart zu erarbeitende kontrollierte Haltung durch den Anschein des Beiläufigen, die Sprezzatura, die die tatsächliche Anstrengung verbirgt. Sprezzatura vermittelt den Eindruck, man messe der eigenen Person und den eigenen Handlungen keine besondere Bedeutung bei. Darüber hinaus drückt die gelassene Haltung Unabhängigkeit aus. Überhastete Eile etwa würde diesen Eindruck stören; entsprechend sieht man Inhaber hoher politischer Ämter nicht rennen.

Anschaulich werden Haltungsideale in Porträts. Stets zielen die Bilder darauf ab, den Dargestellten in einer vorteilhaften Haltung wiederzugeben. Das hatte in Einklang mit den Regeln der Gattung zu geschehen, die Künstlern und Auftraggebern mehr oder weniger Spielraum ließen. Dabei konnte der Verstoß gegen die Regeln immer Strategie sein, um das Selbstverständnis des Dargestellten und seine gesellschaftlichen Ansprüche ins Bild zu setzen. Wohlverstanden: Porträts sind immer inszeniert – der Alltag jenseits des Bildes mag anders aussehen. Er wird in einer anderen Bildgattung, der Karikatur, greifbar.

Die Karikatur widmet sich der Diskrepanz zwischen Selbstwahrnehmung und Sicht der anderen. Sie entlarvt Haltung als unangemessen, überspitzt gnadenlos körperliche Unzulänglichkeiten, die die angestrebte Eleganz verhindern. Die Karikatur zeigt Personen, deren gesellschaftliches Auftreten ins Lächerliche gerät, weil ihnen die Gabe zur Selbstbeobachtung fehlt, weil sie lediglich etwas imitieren, unkritisch den neuesten Moden hinterherlaufen oder ihre Überzeugung, etwas Besseres zu sein, nicht verbergen können.

_Inconvenient partners in WALTZING.__

101

George Cruikshank (1792–1878)
Inconvenient Partners in Waltzing
Radierung, koloriert, 25,7 x 37 cm
Wilhelm-Busch-Museum Hannover
Deutsches Museum für Karikatur und kritische
Grafik
Inv. KG 1547/81

Cruikshank greift das Motiv der grotesken Tanzpaare
wieder auf, allerdings ohne ihnen ein Ideal entge-
genzusetzen. Das Blatt setzt somit ausschließlich auf
die komische Wirkung.

102

Der Tanzmeister
Frankenthal, um 1760
Modell: Johann Michael Lanz
Porzellan, H. 20,5, B. 15,3, T. 18 cm
Reiss-Engelhorn-Museen Mannheim

Ein unbedarft lachender Junge wird an Schulter und
Arm von einem Tanzlehrer gegriffen, der mit kriti-
schem Blick die Haltung seines Zöglings korrigiert. Im
galanten 18. Jahrhundert spielte der Tanzmeister in
der Kindererziehung eine gewichtige Rolle. Er lehrte
die zierlich-tänzelnde Art der Bewegung und die
Kunst, Komplimente zu machen und zu gefallen. So
bildete er Wesen heran, deren affektiertes Gehabe wenig später, als die Ideen der Aufklärung mehr und
mehr auch die Erziehungsideale bestimmten – 1762
erschien Jean-Jacques Rousseaus Erziehungsroman
„Émile" –, als unnatürlich und äffisch galt.

Natur

Afectation

103
Daniel Nikolaus Chodowiecki (1726–1801)
Natürliche und affectirte Handlungen des Lebens,
1779
Folge von 12 Bildern für den Göttinger Taschen-
Calender 1780
Radierung, 23 x 40,9 cm
E.319 II
Hamburger Kunsthalle, Kupferstichkabinett
Inv. 56659
Kunsthalle Bremen – Kupferstichkabinett – Der
Kunstverein in Bremen
Inv. 26667
Lit.: Busch; Barta; Kemp, S. 122

Diese und eine vorausgehende Folge zum selben
Thema entstanden auf Anregung des Hogarth-Ken-
ners und Herausgebers des Göttinger Taschen-Calen-
ders Georg Christoph Lichtenberg (1742–1799). In
Bildpaaren erteilt der in Berlin tätige Daniel Chodo-

wiecki, der in den 1770er-Jahren zum beliebtesten
deutschen Illustrator avancierte, der Ziererei und der
Theatralik höfisch geprägter Umgangsformen eine
Absage. Stattdessen schlägt er unter dem Begriff
„Natur" eine Haltung der Mäßigung und Zurückhaltung vor, die bürgerliche Erziehungs- und Verhaltensnormen widerspiegelt. Während die „Affectation"
raumgreifende Gebärden bevorzugt, vermeidet die
„Natur" die große Geste. Damit einher geht eine ein-
fachere Art, sich zu kleiden, sich einzurichten, und
auch das Landschaftsideal – naturbelassener Garten
vs. gestalteter Park – ist ein anderes. Programmatisch
erscheint das hier abgebildete einleitende Bild der
zweiten Folge: Ein Paar in antikischer Aufmachung,
er geht nahezu nackt, wird gegen ein aufgetakeltes
Rokoko-Duo ausgespielt. Der ideale Naturzustand,
den Rousseau eingeführt hatte, klingt darin ebenso
an wie die Wiederentdeckung der klassischen Antike,
die gegen Ende des 18. Jahrhunderts zu einer Stil-
wende in der Mode führte.

104
Bildnis eines Mannes mit Nelke
Niederländischer Meister, um 1515
Öl auf Eichenholz, 51,4 x 36,6 cm
Unbezeichnet
Städel Museum, Frankfurt am Main
Inv. SG 986
Lit.: Brinkmann/Sander, Niederländische Gemälde,
S. 67f.; Sander, S. 429–433

„Es gefällt mir auch besser, wenn sie (die Kleidung)
nach Ernst und Würde zielt, als nach Eitelkeit; daher
dünken mich schwarze Kleider schöner als alle andern, und wenn sie schon nicht schwarz sind, sollen
sie nach meiner Meinung wenigstens in dunklen Farben gehalten sein", beschreibt Castiglione in seinem
„Cortegiano" die angemessene Tracht des Höflings
(Castiglione, S. 69, 2.17).

Diese den Noblen anempfohlene Zurückhaltung erfüllt der unbekannte Mann in seinem pelzverbrämten
Obergewand, dessen schlichtes Schwarz nur durch einen winzigen Spitzeneinsatz am Halsausschnitt auf-
gehellt wird, in idealtypischer Weise. Stilistisch ist das
niederländische Porträt, das vielleicht einen jungen
Gelehrten darstellt, der italienischen Bildniskunst des
Quattrocento verpflichtet. Das kleine Format signalisiert, dass das Gemälde der privaten Sphäre zuzu-
rechnen ist. Dem besonderen Ausdruck von Dignität
vermählt sich zugleich der von Demut. Mag es auch
der Selbstvergewisserung des irdischen Lebens dienen, so ist doch die Nelke, die der Jüngling zwischen
den Fingern hält, als Zeichen tiefer Frömmigkeit zu
verstehen. In der christlichen Ikonografie symboli-
sieren die Früchte dieser Blume die Nägel der Kreuzi-
gung und damit das Opfer Christi für die Erlösung der
Menschheit.

105
Johann Georg Ziesenis (1716–1776)
Bildnis des Erbprinzen Ernst Ludwig von Sachsen zu
Gotha-Altenburg, 1768
Öl auf Leinwand, 64,9 x 45,6 cm
Bez. verso: J. G. Ziesenis / pinxit 1768
Staatliche Museen zu Berlin, Gemäldegalerie
Lit.: Michaelis, Kat. 1879, S. 272ff.

In lockerer Haltung auf einer Bank sitzend, präsentiert sich der künftige Landesherr von Sachsen zu Gotha-Altenburg (1745–1804) selbstbewusst, aber kei-
nesfalls prahlerisch. Die gesellschaftliche Rolle des
jungen Herzogs wird deutlich, ohne dass er es nötig
hätte, auf übliche Mittel der aristokratischen Inszenierung wie große Gesten, Säulenschaft und roten
Vorhang zurückzugreifen. Das Arrangement des Porträts ist in der lässigen Haltung und der Einbindung
des Porträtierten in eine Landschaft deutlich englisch
beeinflusst. Gerade in England hatte die Sprezzatura
des „Cortegiano", die alles Aufheben um die eigene
Person vermeidet, besonders lange nachgewirkt und
den Gentleman hervorgebracht. Die elegante, aber
unspektakuläre Kleidung Ernst Ludwigs – eine Vor-
wegnahme der Werther-Tracht, mit der Goethe seine
Romanfigur ausstattet – erlaubt es, von einem ver-
bürgerlichten Porträt zu sprechen. Immerhin weisen
Accessoires wie die Handschuhe und die Gerte auf
den adligen Zeitvertreib des Reitens hin. Ernst Ludwig
galt als einer der vorzüglichsten Fürsten seiner Zeit.
Er war ein Förderer von Künsten und Wissenschaften.
Zu dem Porträt existiert ein Gegenstück mit der zu-
künftigen Gattin des Herzogs.

106
Alexander (Sándor) von Liezen-Mayer (1839–1898)
Bildnis Luise Westermann, geb. Oldenbourg, um 1868
Öl auf Leinwand, 124 x 97 cm
Bez. u. l. mit roter Farbe: SL (ligiert)
Braunschweigisches Landesmuseum, Niedersächsische Landesmuseen Braunschweig
Inv. LMB 27099
Lit.: Teichmann-Knauer

Die Bildnisse des Verlegers Friedrich Westermann (1840–1907) und seiner Frau Luise (1846–1874) stehen für das großbürgerliche Porträt im Deutschland des ausgehenden 19. Jahrhunderts. Längst hatten erfolgreiche Geschäftsleute und Industrielle zum Adel aufgeschlossen und übernahmen dessen Form des repräsentativen Porträts, das lebensgroße Kniestück. Anders als das intimere Brustbild stellte dieser Bildnistyp Distanz zum Betrachter her, zumal die Abgebildeten stehend wiedergegeben wurden. Die beiden Westermann-Porträts entstanden im Abstand von fast 30 Jahren. Luise ist in duftiger Balltoilette abgebildet. Trotz freier Schultern und figurbetonender Silhouette des Kleides mutet die fast noch kindlich wirkende Frau ungemein sittsam an und entspricht so ganz den Erwartungen der Zeit an eine junge Dame aus besseren Verhältnissen. Die Hände hat sie züchtig vor dem Schoß übereinandergelegt. Ihr Mann, der 1879 den noch heute existierenden Westermann-Verlag übernommen hatte, ist in reiferen Jahren dargestellt. Aufrecht und selbstbewusst steht er vor einer Bücherwand, ein Requisit, das Bildung signalisiert und im Falle Westermanns zudem auf seinen Beruf anspielt. Die gerade, aus heutiger Sicht fast steife Haltung des Porträtierten scheint durch die Kleidung – Gehrock, Weste, Hemd mit Stehkragen und Plastron – geradezu vorgegeben. Die Respekt einflößende Gesamterscheinung des Verlegers wird durch den gezwirbelten Kaiser-Wilhelm-Schnurrbart unterstrichen.

107
Alexander von Wagner (1838–1919)
Bildnis Friedrich Westermann, um 1895
Öl auf Leinwand, 131 x 102 cm
Bez. u. l. mit schwarzer Farbe: A. v. W.
Braunschweigisches Landesmuseum, Niedersächsische Landesmuseen Braunschweig
Inv. LMB 27098

108

Adolf Heller (1874–1914)
Porträt Rudolf Alexander Schröder
Öl auf Leinwand, 101 x 75,5 cm
Deutsches Literaturarchiv Marbach
Inv. B 58.319

Das Porträt des aus Bremen stammenden Dichters und Möbelentwerfers Rudolf Alexander Schröder (1878–1962) steht beispielhaft für den Künstler oder Intellektuellen. Scheinbar nimmt er die Porträtsituation, den Porträtisten und letztlich auch den Betrachter überhaupt nicht wahr. Stattdessen gibt er sich den Anschein der Nachdenklichkeit und blickt in eine unbestimmte Ferne – eine Variante des alten Inspirationsgestus, der sich über Dürers „Melancholie"-Stich (1514) bis zur Darstellung Walthers von der Vogelweide in der Manessischen Liederhandschrift (um 1300–1340) zurückverfolgen lässt. Die Sitzhaltung Schröders – seitlich auf dem Stuhl – hat etwas gewollt Saloppes, unterstrichen durch die scheinbar beiläufig in der linken Hand gehaltenen Zigarette – ein Requisit, das nach 1900 auf zahllosen Porträts zu finden ist und der Situation des Abgebildet-Werdens etwas Momentanes gibt.

Prosperity (with Harlots smiles,
Most pleasing, when she most beguiles,)
How soon, Sweet foe can all thy Train
Of false, gay, frantick, loud, & vain.

Enter the unprovided Mind,
And Memory in fetters bind;
Load faith and Love with golden chain,
And sprinkle Lethe o'er the Brain!

Pleasure on her silver Throne,
Smiling comes, nor comes alone;
Venus moves with her along;
Clad smooth Lyaeus, ever-young:

And in their Train, to fill the Press,
Come apish Dance, and swoln Excess,
Mechanic Honour, vicious Taste,
And fashion in her changing Vest.

Marriage A-la-Mode, (Plate II)

Invented Painted & Published by Wⁿ Hogarth — Marriage-A-la-Mode, (Plate IV)   Engraved by S. Ravenet   According to Act of Parliament April 1ᵗ 1745

111

William Hogarth (1697–1764)
Marriage à la mode, 1745
Blatt 4: Lever der Gräfin
Radierung und Kupferstich, 35,2 x 44,8 cm
Museum für Kunst und Gewerbe Hamburg
Kunsthalle Bremen – Kupferstichkabinett –
Der Kunstverein in Bremen
Inv. 1908/282
Lit.: Ausst. Kat. Hogarth, Kat. 77 u. 78; Burke, S. 42,
Kat. 196; Paulson, P. 231

Zu den am meisten verbreiteten Kupferstichfolgen des
18. Jahrhunderts gehören die nach seinen Gemäldezyklen angefertigten „Modern Moral Subjects" William
Hogarths. In Deutschland wurden sie durch Georg
Christoph Lichtenberg bekannt, der die einzelnen Sze-

nen ausführlich beschrieb und kommentierte. Ein un-
moralischer Lebenswandel, so scheint die Botschaft
der Zyklen, zieht unweigerlich ein böses Ende nach
sich. „A Rake's Progress" und die zehn Jahre spätere
„Marriage à la mode" schildern junge Leute, die das
Geld ihrer fleißigen, aber auch geradezu grotesk gei-
zigen und hartherzigen Väter verprassen. Beide Folgen
beinhalten Szenen, in denen sich die Protagonisten
nach adligem Vorbild einrichten und repräsentieren.
In der „Marriage" ist das motiviert durch die Verheira-
tung eines verarmten Adligen mit einer reichen,
geltungssüchtigen Kaufmannstochter. Haltung und
Umgangsformen werden durch Luxus ersetzt, der be-
eindrucken soll, wie etwa die kuriosen Kunstgegen-
stände, die sich die frischgebackene Gräfin in der
„Marriage" von ihrem Liebhaber andrehen lässt. Das

alles hat jedoch keine echte Qualität. Dafür sorgen
schon die lächerlichen bis dubiosen Typen, die gewis-
sermaßen als „Hofschranzen" firmieren. Hogarth kop-
pelt die Anfälligkeit für zweifelhafte Gesellschaft an
den unmoralischen Lebenswandel der Figuren. Dieser
schlägt sich auch in der äußeren Haltung der Figuren
nieder: Das bekannteste Blatt der „Marriage" zeigt
das jungvermählte Paar am Morgen nach einer ausschweifenden, aber nicht gemeinsam verbrachten
Nacht. Die junge Dame räkelt sich ungeniert und wirft
einen spöttischen Seitenblick auf ihren Gatten. Der
ist sichtlich übernächtigt bis an den vorderen Rand
seines Stuhls gerutscht. Die Hände in den Taschen,
den Dreispitz schief auf dem Kopf, streckt er die Beine weit
von sich. Aus seiner Rocktasche schaut ein Damen-
häubchen als Hinweis auf ein nächtliches Abenteuer.

RECOVERY OF A DORMANT TITLE OR A BREECHES
MAKER BECOME A LORD.

112
Thomas Rowlandson (1756–1827)
Recovery of a Dormant Title or a Breeches Maker
become a Lord, 1812
Radierung, koloriert, 34,8 x 24,7 cm
Wilhelm-Busch-Museum Hannover
Deutsches Museum für Karikatur und kritische
Grafik
Inv. KG 5241/92
Lit.: Ausst. Kat. Rowlandson, Kat. 91, Abb. S. 176

Auf der engen Gasse in London-Whitechapel herrscht
großes Gelächter: Einem Hosenmacher ist die Entde-
ckung seiner adligen Abstammung zu Kopf gestiegen.
Er hat sich neu eingekleidet und stolziert nun mit Dreispitz, Schärpe und Degen vor seinem Laden auf und
ab. Dabei imitiert er die gezierte Haltung, die seiner
Meinung nach einem Gentleman ziemt. Äußerlich unterscheidet sich der Mann mit seinem massigen Körper und dem aufgedunsenen Gesicht jedoch nicht von
seinen Nachbarn. Durch Kleidung wie Auftreten gerät
er vollends zur grotesken Figur. Adlige Betrachter der
Karikatur konnten sich durch die hässlichen Figuren in
ihrem Selbstverständnis bestätigt fühlen. Andere Blätter belegen jedoch, dass Rowlandson und seine Zeitgenossen den Adel von ihrem Spott nicht aussparten.
Ahnenforschung, verbunden mit dem Wunsch, ein
Wappen zu führen, kam in England im 18. Jahrhundert auf, ausgelöst durch wirtschaftlichen Erfolg.
Daniel Defoe berichtet darüber in „The Complete
English Tradesman" (1726): „Wir sehen die englischen
Kaufleute, die zu Reichtum gelangten und Tag für Tag
das Heroldsamt auf der Suche nach den Wappen ihrer
Ahnen bestürmten, um diese dann auf ihre Kutschen
zu malen, auf ihre Teller zu gravieren, auf ihre Möbel
zu sticken oder auf die Giebel ihrer neuen Häuser ein-
zuschnitzen" (zit. nach Sombart, S. 33).

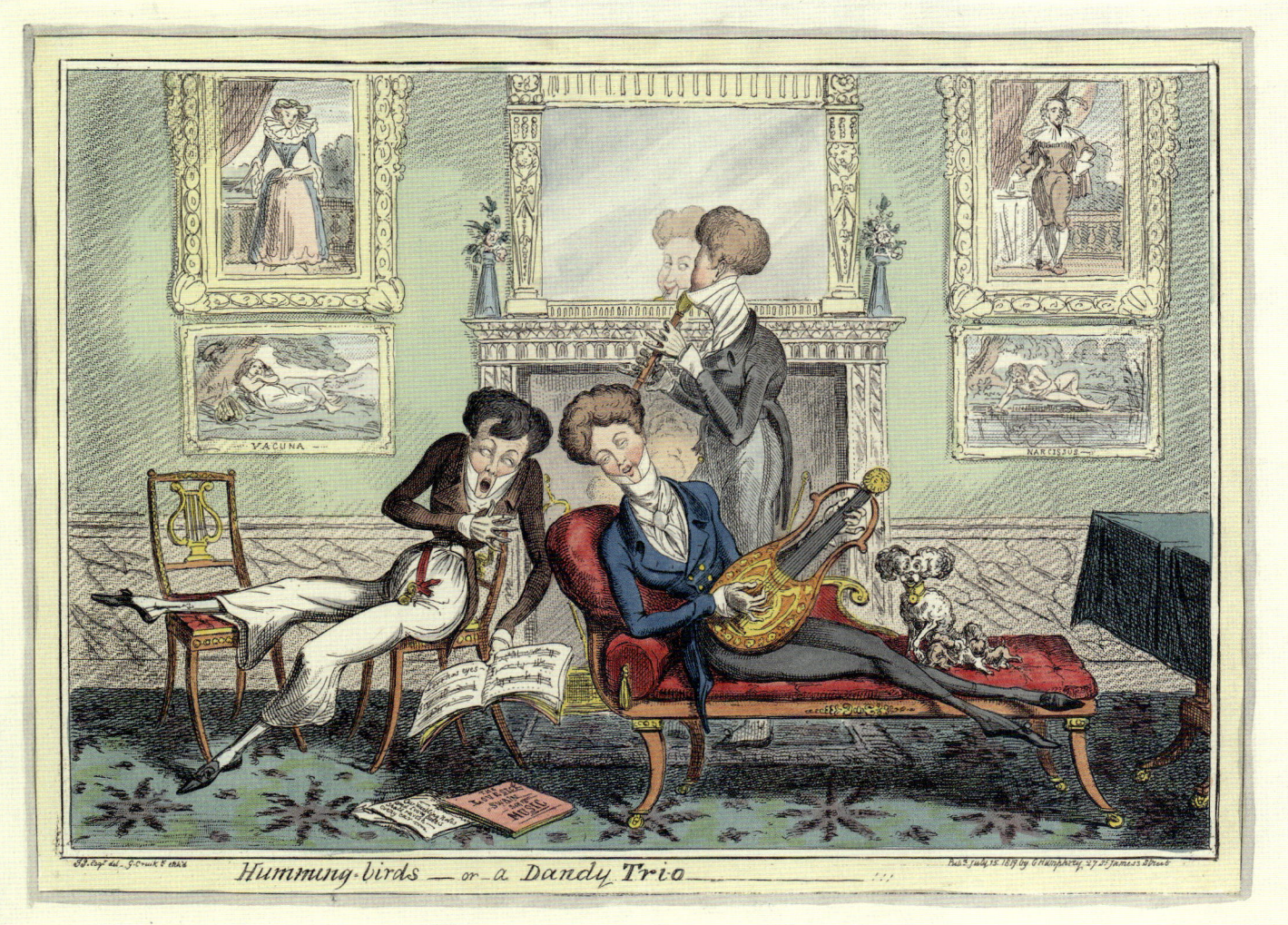

113
George Cruikshank (1792–1878)
Humming-Birds – or – a Dandy Trio – !!!, 1819
Radierung, koloriert, 26,9 x 37,1 cm
Wilhelm-Busch-Museum Hannover
Deutsches Museum für Karikatur und kritische
Grafik
Inv. KG 1563/81
Lit.: Ausst. Kat. Cruikshank, Kat. 150; zum Dandy:
von der Heyden-Rynsch, Galanterie, S. 193–200

114
Louis Charles Ruotte nach Henry William Bunbury
La Rencontre des Incroyables, um 1797
Farbstich, Blatt 32 x 34,3 cm
Staatliche Museen zu Berlin, Kunstbibliothek
Inv. Lipp 1264, 19

Das Gesellschaftsleben wird zu allen Zeiten durch diejenigen geprägt, die auffallen und sich von der Masse
abheben wollen. Sie setzen sich bewusst über Normen
hinweg und beanspruchen durch ihr Auftreten einen
Sonderstatus als Individuum oder als Gruppe. George
Bryan „Beau" Brummell (1778–1840), ein bürgerlicher Freund des englischen Thronfolgers und späteren Königs Georg IV., setzte in Gesellschaft auf un-
auffällige Eleganz, die in Widerspruch stand zu den
spöttischen und respektlosen Bemerkungen, für die er
gefürchtet war. Sein Habitus wurde von zahlreichen
jungen Männern nachgeahmt, die als „Dandys" bezeichnet wurden. In Frankreich gab es zeitgleich den
„Incroyable", nach dessen bevorzugter Redewendung
(„Es ist unglaublich!"). Cruikshanks lässig musizie-
rendes und perfekt toupiertes „Dandy Trio" setzt sich
aus affektierten, unmännlichen Typen zusammen –
kaum verhohlen wird ihnen Homosexualität unterstellt. Wie Narziss auf dem Gemälde an der Wand
klebt der Klarinettist des Trios mit selbstverliebtem
Blick vor dem Spiegel. Auch die beiden Incroyables,
die zur Begrüßung die Finger ineinander haken, scheinen sich der Lächerlichkeit ihres affektierten Gehabes
nicht bewusst zu sein.

Der Durchsichtigen/ Hochgefüdderten/ Wolgesporten vnd Ge-
stiffelten/ auch lang-schwartz-Härigen/ wolvernestelten/ lang-lapp-Höfischen/ Mütz-Dägischen/ Federfüssigen/ Wolstaffierten/ Weltbekandten Cavalieren:

A La Modo Monsiers.

Unterm Digel gedruckt vnd gemacht/ All fromme Cavalier vnveracht.

115

A La Modo Monsiers
Deutsch, nach 1628
Kupferstich mit gravierten Versen und Letternsatz in
zwei Teilen, Blatt 26 x 36 cm (oben) / 27,3 x 34,5
cm (unten)
Staatliche Museen zu Berlin, Kunstbibliothek
Inv. Lipp 1952, 13

Die bürgerlichen Stutzer und Glücksritter aus der Zeit
des Dreißigjährigen Krieges setzten sich wie die 200
Jahre späteren Dandys bewusst über das Gebot der
Zurückhaltung hinweg. Ihre breitkrempigen Schlapp-
hüte waren ebenso überdimensioniert wie die Stulpen
der soldatischen Stiefel. Ihre Vorliebe für französische
Kleidung, Umgangsformen und Redewendungen
wurde in Deutschland als „à la mode" bezeichnet. Das
vorliegende Blatt zeigt vier Stutzer, deren typische Un-
sitten emblemhaft durch Tiere dargestellt werden, die
auf den Hutkrempen der Männer sitzen. Die Erklä-
rungen dazu liefern die Verse. So begleitet die Eule
den Langschläfer, der nachts ausgeht, auf der Straße
lärmt, während der armlange Degen beim Gehen über
die steinige Straße schleift und sein Träger in Händel
gerät. Der Hahn kennzeichnet den eitlen Geck, der bei
den Damen Eindruck schinden will. Der Auftritt des
Todes ist als barocke Mahnung zu verstehen, dass das
irdische Leben von begrenzter Dauer ist und man das
Seelenheil nicht aus den Augen verlieren darf.

116

John Dixon (um 1720-30 – nach d. 30.3.1804)
The Old Beau in an Extasy, um 1767
Schabkunstblatt, Blatt 43,6 x 27,9 cm
Staatliche Museen zu Berlin, Kunstbibliothek
Inv. Lipp 1942, 29

117

Le vieux jeun homme
Blatt 77 aus der Folge „Le Bon Genre", Paris,
1801–1817
Radierung, koloriert, 23,1 x 28,4 cm
Staatliche Museen zu Berlin, Kunstbibliothek
Inv. Xe 369, 77

Gegenstand beider Karikaturen sind diejenigen, die
nicht in Würde altern können, wie der alte Beau, der
sich vor dem Spiegel noch immer an der eigenen
Schönheit berauscht, und der in die Jahre gekommene
ewige junge Mann, der in affektierter Haltung ein
Ladengeschäft betritt. Knigge bemerkt im „Umgang
mit Menschen" zu unangemessenem Verhalten im
Alter: „[...] so lächerlich muß es uns vorkommen, wenn
ein Greis so sehr Würde und Anstand verleugnet, daß
er in Gesellschaft den Stutzer oder den lustigen Stu-
denten spielt; wenn die Dame ihre vier Lustra vergißt,
sich wie ein junges Mädchen kleidet, herausputzt,
kokettiert, die alten Gliedmaßen beim englischen
Tanze durcheinander wirft oder gar andern Generationen Eroberungen streitig machen will." (Knigge,
S. 140, 2.1.3)

120
August Sander (1876–1964)
Jungbauern, 1914, Abzug 1992
Aus „Menschen des 20. Jahrhunderts"
Gelatinesilberabzug, 26 x 18 cm
Die Photographische Sammlung / SK Stiftung Kultur,
Köln
Inv. ASA3-1-2648

121
August Sander (1876–1964)
Großindustrieller [Kommerzienrat Arnold von
Guilleaume], 1927, Abzug 1992
Aus „Menschen des 20. Jahrhunderts"
Gelatinesilberabzug, 26 x 20,1 cm
Die Photographische Sammlung / SK Stiftung Kultur,
Köln
Inv. ASA3-9-1

122
August Sander (1876–1964)
Der Metzgergeselle, um 1911–1914, Abzug 1999
Aus „Menschen des 20. Jahrhunderts"
Gelatinesilberabzug, 26 x 19,8 cm
Die Photographische Sammlung / SK Stiftung Kultur,
Köln
Inv. ASA3-9-544

123
August Sander (1876–1964)
Philosophiestudent [Erich Sander], 1926, Abzug 2001
Aus „Menschen des 20. Jahrhunderts"
Gelatinesilberabzug, 26 x 19,4 cm
Die Photographische Sammlung / SK Stiftung Kultur,
Köln
Inv. ASA3-19-7

124

August Sander (1876–1964)
Sekretärin beim Westdeutschen Rundfunk in Köln,
1931, Abzug 1995
Aus „Menschen des 20. Jahrhunderts"
Gelatinesilberabzug, 26 x 14,7 cm
Die Photographische Sammlung / SK Stiftung
Kultur, Köln
Inv. ASA3-17-7012

125

August Sander (1876–1964)
Filmschauspielerin [Käthe von Nagy], 1935, Abzug
2000
Aus „Menschen des 20. Jahrhunderts"
Gelatinesilberabzug, 26 x 18,7 cm
Die Photographische Sammlung / SK Stiftung
Kultur, Köln
Inv. ASA3-30-8093
Lit.: Lange/Conrath-Scholl

Die Fotos aus August Sanders berühmtem Werk „Menschen des 20. Jahrhunderts" zeigen Stadt- und Landbewohner, Vertreter unterschiedlicher Berufe und Bildungsschichten. Einigen der Porträtierten scheint die eingenommene Pose ganz selbstverständlich, andere vermitteln Unsicherheit. Die kameraversierte Filmschauspielerin präsentiert sich in offener Haltung mit einem gewinnenden Lächeln, wohingegen die Sekretärin, die gerade mit nonchalanter Attitüde eine Zigarette raucht, etwas Verkrampftes hat. Schüchtern wirkt die kauernde Haltung des Philosophiestudenten Erich Sander, der nicht zu wissen scheint, was er mit seinen Händen anfangen soll, unaufgeregt und entspannt posieren hingegen der Arzt und der Großindustrielle. Der Metzgergeselle scheint für die Aufnahme in allzu steife Kleidung gesteckt worden zu sein. Er verzichtet im Fotoatelier nicht auf die Melone, die den Sonntagsstaat komplettiert. Der Blick des jungen Mannes drückt Stolz und Freude aus, in seiner besten Kleidung fotografiert zu werden. Die drei Westerwälder Bauern belegen die Adaption des Herrenanzugs, des Kostüms der Oberschicht, durch die Landbevölkerung. Sander setzt die drei jungen Männer mit ihren Spazierstöcken so in Szene, als ob sie gerade vorüberflanieren würden. Einer von ihnen führt mit der Hand eine der typischen manierierten Gesten der Fotoateliers aus.

126

Ronald Searle (geb. 1920)
Miami Beach, 1962
Feder in Schwarz und Braun, laviert, 50,9 x 38,2 cm
Wilhelm-Busch-Museum Hannover
Deutsches Museum für Karikatur und kritische Grafik
Lit.: Ausst. Kat. Bild als Waffe, Kat. 233

Ronald Searle wurde in den 1960er-Jahren durch gesellschaftskritische Zeichnungen, Buchillustrationen und Reisereportagen bekannt. Die Federzeichnung „Miami Beach" zeigt zwei wohlhabende alte Ehepaare, die am Strand flanieren. Die alten Herren rauchen Zigarre, lesen die Zeitung und stellen ungeniert ihre dicken Bäuche zur Schau. Die alten Damen mit faltigen, vogelähnlichen Gesichtern, eingefallenen Wangen und blasierten Mienen tragen groteskerweise Pelz zum Badekostüm und haben ihren Schmuck angelegt. Ihr ganzer Auftritt zielt darauf, gesehen zu werden, während sie selber sich völlig unbeeindruckt zeigen, ihre Augen hinter Sonnenbrillen verbergen und dadurch ihre Unnahbarkeit unterstreichen.

In Gesellschaft

„... und wo Du Aufwand machen mußt,

da sei Dein Aufwand solide und schön."

Als Gesandter an den europäischen Höfen hatte Philip Dormer Stanhope Earl of Chesterfield (1694–1773) das gesellschaftliche Treiben des Adels kennen gelernt; das Resümee seiner Erfahrungen klingt bitter: „Bei Hofe umarmen sich die Leute ohne Bekanntschaft, dienen einander ohne Freundschaft und beleidigen einander ohne Haß. Eigennutz, nicht Empfindung ist das, was dieser Boden trägt." (Stanhope, S. 340) Auch Knigge findet nur kühl-distanzierte Worte, wenn er über die Gepflogenheiten in aristokratischen Kreisen schreibt – „Wer nicht, seiner Lage nach, schlechterdings dazu verdammt ist, an Höfen oder sonst in der großen Welt zu leben, der bleibe fern von diesem Schauplatze des glänzenden Elends, bleibe fern vom Getümmel, das Geist und Herz betäubt, verstimmt und zugrunde richtet" – und er empfiehlt Formen gesellschaftlichen Verkehrs, welche das familiär-intime Zusammenleben des Biedermeier-Bürgers vorwegzunehmen scheinen, nämlich „in friedlicher häuslicher Eingezogenheit, im Umgang mit einigen edeln, verständigen und muntern Freunden ein Leben zu führen, das unserer Bestimmung, unsern Pflichten, den Wissenschaften und unschuldigen Freuden gewidmet ist" (Knigge, S. 314f., 3.3.2). Dabei war diese spezielle Form behaglicher Geselligkeit im kleinen Kreis nicht originär bürgerlich. Um 1810 begann man bei Hof, sich an einem zentralen runden Tisch zusammenzufinden, an dem man Konversation trieb, handarbeitete und einander vorlas, so wie es zuvor nur auf dem Lande gebräuchlich gewesen war.

In der zweiten Hälfte des 19. Jahrhunderts, vor allem in den von einem enormen Wirtschaftswachstum geprägten so genannten Gründerjahren hatte sich eine neue, zu großem Vermögen gekommene Schicht gründlich von den Bescheidenheitsidealen des Bürgertums im Biedermeier verabschiedet und begehrte den Aufstieg in die feine Gesellschaft, in der sie sich mit einer ausgefeilten Salonkultur und repräsentativen Einladungen etablieren wollte. Sie war wohl auch eine Zielgruppe für Franz Ebhardts 1878 erschienenes großes Etikettebuch, in dem der Autor sich den Verhaltensregeln bei allen Arten von privaten und öffentlichen Veranstaltungen mit einer Gründlichkeit widmet, die bis dahin nicht denkbar war. Ebhardt wollte seinen Lesern helfen, sich gekonnt in einem gesellschaftlichen Milieu zu bewegen, in dem sie nicht aufgewachsen waren. Auf deren Ambitionen richtete sich wohl auch mit Neid durchmischter Spott, etwa wenn Susanna Trautwein, eine Autorin des Kaiserreiches, 1918 in einer Vortragsreihe zum Thema „Gesellschaft und Geselligkeit" rückblickend den Emporkömmling des späten 19. Jahrhunderts karikiert: „Da steht der arme Parvenü im Salon, inmitten seiner Gäste, und schwitzt Angst. An den Wänden hat er breite Goldrahmen und auch das Nötige darin. In seiner Bibliothek drängen sich schöne Einbände, glänzen alle Klassiker in Goldschnitt. Seine Tochter hat in der Pension alles gelernt, sogar Klavierstücke mit sechs Kreuzen davor, und sein Diener gibt ihm vor dem Gesellschaftsabend Anweisungen in der ‚Benehme'. Dennoch sind seine Verstöße zahllos." (Trautwein, S. 66)

Große gesellschaftliche Ereignisse stellten zweifellos die in der Etiketteliteratur mit detaillierten Schilderungen des strengen Reglements bedachten Ballveranstaltungen dar, wie sie bis zum Ersten Weltkrieg und dann wieder in der Weimarer Republik oft in vermögenden Privathaushalten ausgerichtet wurden. Bereits im frühen 19. Jahrhundert hat sich die Form des Diners, des am frühen Abend stattfindenden ausgedehnten Essens ausgebildet und im Kaiserreich seine höchste gesellschaftliche Bedeutung erlebt. Der von bürgerlichen Kreisen ausgegangene Hang zu immer größerem Tafelluxus erreichte um 1890 einen Höhepunkt; doch dann wurde man der aufwändigen, mindestens sieben Gänge umfassenden Diners überdrüssig, und mit dem Ersten Weltkrieg endete die große Zeit der Diner-Kultur (Schürmann, S. 66).

Der „Salon" wird als gesellschaftliche Einrichtung im 17. Jahrhundert greifbar, in jenen intellektuellen Zirkeln, die sich in den Pariser „hôtels particuliers" trafen und eine Geselligkeit pflegten, in deren Mittelpunkt die Dame des Hauses als Gastgeberin stand. Als Modell für einen geistreich-unterhaltsamen Gedankenaustausch unter dem Vorsitz einer Dame kann Castigliones „Cortegiano" betrachtet werden, der über sein Jahrhundert hinaus vorbildhaft für weltgewandtes Benehmen wirkte (von der Heyden-Rynsch, Salons, S. 24f.). Der wöchentlich stattfindende Salon hielt sich als Jour fixe, zu dem einmal, für die ganze Saison geltend, eingeladen wurde bis zur Mitte des 20. Jahrhunderts als halboffizielle Veranstaltung einer Dame. Dann wurde diese Form des zwanglosen Beisammenseins abgelöst durch Abende mit Kartenspielen, gemeinsame Fernsehabende oder die sich immer weiter ausdifferenzierende Partykultur.

127
Damenkleid
Bremen (?), um 1898
Violetter Seidenrips und schwarze Spitzen-
applikationen, L. 160 cm
Focke-Museum Bremen
Inv. 1963.019
Lit.: Ausst. Kat. Im Gewand der Zeit, S. 80

Zur Selbstvergewisserung ihres gesellschaftlichen
Standes kultivierten insbesondere die Neureichen der
Gründerjahre einen pompösen Lebensstil, mit dem sie
sich dem Adel zu nähern glaubten. Alles war auf zur
Schau stellende Wirkung berechnet. Ebenso wie die
Wohnungseinrichtung hatte die aufwändige Garderobe gut situierter Frauen die soziale Funktion, den
von den Ehemännern erarbeiteten Wohlstand und
den gesellschaftlichen Rang der Familie zu betonen.
Dem Repräsentationsstil der Aristokratie im 18. Jahrhundert war auch die Ausdifferenzierung der Kleidung in Hausgewänder und Promenaden-, Besuchs-
oder Balltoiletten nachempfunden.
Qualität und Schnitt dieses zweiteiligen Kleides aus
leuchtend violettem Seidenrips lassen vermuten, dass
es zu offiziellen Anlässen, etwa Visiten, getragen
wurde. Der Mode zur Jahrhundertwende entsprechend ist das Kleid im Interesse einer gestreckten Li-
nienführung ohne größere Unterpolsterungen genäht.
Die erwünschten Kurvaturen wurden durch ein so genanntes Sans-Ventre-Korsett geformt, das, indem es
den Bauch eindrückte, Busen und Hinterteil vorschob.
Solche Betonung der Geschlechtlichkeit durch die Kleidung steht in einem krassen Gegensatz zum Verhalten, das von Damen der Gesellschaft in der Öffentlichkeit erwartet wurde. Denn die als kostbarste
Zierde präsentierten Gattinnen und Töchter sollten –
verhüllt von den Fußspitzen bis zu den Ohren – sittsam und scheu wirken, und durchaus ein wenig prüde.

128
Gottfried Josef Hofer (1858–1932)
Porträt der Dora Melchers
Bremen, 1889
Öl auf Leinwand, 124 x 81 cm
Focke-Museum Bremen
Inv. 1976.018
Lit.: Ausst. Kat. Kunst und Bürgerglanz, S. 128f.

Kühl, distanziert und hoheitsvoll – so charakterisiert
Gottfried Hofer in seinem Gemälde Dora Melchers,
geb. Adami. Der Maler hat die 30-Jährige vor einem
diffusen braun-goldenen Hintergrund als repräsenta-
tives Kniestück in Lebensgröße dargestellt. Dora war
die Ehefrau des Bertram Melchers, eines Teilhabers
des im Chinahandel viele Jahrzehnte führenden Han-
delshauses Melchers & Co. Damit gehörte das Paar
zur Bremer Oberschicht, deren Leben von einer Vielzahl gesellschaftlicher Veranstaltungen wie Soupers,
Empfängen, Teegesellschaften, Hausbällen und Visiten aller Art bestimmt war. So scheint auch das Porträt die aparte Frau in einer Aufbruchssituation zu zeigen: Die extravagante Kopfbedeckung ist aufgesetzt,
die Handschuhe liegen auf einem Tischchen bereit.
Zweifellos beherrschte Dora Melchers die strengen Etiketteregeln der Wilhelminischen Ära, die nicht nur in
der Öffentlichkeit, sondern auch privatim jede Form
von Nachlässigkeit, besonders in Kleiderfragen, ver-
pönten. Selbst im eigenen Haus war es etwa nur älteren Damen zugestanden, unter weit fallenden Kleidern, so genannten Teagowns, auf ein Korsett zu
verzichten, mit dem man sich eine so ranke Gestalt
erschnürte wie die der Dora Melchers. Das populäre
„Brevier der Damen" aus dem Jahr 1890 riet ein-
dringlich: „Verzichten Sie auch im Negligé nicht auf
das Corset! [...] Auch wenn das Negligé die Taille
nicht nachzeichnet, so wird es die Umwelt und vor allem den Herrn Gemahl schockieren, wenn es deutlich
wird, daß das Corset fehlt, ohne das die Dame das
Schlafgemach nicht verlassen sollte." (zit. nach Ausst.
Kat. Ein Ausstieg aus dem Korsett, S. 10)

130
Gottfried Josef Hofer (1858–1932)
Porträt der Agnes von Kapff
Bremen, 1899
Öl auf Leinwand
Focke-Museum Bremen
Inv. 1965.125
Lit.: Ausst. Kat. Kunst und Bürgerglanz, S. 131

Agnes von Kapff (1880–1969) gehörte dem Kreis der „Goldenen Wolke" an, einem Zirkel musisch interessierter junger Leute aus großbürgerlichen Bremer Familien. Der durch den Impressionismus inspirierte Maler Gottfried Josef Hofer zeigt die 19-jährige junge Frau in Rückenansicht, leicht nach links gewendet, gekleidet in eine silbrig flirrende, grün akzentuierte Balltoilette. Strahlt Dora Melchers auf ihrem zehn Jahre früher entstandenen Porträt vornehme Zurückhaltung aus, so Agnes von Kapff auf dem ihren beschwingte Jugendlichkeit. Nur zu wenigen gesellschaftlichen Anlässen war eine so großzügig ausgeschnittene Garderobe, wie das Fräulein von Kapff sie in koketter Drehung vorführt, statthaft – Diners, Theaterveranstaltungen u. Ä. verlangten weit mehr Dezenz in Kleiderfragen. Bälle und andere Tanzveranstaltungen erlaubten tief dekolletierte oder gar schulterfreie Toiletten, welche die „schönste Linie der Frau", den Armansatz freigaben. Doch mahnt von Baudissin in seinem „Goldenen Buch der Sitte" zur Vorsicht: „Nur die Frau, die einen schön geformten Nacken und Hals, zarte Haut und schöngebildete Arme besitzt, darf sich ungestraft den beobachtenden Blicken aussetzen" (von Baudissin, Nr. 290).

129
Abendkleid
Um 1910
Elfenbeinfarbene Litzenspitze, rosafarbener Samt, Perlstickerei
Focke-Museum Bremen
Inv. 1978.241
Lit.: Ausst. Kat. Spitze, S. 140; Ausst. Kat. Im Gewand der Zeit, S. 88

Diese Abendtoilette, die nach mündlicher Überlieferung für einen Berliner Hofball angefertigt wurde, spricht für Geschmack und Eleganz ihrer Trägerin. Das Kleid ist frei von den modischen Exzessen der Gründerjahre, meidet aber auch die reizlose Strenge vieler Reformkleider. Es ist ohne Nähte ganz aus Spitze gearbeitet, die aus Flechtbändchen zu Motiven geformt und mit Stegen verbunden sind. Kostbar gestaltet ist auch das Mieder mit Perlstickerei auf Tüllgrund.
Die Teilnahme an einem hochrangigen gesellschaftlichen Ereignis, wie es ein Hofball war, verlangte eine besondere Robe, für die das Kleiderreglement ein Dekolleté für die Damen gleich welchen Alters bindend vorschrieb (vgl. von Baudissin, Nr. 296). Wie groß der Ausschnitt ausfiel, war aber in das Ermessen der Einzelnen gestellt. Die Trägerin dieser Balltoilette jedenfalls hat ein sehr glückliches Augenmaß bewiesen.

131

Johann Peter Hasenclever (1810–1853)
Die Teegesellschaft, 1850
Öl auf Leinwand, 97 x 152 cm
Stiftung Preußische Schlösser und Gärten Berlin-
Brandenburg
Inv. GKl 793
Lit.: Soiné, S. 192ff., S. 307, Nr. 217

In einem herrschaftlichen Saal hat sich eine größere
Anzahl Gäste zu einer Teegesellschaft zusammengefunden. Man steht oder sitzt in kleineren Grüppchen,
lauscht oder tauscht tuschelnd Neuigkeiten aus. Im
Hintergrund stoßen zwei Herren gerade mit ihren Teetassen an. In den beiden hat sich Hasenclever selbst
mit einem Freund dargestellt, als Künstler außerhalb
der bürgerlichen Gesellschaft. Im Mittelpunkt des Geschehnes steht die musikalische Darbietung der jungen Hausfrau. Am Flügel accompagniert sie intoniert sie
das Lied „Ob ich dich liebe". Offen bleibt, ob diese Botschaft dem zackigen Offizier gilt, von dem sie feurige
Blicke empfängt, oder ihrem Gatten, der vor dem Flügel in einen Sessel gesunken ist. Für viele Zeitgenossen war Hasenclever ein gemütvoller Schilderer geselliger Interieurszenen, aber er war zugleich ein Satiriker, der den Dargestellten karikaturhafte Züge verlieh wie in diesem Gemälde dem Hausherrn und
Gastgeber. In dieser Figur scheint Hasenclever den
Typ des Gründerzeit-Parvenüs antizipiert zu haben: ein
zu Geld gekommener Bürger, der, orientiert an den Repräsentationsformen adliger Leitbilder, stolz seinen
Besitz vorführt, inklusive der musizierenden Gattin.
Mit ausgebreiteten Armen und verklärtem Blick lässt
der gut genährte Herr die Musik auf sich wirken. Dass
der Sohn vor ihm die aufgesetzte Gestik nachahmt,
lässt den Vater noch dämlicher aussehen.
Ein Jahrhundert vor Hasenclever hatte William Hogarth
das satirische Motiv des repräsentierenden Emporkömmlings in die Malerei eingeführt. In den durch
die Reproduktionsgrafik auch in Deutschland bekannt
gewordenen Gemäldezyklen „A Rake's Progress" und
„Marriage à la mode" finden sich Szenen mit neureichen Protagonisten, die „Hof halten" (vgl. Kat. 111).
Hogarth'sche Anleihen im Werk Hasenclevers belegen
dessen intensive Auseinandersetzung mit dem Engländer.

132

Damenhandschuhe

Leder, Leinen, Seide und Baumwolle, gehäkelt und
gestrickt, Filetarbeit, Kunstfaser
Bremen, 19. und 20. Jh.
Focke-Museum Bremen
Inv. 1937.020a, 1963.063b, 1963.006f, 1967.146,
1968.077, 1982.274, 1983.675, 1985.073,
1985.344c, 1985.344e, 1986.945, 1986.946

Heute dienen Handschuhe dem Schutz vor Kälte, In-
fektionen und Verletzungen, oder sie werden – selten
– als modisches Accessoire eingesetzt. Alle diese Funk-
tionen besaßen Handschuhe auch im 19. Jahrhundert. Anders als heute war es für Damen der höheren
gesellschaftlichen Schichten jedoch unerlässlich, sie
zu tragen. Bis zum Zweiten Weltkrieg galt es als grobe
Nachlässigkeit, im Freien die Hände nicht zu bede-
cken; hinter diesem Etikettegebot stand sicherlich das
Ideal der weißen Haut ebenso wie der schlichte
Wunsch, sich nicht die Finger zu beschmutzen. Tags-
über trug man kurze, aber bis zum Ärmelsaum rei-
chende Handschuhe, bei Abendgesellschaften, in der
Oper und beim Ball sehr lange, an den Handgelen-
ken geknöpfte Exemplare aus feinem Antilopen- oder
hautfarbenem Ziegenleder (vgl. Ausst. Kat. Anziehungskräfte, S. 181). Zu Beginn des 20. Jahrhunderts
waren Handschuhe in einer schier unendlichen Vielzahl von Mustern, Materialien und Verzierungen im
Handel. Fingerlose Halbhandschuhe wurden jedoch
nur noch von älteren Damen bevorzugt.

133

Damenhut

Um 1880
Samt mit Gold- und Silberstickerei und Feder-
applikationen, Dm. 17 cm
Focke-Museum Bremen
Inv. 1938.014

Die Geschichte des Damenhutes als beliebtes Accessoire ist recht jung. Erst seit Ende des 18. Jahrhunderts komplettiert er den modischen Auftritt – vorher
gaben breitkrempige Männerfilzhüte den Damen auf
Reisen und bei der Jagd Schutz vor Schmutz und
Nässe. Im 19. Jahrhundert verhielt es sich dann mit
den Hüten wie mit den Handschuhen: Eine Frau, die
das Haus verließ, zur Visite, zum Einkauf oder zur Promenade, galt nur mit Kopfbedeckung als komplett be-
kleidet.
Die Hutmacherei war Sache der Putzmacherin. Bei deren Beruf handelte es sich um eine zwar schlecht be-
zahlte, doch wegen seiner kreativen Möglichkeiten
von vielen jungen Mädchen erstrebte Erwerbsarbeit.
Extravagante Kopfbedeckungen wie dieser kleine Hut,
in dessen Gestaltung sogar ein ausgestopftes Vögel-
chen integriert ist, sind Zeugnisse einer schier über-
bordenden Fantasie und übten auf viele Damen eine
unwiderstehliche Wirkung aus.

134
Tanzkarte und gedruckte Einladungskarten
Bremen, Mitte 19. Jh. bis Anfang 20. Jh.
Lithografien mit handschriftlichen Eintragungen
Focke-Museum Bremen
Inv. 2009.10, J.1251, K.0948, 1998.265

Schriftliche Einladungen zu den verschiedensten geselligen Veranstaltungen und gesellschaftlichen Ereignissen, die unbedingt schriftlich beantwortet werden
mussten, geben einigen Aufschluss über die Größe,
den Wohlstand und den gesellschaftlichen Status des
zu Gast bittenden Haushaltes. Ein kleiner Kreis bevorzugter Hausgäste wurde handschriftlich geladen;
handelte es sich um einen Jour fixe, so sprach man
die Einladung einmal, für die ganze Saison geltend
aus. Für die Einladung an einen größeren Personenkreis gab es ein differenziertes Angebot von lithografierten Vordrucken für Veranstaltungen wie „Thee &
Abendessen", „Kohlpartie", „freundschaftliches Mittagessen", „fröhliches Beisammensein" oder „Lustfahrt
nach Bremerhaven", in die Adressat, genauer Zeitpunkt und Gastgeber handschriftlich eingetragen
wurden. Einem solchen Kärtchen ließ sich aber auch
entnehmen, dass Festlichkeiten in diesem Haushalt
eher selten waren. Gedruckte Karten mit einem Text
wie „Oscar Trefftz und Frau beehren sich ... für ... um
... Uhr ... zum ...ergebenst einzuladen." lassen vermuten, dass Herr und Frau Trefftz ein sehr gastfreundliches, mit gesellschaftlichem Leben erfülltes Haus
führten. Individuell gedruckte Karten wurden sicherlich auch als eine Art Statussymbol versandt, zumal
wenn die einladende Adresse so klangvoll wie „auf
meinem Vorwerke am Rueten" zu benennen war.

135
James Gillray (1757–1815)
A Decent Story, 1795
Radierung, koloriert, 24,8 x 34,6 cm
Wilhelm-Busch-Museum Hannover
Deutsches Museum für Karikatur und kritische
Grafik
Lit.: Ausst. Kat. Gillray, Kat. 65, S. 212

James Gillray war zu Beginn des 19. Jahrhunderts
zum Inbegriff politischer Bildsatire geworden. Eine
gleich spitze Feder verwandte er auf allgemeine gesellschaftliche Sujets wie Modetorheiten oder peinliche Entgleisungen der vermeintlich feinen Leute. Ein
Reiz gesellschaftlicher Zusammenkünfte bestand im
18. Jahrhundert ebenso wie im 19. und 20. Jahrhundert in der Gelegenheit zum Austausch von Neuigkeiten, vom harmlosen Klatsch bis zur hämischen und
üblen Nachrede. Fünf Personen haben sich hier zu
einem Glas Wein am Tisch versammelt, um sich, wie
der Titel besagt eine anständige (decent) Geschichte
zu erzählen, in Wirklichkeit aber wohl eine recht
zweideutige. Die Gesten und Blicke sind sehr beredt:
Sie deuten an, was nicht mehr ausgesprochen zu werden braucht.

Waiting on the Ladies

136
George Cruikshank (1792–1878)
Waiting on the Ladies, 1816
Radierung, koloriert, 27 x 42 cm
Wilhelm-Busch-Museum Hannover
Deutsches Museum für Karikatur und kritische
Grafik
Inv. KG 1543/81
Lit.: Ausst. Kat. Cruikshank, S. 237f.

Während eines Balls machen sich drei Kavaliere an-
heischig, zwei Damen mit Erfrischungen und Kompli-
menten zu versorgen. Diese beiden verfügen über
keine besonderen körperlichen Vorzüge: Sind die Beine der einen zu krumm, so die der anderen zu fett.

Auch ihre Physiognomien sind nicht eben als edel
zu bezeichnen. Schlimm treiben es die Herren: Mit
Stielaugen glotzt der Galan ganz rechts auf den üp-
pigen Busen der vor ihm sitzenden Dame. Ein gut-
mütiger John Bull bietet der Dame in der Mitte einen Imbiss an, hat aber bereits den eigenen Mund
vollgestopft. Der Beau-Brummell-Typ links vollführt
eine so übertriebene Verbeugung, dass er mit seinem Hinterteil einen Diener gegen eine ältere
Dame katapultiert, die ihrerseits vom Stuhl kippt.
In dieser Karikatur zeigt sich Cruikshanks ausge-
prägte Lust an Situationskomik, aber auch sein wa-
cher Blick für modische Extravaganzen und die Ver-
haltensabsonderlichkeiten der gesellschaftlichen
Elite.

Inconveniences of a Crowded Drawing Room

137
George Cruikshank (1792–1878)
Inconviniences of a Crowded Drawing Room, 1818
Radierung, koloriert, Blatt 25,5 x 35,6 cm
Staatliche Museen zu Berlin, Kunstbibliothek
Inv. Lipp 96, 22
Lit.: Ausst. Kat. Cruikshank, Kat. 168, S. 244

Unförmige Menschenleiber quetschen sich durch eine schmale Tür in einen Raum, der bereits mit zahlreichen wartenden Personen in glanzvollen Roben und Uniformen überfüllt ist. Dieses Gedränge mit am Boden zertrampelten Accessoires und zerrissenen Kleidern resultiert aus dem dringenden Wunsch der Anwesenden, an einem der drei- bis viermal im Jahr stattfindenden Empfänge bei Königin Charlotte im Buckingham-Palast teilzunehmen. Dafür geben sie alles und nehmen alles in Kauf. Cruikshank lässt in dieser Karikatur keinen Zweifel an seiner Verachtung für die eitle Gesellschaft und deren oberflächliche Betriebsamkeit.

Breaking Up —

138
George Cruikshank (1792–1878)
Breaking Up, 1826
Radierung, koloriert, Blatt 22,3 x 27,1 cm
Staatliche Museen zu Berlin, Kunstbibliothek
Inv. Xd8-41

Im geräumigen Schulzimmer eines offensichtlich vornehmen Hauses wird eine größere Gruppe von Jungen und Mädchen auf den gesellschaftlichen Ernst des Lebens vorbereitet. Die Mädchen sind mit Feuereifer beim Tanzunterricht, üben sich in Anmut und Grazie, lüpfen die Röckchen und setzen die Füßchen, ganz so wie sie es später einmal bei der Quadrille zeigen sollen. Die Jungen im Hintergrund spielen ihrem Lehrer einen dummen Streich, indem sie seinen Hinterkopf mit Federn spicken, wofür sie von einer hageren alten Frau streng gerügt werden. Stärker als den Kindern hat Cruikshank den am rechten und linken Bildrand dicht gedrängt sitzenden und stehenden Erwachsenen karikierende Züge gegeben: Es sind Gestalten mit dumm-dreisten Visagen, die sich keine Zurückhaltung auferlegen, sondern blasiert oder mit ungezügelter Begeisterung umherschauen und der Veranstaltung offenbar eine große Bedeutung beimessen.

In der Öffentlichkeit

„In volksreichen, großen Städten kann man am allerunbemerktesten

und ganz nach seiner Neigung leben;

da fallen eine Menge kleiner Rücksichten weg …"

Zur Maßgabe angemessenen Verhaltens im öffentlichen Raum bestimmte bereits ein Mandat des Göttinger Rates von 1464 vor allem die Kontrolle der Affekte. Hier heißt es, wer abends auf die Gasse gehe, „de schal hovischen gan und nicht jucheyen stormen schrigen noch mit hornen blasen noch unstur driven" (zit. nach Schubert, S. 157). Ganz ähnlich lautend wurde 500 Jahre später in der Etiketteliteratur Rücksichtnahme eingefordert: „Ebenso ist es nicht möglich, auf der Straße zu singen, zu pfeifen oder zu schreien, auch nicht, wenn man einen leichten Schwips hat." (Horn, S. 203) Als Zeichen mangelnder Selbstbeherrschung war, zumindest in Deutschland, noch bis weit in das 20. Jahrhundert hinein ebenfalls die beiläufige Nahrungsaufnahme auf der Straße tabuisiert – auch hier finden sich frühe Entsprechungen, am deutlichsten in den Anweisungen des Erasmus zur Triebunterdrückung: „Aliquuntisper morandum, ut puer assuescat affectui temperare – Es ist gut, ein bisschen zu warten, (mit dem Essen) damit der Knabe sich gewöhnt, seine Affekte zu beherrschen." (Elias, I, S. 209) Besonders in den Etikettebüchern der Wilhelminischen Ära wurde das Essen auf der Straße als „plebejische" Untugend gerügt, in der sich die Distanz zu den Gebildeten offenbare, welche als Zeichen feiner Lebensart ihre Bedürfnisse aufzuschieben gewohnt seien (vgl. Schürmann, S. 43).

Nun verletzte dieser Regelverstoß eine weitere, im Deutschen Kaiserreich virulente Norm, nämlich die der Unauffälligkeit. Der Sensibilisierung für alles Auffallende entsprach eine bis zur Unnahbarkeit gesteigerte Anpassung an herrschende Konventionen, besonders was die kritisch beäugten Auftritte in der Öffentlichkeit betraf. Fast 20 Seiten widmet Ebhardt dem Verhalten „Auf der Straße und Promenade", in großen Teilen minutiöse Schilderungen dessen, was zu unterlassen sei. Enge Grenzen waren vor allem jungen Mädchen gesetzt, für die sich die Promenade selbst in Begleitung einer Erzieherin nur zur Erhaltung der Gesundheit und nicht um des Vergnügens willen schickte und die deshalb vormittags zu absolvieren war (Ebhardt, S. 567).

Dabei handelte es sich bei der Promenade um eine für bürgerliche Schichten recht moderne, durchaus für die gefällige Selbstdarstellung genutzte Art des Müßigganges. Für sie war das Promenieren oder Spazieren, abgeleitet vom lateinischen „spatior", als ein zweckfreies, allenfalls der Gesundheit dienendes Lustwandeln gegen Ende des 18. Jahrhunderts zu einer neuen Erfahrungswelt geworden. Von den Flaneuren bevorzugte innerstädtische Orte waren die öffentlich zugänglichen Parkanlagen, die in Metropolen wie London und Paris als Begegnungsstätten der Oberschicht an den Eingängen bewacht wurden und somit bestimmten Bevölkerungsgruppen verwehrt blieben (Ausst. Kat. Ridikül, S. 144). Wie die intimeren Schauplätze geselligen Verkehrs, etwa das Kaffeehaus oder das Theater, waren sie Orte öffentlicher Repräsentation. Sie innerhalb der Woche zu frequentieren, dokumentierte die Zugehörigkeit zu einer sozialen Schicht, die nicht der Notwendigkeit einer Erwerbsarbeit unterlag.

Früher und aufwändiger als in den meisten anderen deutschen Städten hatte man in Bremen Bastionen und Wälle zu öffentlichen Gärten und „Spaziergängen", so der zeitgenössische Begriff für Spazierwege, umgestaltet, die dem Bürger den Genuss landschaftlicher Schönheit und körperliche Bewegung ermöglichten. Diese Erholungsräume waren offensichtlich so gut besucht, dass einige Flaneure eine Verhaltensänderung auf den Promenaden initiierten und diese in einer Anzeige der „Bremer Wöchentlichen Nachrichten" vom 26. April 1819 bekannt gaben. Die uns heute grotesk anmutende Benachrichtigung belegt die normative Potenz tradierter Grußsitten: „Es hat sich eine Anzahl hiesiger Einwohner vereinbart, auf den Spaziergängen das Hutabnehmen einzustellen, sich dagegen nur mit einer mäßigen Verbeugung zu begrüßen. Indem diese Vereinbarung hierdurch bekannt gemacht wird, hofft man nicht allein, daß Niemand wegen dieser Begrüßung Anstoß nehmen werde, sondern wünscht auch, daß diese Vereinbarung täglich allgemeiner werden möge."

143
Franziska von den Driesch (geb. 1981)
... Narzissus und die Tulipan ..., 2009
Franziska, Pia, Tom-Steffen
Inkjetprints, 18 x 24 cm bis 45 x 60 cm
Privatbesitz

In ihrer elf Aufnahmen umfassenden Fotoserie „... Narzissus und die Tulipan, die ziehen sich viel schöner an
..." zeigt von den Driesch Jugendliche am Tag ihrer
Konfirmation im ländlichen Raum des westfälischen
Münsterlandes. Sie hat sie in einem kurzen Moment
des Übergangs von der Kindheit ins Erwachsenenle-
ben porträtiert: im eigenen Zimmer, das noch ein mit
stereotypen Objekten kindlicher Gefühlswelten aus-
gestattetes, bergendes „Nest" ist, aber auch schon
Brüche im Prozess des Erwachsenwerdens dokumentiert. Ganz unreflektiert scheinen die Konfirmanden
ihre neue Rolle in der Gesellschaft mit der Akzeptanz
traditioneller Festkleidung und mit klassischen Posen
der Selbstdarstellung für die – von der Fotografin geschaffene – Öffentlichkeit zu verbinden. Sie wirken
nun seltsam offiziell, fremd und deplaziert im zu eng
gewordenen „Kokon" Kinderzimmer.

144
Daniel Müller-Jansen (geb. 1978)
Eins werden, 2009
Inkjetprints, 60 x 50 cm
Privatbesitz

Ebenso wie die Fotoserie „Narzissus und die Tulipan"
ist dieser aus neun Aufnahmen bestehende Zyklus
von Daniel Müller-Jansen als Auftragsarbeit zum
Thema „In der Öffentlichkeit" für das Ausstellungspro-
jekt „Manieren – Geschichten von Anstand und Sitte
aus sieben Jahrhunderten" entstanden. Müller-Jansen
hat dem Verhalten von Menschen im öffentlichen
Raum nachgespürt, insbesondere an kulturtouristisch
interessanten Orten. Dabei hat er performanceartige
Handlungen in den Fokus genommen, die als solche
den Agierenden gar nicht bewusst sind. Dem Betrachter werden Handlungsmuster in der Aneignung
von Orten vor Augen geführt – ein ephemeres „Eins
werden" von Person und Raum –, die ebenso rituellen
wie authentischen Charakter besitzen. Indem Müller-
Jansen selbstvergessene Darbietungen in ein Bild
überführt, wird die flüchtige Aktion zur Inszenierung.

145
Tom Wood (geb. 1951)
Between Liverpool and Southport, 1981
Aus „Bus Odyssey", 2001
Gelatine Silber Print, 28 x 42,5 cm
Sammlung Bernd F. Künne

146
Tom Wood (geb. 1951)
Out from Town, 1986
Aus „Bus Odyssey", 2001
Gelatine Silber Print, 30 x 44,5 cm
Sammlung Bernd F. Künne

147
Tom Wood (geb. 1951)
Kirkby, 1986
Aus „All Zones Off Peak", 1998
Gelatine Silber Print, 28 x 43,5 cm
Sammlung Bernd F. Künne
Lit.: Ausst. Kat. Bus Odyssey, S. 111ff.

Über zwei Jahrzehnte lang widmete sich Tom Wood den Aufnahmen seines so genannten Busprojektes, die er in den Büchern „All Zones Off Peak" (die Bezeichnung für ein außerhalb der Stoßzeiten gültiges Ticket) und „Bus Odyssey" zusammenfasste. Mit diesen Fotografien schafft Wood ein Bewusstsein für öffentliche Räume, die vor allem von der Tristesse urbaner Wirklichkeit geprägt sind. Die Menschen, die Wood in den Liverpooler Bussen porträtiert, benutzen den Transport, um an einen bestimmten Zielort zu gelangen; die Fahrt selbst bietet keinerlei Annehmlichkeiten einer vergnüglichen Spazierfahrt. Darauf reflektiert auch der Titel „Bus Odyssey" – die immer gleichen Etappen einer freudlosen Reise unter widrigen Umständen. Wood benutzte für seine Aufnahmen eine Leica mit leisem Verschluss – so konnte er weitgehend unbemerkt fotografieren und fing die Menschen zumeist in sich versunken ein, jeden Blickkontakt zu den Mitfahrenden vermeidend, wie um sich in der erzwungenen körperlichen Nähe einen Rest mentaler Distanz zu bewahren. Nur selten reagieren die Porträtierten auf den Fotografen mit einer bewusst eingenommenen Pose, wie sie die sorgfältig für den Gang in die Öffentlichkeit zurechtgemachte alte Dame im Bild „Out from Town" demonstriert.

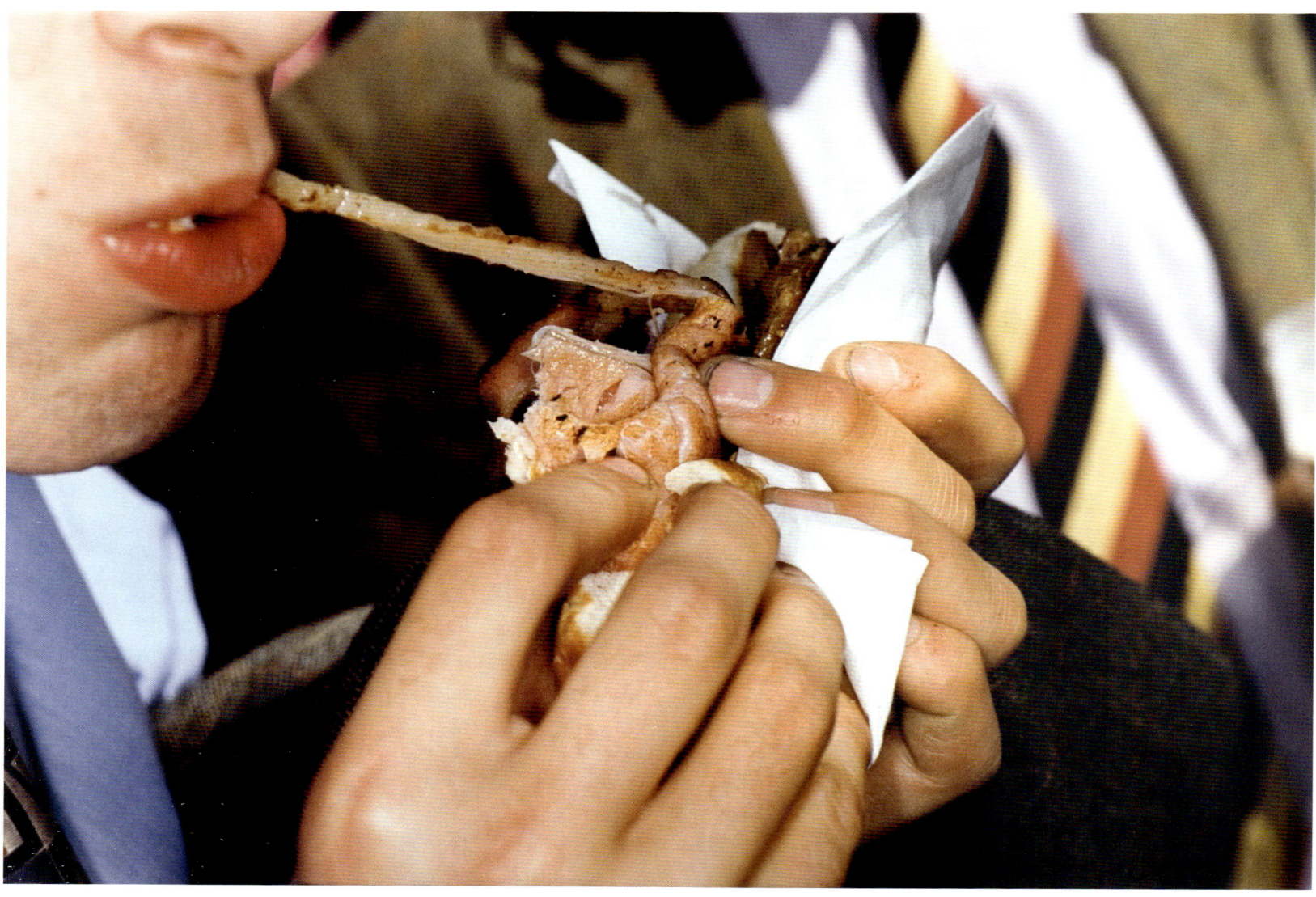

148
Martin Parr (geb. 1952)
Badminton, Gloucestershire
Aus der Werkgruppe „Think of England", 1996–2000
C-Print, 49 x 74cm
Kunsthalle Bremen – Kupferstichkabinett – Der
Kunstverein in Bremen
Inv. 2000/299

149
Martin Parr (geb. 1952)
Scottish Food, 1997
C-Print, 49 x 74 cm
Kunsthalle Bremen – Kupferstichkabinett – Der
Kunstverein in Bremen
Inv. 2000/302

150
Martin Parr (geb.1952)
Ohne Titel
Aus der Werkgruppe „Common Sense", 1997
C-Print, 49 x 74 cm
Kunsthalle Bremen – Kupferstichkabinett – Der
Kunstverein in Bremen
Inv. 2000/303

In England haben Fast Food und das Essen auf der Straße bereits eine längere Tradition, die um 1870 mit dem Schnellgericht Fish and Chips ihren Anfang nahm. Diese direkt aus dem Zeitungspapier gegessene Mahlzeit stand in keinem guten Ruf, sondern wurde mit Slums und Proletariat, mit Gestank und mangelnder Hygiene gleichgesetzt (Walton, S. 137–148). Noch bis heute bestehen gesellschaftliche Vorbehalte gegenüber dem beiläufigen Essen warmer Speisen mit den Fingern, vor allem auf der Straße.

Im großen Format und in greller Farbigkeit widmet sich Martin Parr der Wiedergabe einer genau beobachteten alltäglichen Realität mit gnadenloser, provozierender Deutlichkeit. Das Zerren mit den Zähnen an einem gebratenen Speckstreifen, die auf einer Serviette verteilte Mahlzeit aus fettigen Pommes und panierten Fleischbrocken oder die aus der Hand gegessene kalte Kartoffel wirken in der von Parr gewählten Nahsicht, monströs, widerwärtig und haben ihm den Vorwurf des Voyeurismus eingetragen. Mitte der 1980er-Jahre wurden viele seiner Arbeiten als soziale Grenzüberschreitungen wahrgenommen (Williams, S. 10). Parr hingegen sieht die Aufnahmen motiviert von seinem brennenden Interesse an unterschiedlichen Ausdrucksformen sozialen Verhaltens, entsprechend seinem Selbstverständnis als genauer und somit notwendig indiskreter Dokumentar heutiger Alltagskultur.

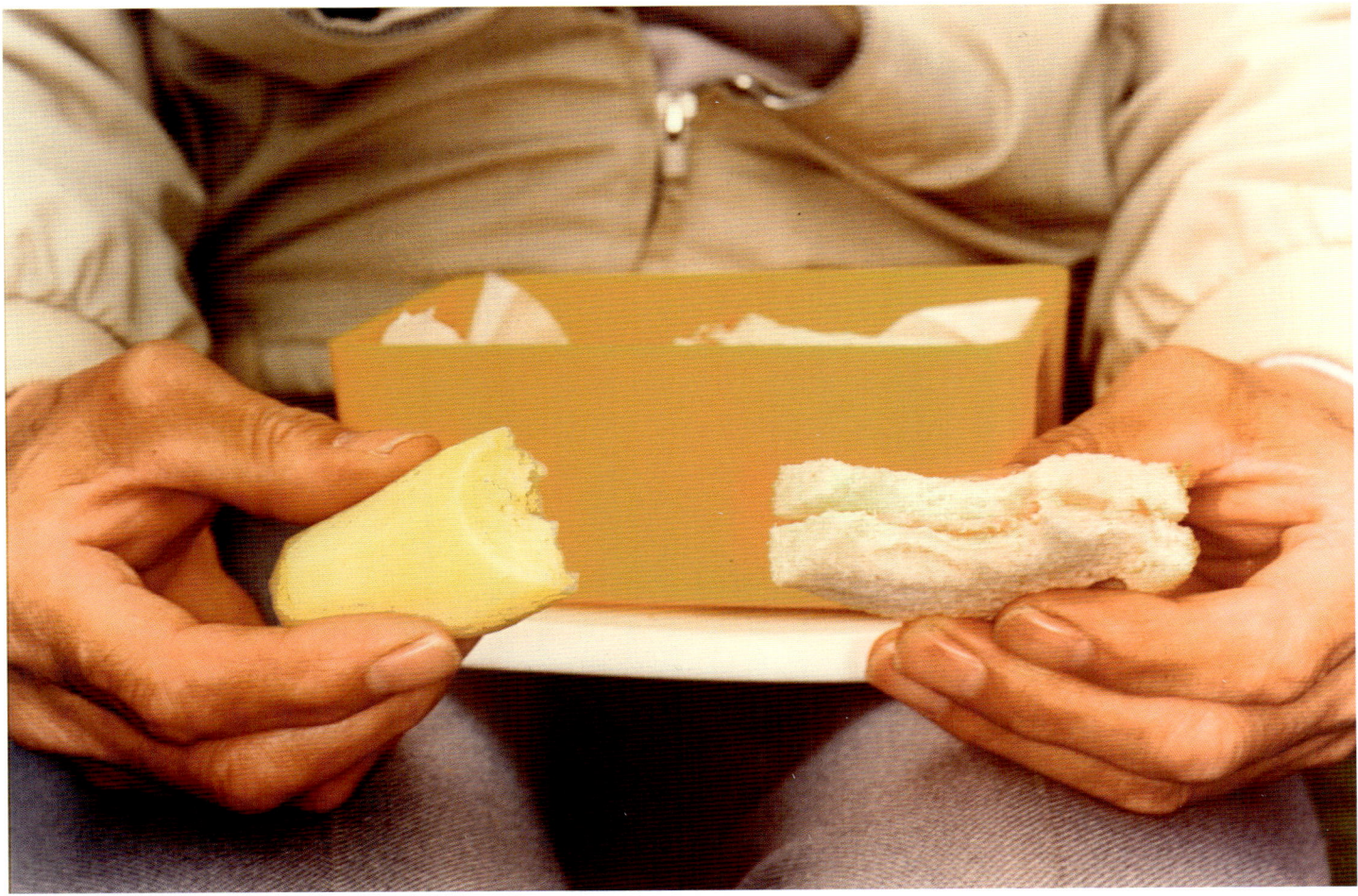

In Abhängigkeit

„Rechne also weder auf die Zuneigung und Achtung noch auf freiwillige Folgsamkeit derer,

die Dir unterworfen sind ...“

Zu den von Hierarchien und Abhängigkeiten geprägten Verhältnissen zählen das zwischen Vorgesetztem und Untergebenem,
Herrn und Diener genauso wie die von Verantwortung und Gehorsam bestimmten innerfamiliären Strukturen.
„Spiel nicht in deinem Haus den Löwen/ vor dem sich deine
Knechte fürchten müssen“, ist im Buch Jesus Sirach zu lesen, einer um 180 v. Chr. entstandenen Spruchsammlung (Sir. 4.30).
Solche gleichsam überzeitlich gültige Mahnung zur Affektkon-
trolle kann aber nicht darüber hinwegtäuschen, dass bis weit ins
19. Jahrhundert die Dienerschaft weitgehend rechtlos den An-
sprüchen und Launen ihrer Herrschaft ausgesetzt war.
Knigge lässt in seinen Ausführungen zu einem angemessenen
Umgang mit Dienern eine wohlwollende Einstellung erkennen,
die aber nicht die Autorität und Dominanz des Herrn in Frage
stellt. „So sehr ich nun einen freundlichen, liebreichen Umgang
mit seinen Bedienten anrathe, so wenig kann ich es billigen,
wenn man sich ihnen vorsätzlicher Weise in allen seinen Blößen
zeigt, sie zu Vertrauten in heimlichen Angelegenheiten macht,
[...] wenn man alle Gewalt über sie und alles Ansehen freiwillig
aufgibt und sich zu Familiaritäten und übertrieben vertraulichen
Scherzen mit ihnen herablässt.“ (Knigge, S. 216, 2.7.4.)

In seiner 1834/35 veröffentlichten „Schule der Höflichkeit“ hält
Carl Friedrich von Rumohr zahlreiche Hinweise für die dienen-
den Berufsstände bereit, obgleich sie kaum zu den Lesern dieses
Standardwerks der Etiketteliteratur gehörten. Hier empfiehlt der
selbst ernannte „practische Aesthetiker“ den Bediensteten, ein
Gespür für die eigene Rolle zu entwickeln und selbst durch das
Verhalten Hierarchien sichtbar zu machen. „Nach einer allgemeinen Forderung, von welcher das Schönheitsgefühl nie abgeht,
soll das äußere Benehmen mit dem Verhältnisse, dem es angemessen ist, durchaus übereinstimmen. Hieraus folgt, daß, bei wesentlicher Unterordnung den Anschein von Gleichstellung zu suchen, völlig geschmacklos ist.“ (von Rumohr, Bd. 1, S. 79)
Nun war jede Form von Insubordination ohnehin ein hart ge-
ahndeter Tabubruch. Doch solange im prüden Wilhelminischen
Deutschland der Herr sich vor seinem Kammerdiener entkleiden
mochte, die Dame vor ihrer Zofe, ohne Scham zu empfinden,
wurden Bedienstete auf ihre Funktion reduziert, als menschliche
Individuen nicht einmal wahrgenommen – dies bewusst zu er-
tragen kam wohl Selbstverleugnung gleich.

In punkto Unterordnung waren selbst halbwüchsige Kinder im elterlichen Haushalt den Dienstboten zu vergleichen. Das Abhängigkeitsverhältnis wurde jedoch seit dem Übergang vom Spätmittelalter zur Neuzeit durch eine stärker wahrgenommene Fürsorgepflicht ergänzt, die sich an neuen, von Humanisten und Reformatoren getragenen Erziehungs- und Bildungsidealen orientierte (Ausst. Kat. Milchbrei und Rute, S. 9ff.). Prägender literarischer Text der frühen Neuzeit wurde die 1530 edierte Erziehungsschrift „De civilitate morum puerilium" des Erasmus von Rotterdam, die sich an Heranwachsende richtet und Anweisungen zur Selbstdisziplinierung enthält. Auch die Bedeutung der Familie wurde neu definiert als Trägerin von sittlicher und intellektueller Bildung.

Mit welchem Aufwand im 18. Jahrhundert hehre Bildungsziele verfolgt wurden, zeigen die 385 Briefe des Philip Dormer Stanhope, vierter Earl of Chesterfield (1694–1773) an seinen illegitimen Sohn Philip Stanhope (1732–1768). Über einen Zeitraum von 31 Jahren versuchte der Earl, die Entwicklung seines Sprösslings zu steuern, wohl um den Makel der unehelichen Geburt durch eine sorgfältige Bildung wettzumachen, an der diverse Hauslehrer ebenso wie italienische Tanzmeister beteiligt waren.

Geläufige Manieren und Leichtigkeit im Umgang mit aller Welt sollten dem jungen Stanhope einen Zugang zu den ersten Kreisen eröffnen und eine politische Karriere ermöglichen, wie sie der Vater selbst durchlaufen hatte. Philip Dormer Stanhope pflegte ein scheinbar liberales Verhältnis zu seinem Sohn. In einem 1746 verfassten Brief versichert er dem Halbwüchsigen, seine Vergnügungen nicht einschränken und ihm lediglich als nachsichtiger Freund Ratschläge erteilen zu wollen, verweist dann aber auf die pekuniäre Unmündigkeit des Sohnes: „Ich will dir daher nicht einmal einen Wink davon geben, daß du schlechterdings von mir abhängst und keinen Schilling in der Welt hast, noch haben kannst." (Stanhope, S. 41, Brief vom 4.10.1746) Ein Jahr später schließlich beharrt er mit harschen Worten auf kindlicher Gehorsamspflicht: „Sollten wir jemals in Streit geraten, so verlaß dich wegen der Aussöhnung nicht auf eine Schwäche meiner Natur, wie Kinder sich oft darauf verlassen und sie auch bei einfältigen Eltern antreffen. Ich habe an mir keine solche Schwachheit. Da ich mich nun niemals mit dir veruneinigen werde, außer wegen wesentlicher Stücke, so werde ich, wenn wir einmal in Streit kommen, niemals vergeben." (Stanhope, S. 64, Brief vom 18.12.1747)

151

Simon Peter Tilmann (1601–1668)
Die Kinder des Ratsapothekers, 1647
Öl auf Leinwand, 142 x 170cm
Focke-Museum Bremen
Inv. 1972.004
Lit.: Ausst. Kat. Kunst und Bürgerglanz, S. 39f.

Im Jahre 1647 ließ der Bremer Kaufmann und Rats-
apotheker Heinrich d'Erberfeld ein Gruppenporträt
seiner vier Kinder malen. Der mit dem Bildnis beauf-
tragte Simon Peter Tilmann schilderte die beiden
Jungen und Mädchen in einer Weise, die uns einige
Aufschlüsse über jene kindliche Tugendhaftigkeit gibt,
die im 17. Jahrhundert als Ergebnis einer erfolgrei-
chen Erziehung angestrebt wurde. In den kostbaren
Gewändern, dem Jagdkostüm des Älteren allemal,
ebenso wie im heroischen Landschaftsausschnitt,

vor den die Kinder gestellt sind, spiegelt sich ausgeprägtes Standesbewusstsein. Der achtjährige Philipp
d'Erberfeld präsentiert mit ernstem Blick einen erleg-
ten Hasen. Dieses ängstliche und paarungsfreudige
Tier ist in der Bildkunst ein altes Symbol für Furcht
und Lasterhaftigkeit. Beides will er, so scheint uns
der Junge zu signalisieren, überwinden. Den beiden
lieblreizenden mit Perlen und Blumen geschmückten
Töchtern ist ein Lamm zugeordnet, das einen von
Sanftmut und Folgsamkeit bestimmten Tugendkanon
versinnbildlicht. Der jüngere, dem Gebaren nach tem-
peramentvollere Sohn der d'Erberfelds trägt in seinem
Arm ein Nest mit vier Jungvögeln, den Geschwistern
in der Anzahl entsprechend. Steht die Hege der Vögel
für die sorgsame Erziehung, so kann das Nest als
Hinweis auf die Geborgenheit und Schutz spendende
Familie gesehen werden.

152

Karl Kirchner (1822–1869)
Der Geburtstag des Vaters, 1848
Öl auf Leinwand, 80 x 109 cm
Focke-Museum Bremen
Inv. 1992.188
Lit.: Ausst. Kat. Kunst und Bürgerglanz, S. 92

Wie sehr Familienfeste und die damit verbundenen Rituale von hierarchischen Strukturen geprägt sind, zeigt die Szenerie im Wohnzimmer der vielköpfigen Familie Schröter. Der Vater – es handelt sich um den wohlhabenden Bremer Klavierlehrer und Musikalienhändler Carl Friedrich Schröter (1803–1883) – feiert seinen 45. Geburtstag, so ist der gerade übergebenen Grußbotschaft „Zum Geburtstag unseres guten Va-

ters, den 22. Dec. 1848" zu entnehmen. Nun empfängt er mit dem Ausdruck wohlwollender Strenge seine Kinderschar zur Gratulationscour, die vom älteren Sohn als dem „ranghöchsten" Kind angeführt wird. In respektvoller Haltung und mit durchgedrücktem Rücken trägt dieser seinen Text vor, von der Schwester soufflierend unterstützt. Die Mädchen sind für das Decorum und die schönen Künste zuständig. Gleich wird die jüngste Tochter einen Blumenkranz überreichen, die beiden älteren halten sich für einen musikalischen Beitrag bereit. So kennt jeder seine Rolle. Nur der jüngste Sohn, noch im Hätschelalter, ist von der Pflicht entbunden, dem Familienoberhaupt seine Reverenz zu erweisen. Er darf neben der Mutter auf dem Sofa sitzen und kann sich unbemerkt dem Geburtstagskuchen widmen.

153

Pritschholz
Lübeck, 14. Jh.
Holz, L. 54 cm
Museen für Kunst und Kulturgeschichte der Hansestadt Lübeck, Sankt-Annen-Museum
Inv. 1582 c
Lit.: Pietsch, S. 86f.

Mit dem Pritschholz, dessen Form der eines Kochlöffels sehr ähnlich ist, pflegten die Lehrmeister im Mittelalter ihre Schüler auf schmerzhafte Weise „mores" zu lehren. Seit der Antike war die Prügelstrafe als Erziehungsmittel in den Bildungsanstalten, vor allem den Elementarschulen, aber auch in handwerklichen Lehrverhältnissen sanktioniert. Bereits im 16. Jahrhundert lehnten humanistische Schulreformer wie Erasmus von Rotterdam die körperliche Züchtigung als grausame und ungeeignete Strafe für den Schüler ab: „Man möchte es nicht eine Schule, sondern eine Folterstube nennen, so schallt es von Ruten- und Stockschlägen; außer Geschrei und Schluchzen und grausamen Drohungen wird da nichts gehört. Was werden die Knaben dort anderes lernen, als die Wissenschaft zu hassen?" (zit. nach Ausst. Kat. Milchbrei und Rute, S. 60) Doch erst im 20. Jahrhundert wurde in den deutschen Schulen die Prügelstrafe gesetzlich verboten: 1949 in der DDR, 1973 in den Ländern der Bundesrepublik bis auf den Freistaat Bayern, der sich dann 1980 dazu entschloss, seine Schüler vor körperlichen Übergriffen der Lehrer zu schützen.

154

Lorgnon
Um 1900
Metall, vergoldet, L. 16,4 cm
Focke-Museum Bremen
Inv. 1983.496

Anders als die Brille wurde das Lorgnon bei Benutzung in der Hand gehalten und konnte bei Veranlassung sehr demonstrativ vor die Augen genommen werden. Personen, auf die das Lorgnon gerichtet war, fühlten sich eingehender Betrachtung unterzogen; freilich war es undenkbar, in der gesellschaftlichen Hierarchie Gleichstehende auf solche Weise anzublicken. In der „Schule der Höflichkeit" von 1834 mahnt Carl Friedrich von Rumohr, beim Umherblicken oder Fixieren von Personen in Gesellschaft nicht die Augen zusammenzukneifen oder ein Lorgnon zu benutzen, da dies anmaßend, hochmütig und absprechend aussehe (von Rumohr, Teil 1, S. 157). Bei Kindern und Dienstboten allerdings konnte diese Sehhilfe wirkungsvoll als Verhaltenskorrektiv eingesetzt werden.

155
Heinrich Hoffmann
Der Struwwelpeter, Jubiläumsausgabe, um 1876
Frankfurt, Ruetten und Löning o. J.
Focke-Museum Bremen
Inv. 1983.165

Kurz vor Weihnachten 1844 füllte der Frankfurter Arzt
Heinrich Hoffmann ein Schreibheft mit gereimten
und illustrierten Texten für seinen dreijährigen Sohn.
Diese unter dem Titel „Der Struwwelpeter" zusammen-
gefassten Geschichten handeln von Kindern, die
scheinbar zeitlose Bedürfnisse ausleben: die mit Feuer
spielen, die Körperpflege verweigern, Minderheiten
verhöhnen, bei Tisch mit dem Stuhl kippeln und sich
hemmungsloser Wut hingeben. Die Strafen, die den
kindlichen Unarten auf dem Fuß folgen, sind hart und
werden von Hoffmann drastisch, ohne jede bieder-
meierliche Betulichkeit erzählt: Die zündelnde Pauline
etwa verbrennt, und dem bösen Friedrich wird vom
gepeinigten Hund herzhaft ins Bein gebissen. Trotz
oder auch wegen der grotesken Überzeichnung von
Ursache und Wirkung war dieses „Erziehungsbuch"
bei Kindern äußerst beliebt. In der zweiten Hälfte des
20. Jahrhunderts jedoch geriet es zunehmend in die
Kritik. Eltern befürchteten eine Traumatisierung ihrer
Kinder durch die grausamen Details der Geschichten.
Und Friedrich Karl Waechter brachte 1970 seinen
„Anti-Struwwelpeter" heraus, in dem er die autoritären
Strukturen, gesellschaftlichen Tabus und das repressive
Erziehungsverständnis des Originals konterkariert.

156
Schönschreibheft von Johann Steinberg aus
Stotel, 1872
Schulheft, 20 x 16,8 cm
Focke-Museum Bremen
Inv. 1992.247

Mit großem Eifer hatten sich die Schüler im 19. Jahrhundert um eine klare, gut lesbare Handschrift zu be-
mühen, schließlich musste im späteren Leben nicht
nur die private, sondern auch die geschäftliche und
amtliche Korrespondenz handschriftlich erledigt werden. Schön zu schreiben wurde mit kurzen, prägnan-
ten Sätzen – zumeist allgemein gültigen Lebensregeln
– geübt, die in ständiger Wiederholung eine ganze
Seite füllten. So hatte Johann Steinberg etwa auf
einer Seite in lateinischer Schrift sechsmal die Maxime
zu schreiben „Versprechen und halten ziemt jungen
und alten Leuten" und konnte auf der gegenüberliegenden Seite ein Jahr nach Gründung des Zweiten
Deutschen Kaiserreichs in Sütterlinschrift verinnerlichen, dass Deutschland „die große Nation" sei. Auf
den allgemeinen erzieherischen Nutzen des Schön-
schreibens weist die Gestaltung des Heftumschlags
hin: vorne der Spruch „Ordnung, frommer Sinn und
Tugend sind ein schöner Schmuck der Jugend" und
hinten das Bild dreier Kinder mit Vögeln und Vogel-
käfig als Sinnbild von Hege, Erziehung und Verantwortung.

157
Neujahrswunsch des Hermann Sorger an seinen
Lehrherrn und dessen Familie, 1780
Feder in braun, Blatt mit Kupferstichrahmung,
Aquarell, Deckweiß, Siegellack, 47 x 36 cm
Focke-Museum Bremen
Inv. C.0810

158
Neujahrsbrief Hermanns an seine Eltern
Achim, 1861
Feder in braun, Bleistift und Wasserfarbe,
aufgeklebte Vögel aus bedrucktem Goldpapier,
35 x 21 cm
Focke-Museum Bremen
Inv. 1989.028

Anrührend und bekannt sind die Neujahrsgedichte
des kleinen Johann Wolfgang Goethe an den Erhab-
nen Großpapa und die Erhabne Großmama. Schriftliche Grüße zum neuen Jahr, in denen Kinder ihren Eltern oder Großeltern für erwiesene Liebe und Fürsorge
dankten und göttlichen Segen für sie erflehten, waren bis weit in das 20. Jahrhundert hinein üblich.
Noch ein 1951 erschienener Musterbriefsteller führt
das Beispiel eines vorbildlichen Neujahrsbriefes eines
Kindes an seine Eltern auf, das in vielen Stereotypen
dem Brief des Hermann von 1861 ähnlich ist. „Der
Allmächtige möge Euch das reichlich lohnen, was Ihr
mir, Eurem Kinde, im verflossenen Jahre und während
meiner ganzen Lebenszeit Gutes erwiesen habt."
(Brinkschulte, S. 10) Auch der kleine Hermann hat
den sorgfältig in eine gemalte Blumengirlande geschriebenen Text wohl kaum erdacht, sondern nach
einem Muster erstellt oder sogar abgeschrieben, wie
eine unmotivierte Wortwiederholung und die nach unten immer enger werdende Schrift vermuten lassen.
Dem Lehrburschen Hermann Sorger ist der 1780 formulierte Neujahrsbrief an seinen Meister und dessen
Familie offensichtlich nicht leicht gefallen. Er entle-
digte sich einer Pflicht mit diesem Schreiben, das er
mit achtungsvollster Anrede beginnt und nach einigen Dankesworten und Bibelzitaten mit einem
schlichten „Ich gratulier sie mit vielmahls zum Neuen
Jahr" zu Ende bringt. Dieser Brief belegt zugleich ein
quasi familiäres Arbeits- und Abhängigkeitsverhältnis
zu seinem Lehrherrn, ähnlich dem des Gesindes in
ländlichen Strukturen.
(Brieftranskriptionen S. 200)

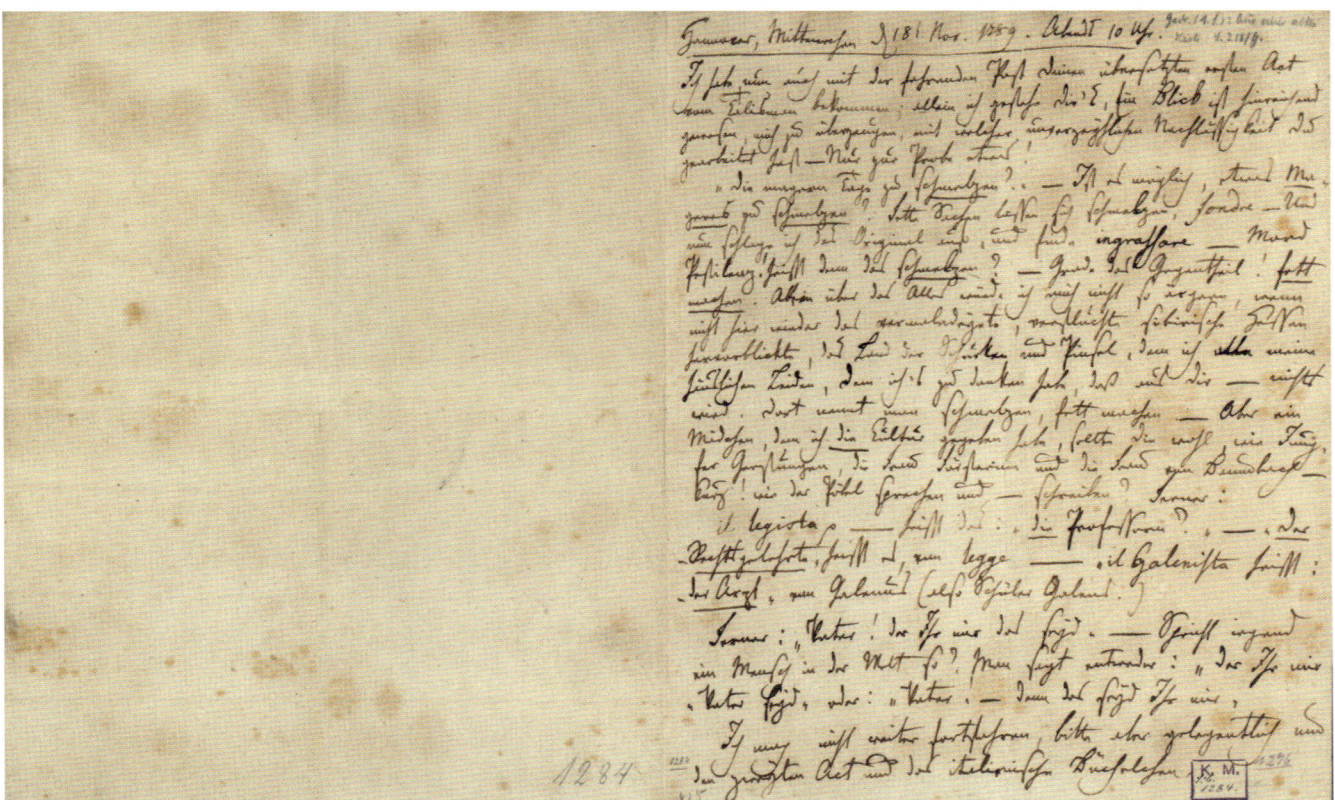

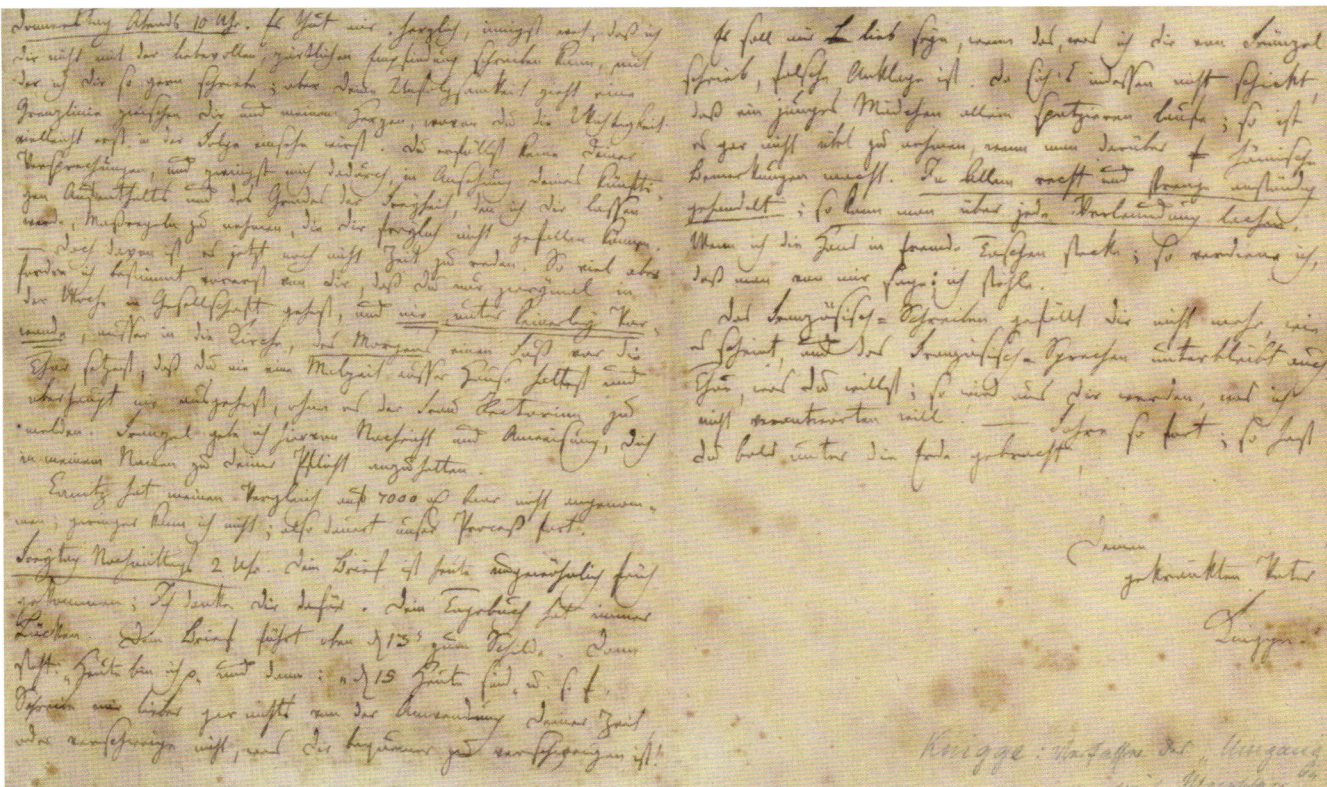

159

Adolph Freiherr Knigge an seine Tochter Philippine
Hannover, 18.11.1789
Stadtarchiv Hannover
Autographenslg., Culemann Nr. 1276

Nur in einem kurzen Kapitel beschäftigt sich Knigge mit dem angemessenen Verhalten von Eltern gegenüber ihren erwachsenen Kindern. Ein freundlicher, vertrauensvoller Umgang steht ihm als Ideal vor Augen, ohne übertriebene Vertraulichkeit und ohne Forderung nach sklavischer Ehrerbietung der Kinder. Für das Unvermögen mancher Eltern, ihren Kindern Selbstständigkeit zuzugestehen findet er kritische Worte: „[...] sie behandeln ihre erwachsenen Söhne und Töchter immer noch als kleine Unmündige, gestatten ihnen nicht den geringsten freien Willen und

trauen den Einsichten derselben nicht das mindeste zu." (Knigge, S. 148f., 2.2.2) Doch tat Knigge selbst sich schwer, der eigenen Tochter den freien Willen zu lassen. In einem vom 18. bis 20. November 1789 verfassten Brief an die halbwüchsige, in einer Detmolder Pension lebende Philippine sind „alle Anzeichen seelischer Verklammerung" zu erkennen (Hermann, S. 192). Knigge tadelt ihre nachlässigen Übersetzungsarbeiten mit harten Worten, verbietet ihr strikt, das Haus zu verlassen, klagt genauen Bericht über ihren Tagesablauf ein und endet schließlich gegen jede pädagogische Vernunft in resigniert-weinerlichen Floskeln: „Thu was du willst; so wird aus dir werden, was ich nicht verantworten will! Fahre so fort; so hast du bald unter die Erde gebracht, Deinen gekränkten Vater Knigge". (Brieftranskription S. 200–201)

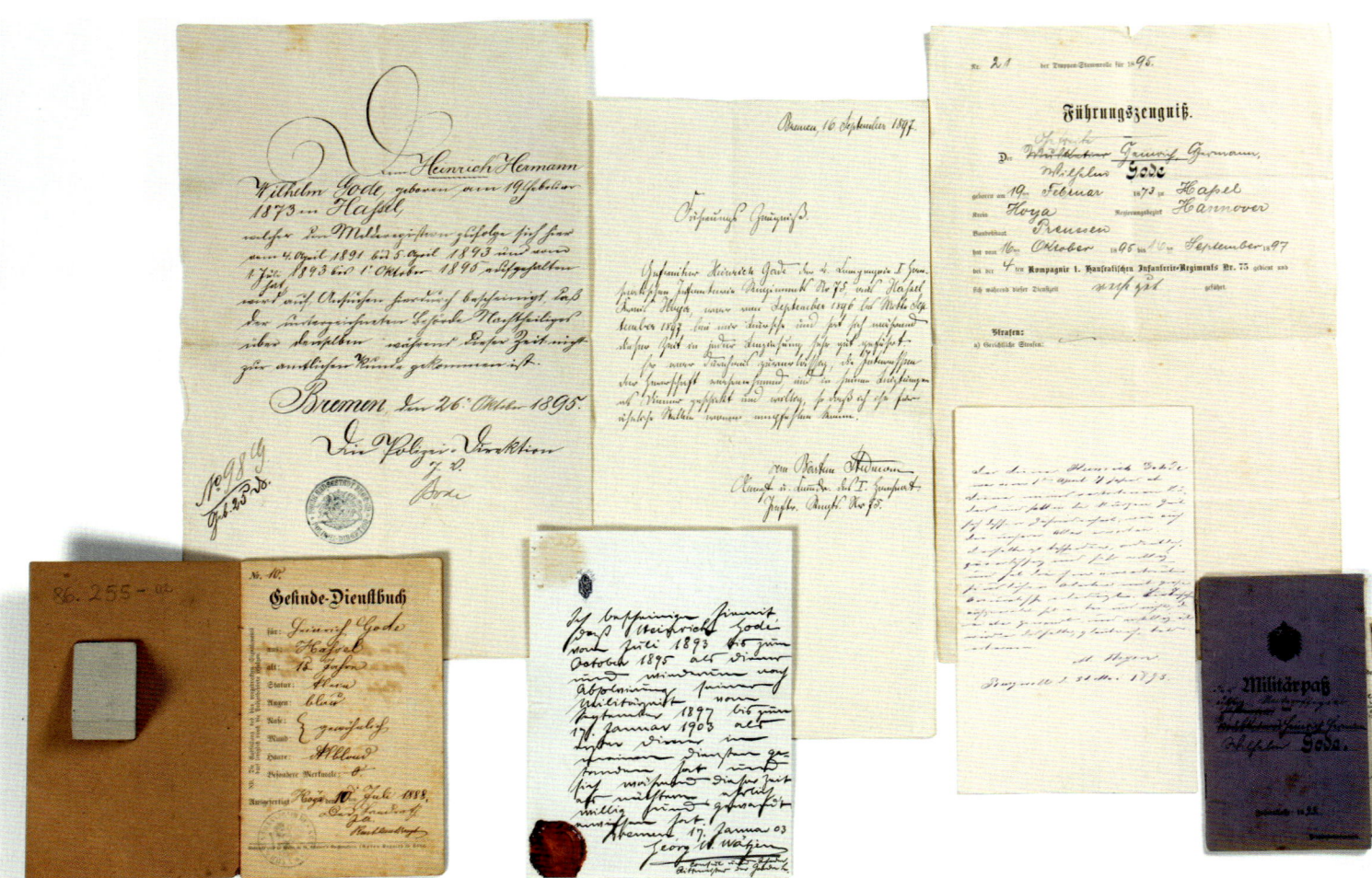

160

Elektrische Tischklingel, um 1921
Metall
Focke-Museum Bremen
Inv. 1988.109

Möglichst unbemerkt von den Gästen sollten nach den Regeln der Etikette die Herrschaften ihre Dienstboten herbeizitieren können. „Schule sie so, daß sie ihre Arbeit in Gegenwart des Hausherrn oder vor Fremden geräuschlos verrichten. Ein Wink von dir muß ihnen als Anweisung genügen", empfahl Constanze von Franken 1922 in ihrem „Handbuch des guten Tons und der feinen Sitte" (von Franken, S. 213). In der Nippesfigur zweier Eulen auf einem Felsen ist ein Klingelknopf verborgen, mit dem sich das Hauspersonal unauffällig herbeirufen ließ.

161

Familienpapiere des 1873 geb. Dieners Heinrich Gode:
Zeugnisheft der Jahre 1884–1887, Gesindebuch von 1888, zwei Dienstzeugnisse von 1893 und 1903, zwei Militärische Führungszeugnisse aus dem Jahr 1897, Militärpass aus dem Jahr 1895, undatiertes Schießbuch des Musketiers Gode, Polizeiliches Führungszeugnis von 1895
Focke-Museum Bremen
Inv. 1986.255

Diese Zeugnisse spiegeln die zum guten Teil von Standesvorurteilen geleiteten Beurteilungen eines einfachen Lebens. Die Zeugnisse der Elementarschule kennen als Bewertungskriterien nur „Fleiß und Fortschritte" sowie „Betragen". Auch die späteren Dienstzeugnisse führen keine spezifischen Fähigkeiten und Kenntnisse auf, sondern beschränken sich auf die Bestätigung eines fehlerfreien Charakters. „Treu, fleißig und ordentlich" habe sich der Bediente gezeigt, schreibt der Gutsbesitzer W. von Behr ins Gesindebuch des 15-jährigen Heinrich Gode. Ähnlich lapidar urteilt Georg W. Wätjen über die acht Jahre, in denen Gode in seinen Diensten stand und sich „während dieser Zeit als nüchtern, ehrlich, willig und gewand erwiesen hat". Größeres Lob gilt allenfalls gezeigter Loyalität. Im Führungszeugnis von 1897 bescheinigt der vorgesetzte Offizier seinem Burschen Gode, dass dieser „durchaus zuverlässig, die Interessen der Herrschaft wahrnehmend, und in seinen Leistungen als Diener geschickt und willig" war.

162
**Prunkvase mit Porträts der Kaiser Wilhelm I. und
Wilhelm II.**
Königlich Preußische Porzellanmanufaktur Berlin,
1888
Porzellan, farbig bemalt und goldstaffiert, H. 65 cm
Focke-Museum Bremen
Inv. 1983.508

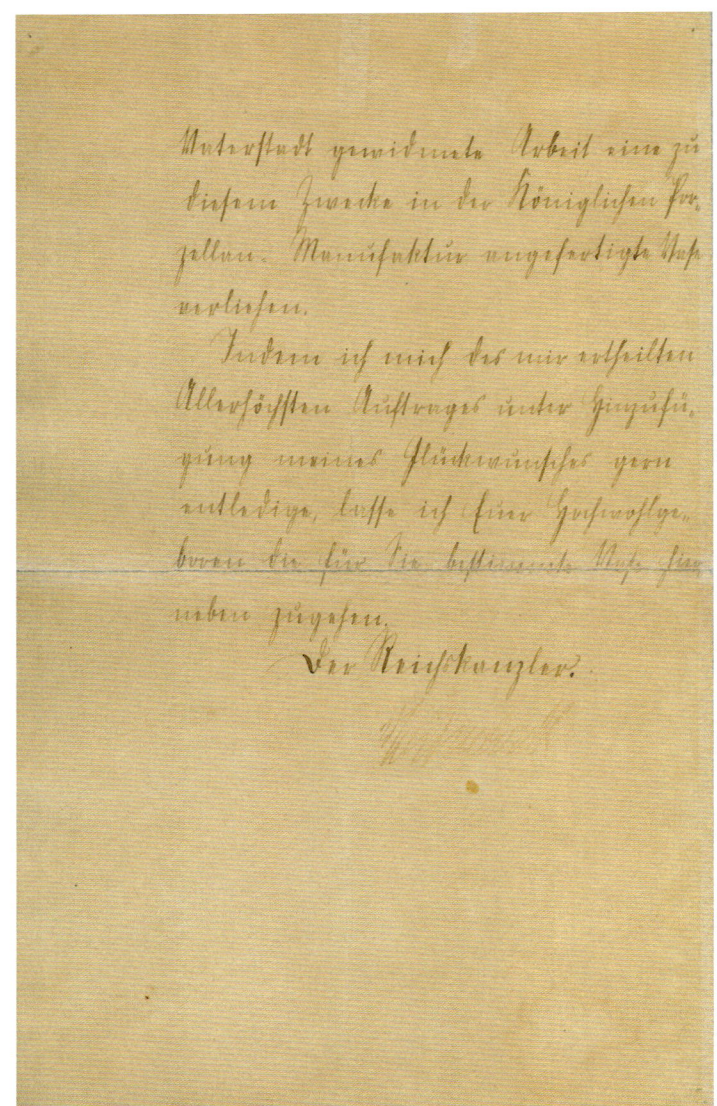

163

Brief Otto von Bismarcks an Senator Gildemeister
Friedrichsruh, 26.10.1888
Focke-Museum Bremen
Inv. 1983.594a

164

Entwurf für einen Dankbrief von
Otto Gildemeister an Otto von Bismarck
Bremen, 30.10.1888
Focke-Museum Bremen
Inv. 1983.594c

Im Jahre 1888 ehrte Kaiser Wilhelm II. den Bremer
Senator Otto Gildemeister für seine Verdienste um
den Anschluss der Hansestadt an den Zollverband des
Reiches mit einer Prunkvase, die mit den Konterfeis
der beiden Kaiser verziert ist. Die Gabe war kein individuelles Geschenk für den Senator – auch der Bremer
Bürgermeister Carl Friedrich Christian Buff erhielt ein
solches Exemplar –, sondern besitzt durch die Porträts
einen sehr offiziellen Charakter. Entsprechend wird
die Vase als ein Gnadenbeweis empfangen, als ein,
wie Gildemeister in seinem devoten Dankbrief formuliert, „Zeichen des huldreichen Wohlwollens, welches Se Majestät der Wohlfahrt meiner Vaterstadt [...]
zuwendet". Selbstverständlich sind die Dankesworte
nicht an den Kaiser, sondern an den Überbringer von
Grußadresse und Geschenk, Otto von Bismarck, gerichtet. Dieser hatte der Erledigung des „Allerhöchsten Auftrages" einen persönlichen Glückwunsch hin-
zugefügt, für den wiederum Gildemeister seinen
„verbindlichsten Dank zu bezeugen nicht" verfehlt.
Nur Name und Titel beenden Bismarcks Brief. Die Er-
gebenheitsadresse des bremischen Senators hingegen
ist ein Spiegel der hierarchischen Gesellschaftsstruktur
der Gründerjahre: „[...] verharre ich in ausgezeichnetster Hochachtung Ew. Durchlaucht ergebenster"
(Brieftranskriptionen S. 201).

Bremen 30. October 1888.

Exp. cod.
J. No 4649.
Hgs.

Sr. Durchlaucht

dem Herrn Reichskanzler Fürsten von Bismarck

Friedrichsruhe.

Von Senator Gildemeister
in Bremen.

vom 27. d. M.

Mit dem gefälligen Schreiben Ew. Durchlaucht hatte ich gestern die hohe Freude die reiche kunstvolle Gabe zu ~~gutem~~ empfangen, welche Seine Majestät der Kaiser bei Anlaß des Eintritts Bremens in den deutschen Zollverband mir zu bewilligen in Gnaden geruht hat. Darf ich für meine Person in dieser Auszeichnung eine Anerkennung von Bemühungen und Arbeiten für ein schwieriges und bedeutsames Werk erblicken, deren Verdienst ich mit vielen meinen Collegen und Mitbürger zu theilen habe, so gewinnt das Kaiserliche Geschenk in meinen, und wie ich hinzusetzen darf, in aller Bremer Augen ~~einen~~ unschätzbaren Werth als ein Zeichen des huldreichen Wohlwollens, welches Se Majestät der Wohlfahrt meiner Vaterstadt in einem für ihre Geschichte so inhaltvollen Zeit[illegible] zugewendet. Durch pflichtgetreue Arbeit [illegible] ~~für~~ [illegible] zu erweisen, in unverdrossenem Bestreben des [illegible] Wohlwollens immer [illegible] wird der Gnadenbeweis Sr. Majestät nicht allein mir, sondern auch meinen Mitbürgern zu erneutem Sporn sein.

Ew. Durchlaucht darf ich ergebenst ersuchen, Seiner Majestät von meinem ehrerbietigsten Danke und von den Gesinnungen, in welchen ich die Allerhöchste gnädige Auszeichnung entgegengenommen habe, geneigtest Kunde geben zu wollen.

Indem ich Ew. Durchlaucht für den freundlichen Glückwunsch, der die Gabe begleitete, meinen verbindlichsten Dank zu bezeugen nicht verfehle, verharre ich

in ausgezeichnetster Hochachtung
~~in ver~~

Ew. Durchlaucht
ergebenster

Gildemeister

Noch heute zu expediren. Format folio mit Couvert in Quart. Mit meinem Privatsiegel zu versiegeln.

Obiges Concept ist sofort nach der Mundirung Herrn Senator Meier unter Rückbitte zuzustellen.

Geschehen. Hgs.
30/10.88.

Gildem

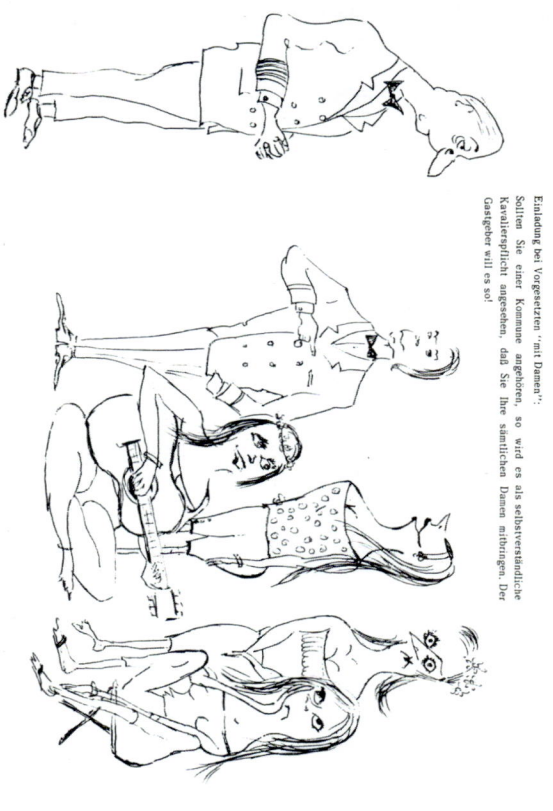

Einladung bei Vorgesetzten „mit Damen": Sollten Sie einer Kommune angehören, so wird es als selbstverständliche Kavalierspflicht angesehen, daß Sie Ihre sämtlichen Damen mitbringen. Der Gastgeber will es so!

12

Jedem Untergebenen muß es zur Pflicht gemacht werden, in allen Dingen seine direkten Vorgesetzten zu beteiligen. Dadurch werden Mißverständnisse, vorschnelle Entscheidungen und auch Enttäuschungen vermieden, Leuten, die ihre Beziehungen spielen lassen, wird nur so das Handwerk gelegt.

Umgedreht ist das Eingreifen eines Vorgesetzten von oben in den Dienstweg ein häufiger Anlaß zu Mißhelligkeiten. Ein Vorgesetzter sollte vermeiden, in Dinge einzugreifen, die noch auf der Ebene unter ihm behandelt werden. Durch sein vorschnelles Eingreifen lähmt er die Entscheidungsfreude und Initiative seiner Untergebenen und verbreitet um sich das Gefühl von Mißtrauen.

Soldaten, die unter der Aufsicht eines anderen Vorgesetzten Dienst tun, sollten nicht ohne dessen Wissen zu einem anderen Dienst von oben herab eingeteilt werden. Aussprachen sollten nur in Ausnahmefällen ohne die Beteiligung der direkten Vorgesetzten des Soldaten stattfinden.

Eine weitverbreitete Unsitte ist es, den höheren Vorgesetzten (Kommandeur, Kommandant) bei jeder Gelegenheit abzufangen und ihm persönliche Probleme oder dienstliche Dinge vorzutragen. Soll der nächsthöhere Vorgesetzte unter Umgehung des Dienstweges angesprochen werden, (was nur bei zwingenden persönlichen Dingen zutrifft) so soll der Untergebene um einen Zeitpunkt für diese Aussprache bitten und seinen unmittelbaren Vorgesetzten unterrichten. Er kann dann sicher sein, daß sein Anliegen ein besseres Gehör und Bearbeitung erfährt.

Auch im Umgang mit direkten Vorgesetzten und bei der Erledigung dienstlicher oder halbdienstlicher Anliegen sei man sich darüber im klaren, ob der Zeitpunkt passend ist. Ein typisches Beispiel ist die Frage nach Urlaub in einem Moment, wenn der Vorgesetzte weder Kalender zur Hand, noch den Dienstplan für den vorgesehenen Zeitraum im Kopf hat.

Völlig unpassend ist das Stellen von Gesuchen im geselligen Kreis!

13

165
Brevier „Gesellschaftliche Formen"
Hg. v. Marineamt Cuxhaven, Abt. Dienstvorschriften, 1969
Privatbesitz

Die Broschüre gibt für Angehörige der Amphibientransportgruppe der Bundesmarine Anleitungen zum korrekten Auftritt gegenüber Vorgesetzten und Untergebenen und für das Verhalten im kameradschaftlichen und gesellschaftlichen Verkehr. Damit wollte man dem „modernen, sportlichen Lebensstil" der späten 1960er-Jahre, wohl auch in Sorge um Disziplin und Respekt, traditionelleren gesellschaftlichen Schliff entgegensetzen. Wie der Zeitgeist wahrgenommen wurde, verdeutlicht die einzige Illustration im Heftchen, deren Qualität auf einen Amateurzeichner hindeutet: Ein Leutnant im Dinnerjacket präsentiert seinem älteren Vorgesetzten vier Hippie-Mädchen. Der dazu gehörende Kommentar lautet: „Einladung bei Vorgesetzten ‚mit Damen': Sollten Sie einer Kommune angehören, so wird es als selbstverständliche Kavalierspflicht angesehen, daß Sie Ihre sämtlichen Damen mitbringen. Der Gastgeber will es so!"

166
Carl Barks
Lost in the Andes, 1949
In deutscher Fassung: Donald Duck im Land der viereckigen Eier, wiederveröffentlicht in: Barks Library. Special: Donald Duck, Bd. 10, Stuttgart: EHAPA 1995, S. 5–36, hier: S. 7
© Disney

Der berühmte Zeichner der Disney Studios Carl Barks (1901–2000) schuf um die Ente Donald Duck den Mikrokosmos Entenhausen. Donald Duck repräsentiert als Typ den „kleinen Mann", der, beruflich und gesellschaftlich ambitioniert, immer wieder scheitert und seine Rückschläge durch Schikanieren seiner drei Neffen Tick, Trick und Track kompensiert. Eine Episode des Titels „Lost in the Andes" spielt auf einem zu einer wissenschaftlichen Expedition ausgelaufenen Schiff. Das Verlangen des Expeditionsleiters nach einem Omelett legt kleinteilige Hierarchien an Bord offen, indem der Auftrag immer weiter nach unten delegiert und der Ton immer unfreundlicher wird. Donald, in der nicht näher bestimmten Funktion eines Unterassistenten, lässt als Karikatur eines auf dem Kasernenhof brüllenden Feldwebels seine Neffen antreten und erteilt ihnen als seinen Hilfsassistenten die entsprechenden Befehle. Das von den Kindern schließlich zubereitete Omelett wird dann von allen Beteiligten mit würdevoller Butler-Miene in umgekehrter Reihenfolge wieder nach oben gereicht.

7

Die Würde des Menschen

„Wie man Abrechnung mit seiner Moralität halten solle"

Im Vorwort zur dritten Auflage seines „Umgang mit Menschen"
(1790) bemerkt Knigge: „Wenn die Regeln des Umgangs nicht
bloß Vorschriften einer konventionellen Höflichkeit oder gar einer
gefährlichen Politik sein sollen, so müssen sie auf Lehren von den
Pflichten gegründet sein, die wir allen Arten von Menschen
schuldig sind ..." (Knigge, S. 10)

In diesem eindrücklichen Satz vermittelt Knigge uns ein erwei-
tertes Verständnis von Manieren, welches auf dem Fundament
ethischer Verpflichtungen das wirkungsvolle Sich-selbst-in-Szene-
Setzen zum Zweck der Abgrenzung nach unten oder zum Er-
langen von Vorteilen ausschließt und die Achtung eines jeden
Menschen in den Mittelpunkt rückt.

Friedrich Schiller definierte Würde in seinem Aufsatz „Über Anmut und Würde" (1793) als Ausdruck einer erhabenen Gesinnung: Die „Beherrschung der Triebe durch die moralische Kraft"
sei „Geistesfreiheit, und Würde heißt ihr Ausdruck in der Erscheinung" (zitiert nach Schischkoff, S. 764). Würde ist demnach
äußerer Ausdruck einer inneren Anstrengung.

Einen Abschnitt „Über den Umgang mit sich selbst" widmet
Knigge der Kultivierung der eigenen Person (Knigge, S. 82–87,
1.2). Der Autor bezeichnet die Pflichten gegen sich selbst als
„die wichtigsten und ersten". Sie bestünden darin, die eigene Gesellschaft nicht zu vernachlässigen, sich bewusst Zeit für sich
selbst zu nehmen und sich seinem Gewissen zu stellen. Auch
der pflegliche Umgang mit dem eigenen Körper gehöre dazu,
denn: „Wer auf seinen Körper losstürmt, der verschwendet ein
Gut, welches oft allein hinreicht, ihn über Menschen und Schicksal zu erheben" (Knigge, S. 83, 1.2.4).

Diese Ratschläge sind wohlbegründet, denn „es kommen Augenblicke, in denen Du Dich selbst nicht verlassen darfst, wenn Dich auch jedermann verläßt; Augenblicke, in welchen der Umgang mit Deinem Ich der einzige tröstliche ist" (Knigge, S. 82, 1.2.2). In der Barockmalerei geben Szenen aus der Bibel, der Mythologie und der antiken griechisch-römischen Geschichte Beispiele vorbildhaften Verhaltens des Individuums in Ausnahmesituationen, etwa in der Darstellung von Heiligen, die mit Fassung dem Martyrium entgegensehen, moralisch gestützt durch den Glauben, zu dem auch der Betrachter angehalten werden sollte.

Knigges Überlegungen wurden in den 1950er-Jahren in Gertrud Oheims „Einmaleins des guten Tons" in einer Passage mit dem Titel „Erkenne Dich selbst!" wieder aufgegriffen (Oheim, S. 32–35): Aus Selbsterkenntnis resultierten Selbstkritik, Selbsterziehung und Selbstbeherrschung. Auf den Umgang mit anderen Menschen wirke sich die Reflektion der eigenen Person so aus, dass man nicht in der Lage sei, eine „hässliche Handlung" zu begehen, etwas zu tun, dessen man sich schämen müsste, taktlos gegen Mitmenschen, rücksichtslos gegen Wehrlose zu sein. Knigge wiederum warnte zusätzlich davor, bei Bloßstellung eines anderen Schadenfreude zu zeigen: „Nimm nicht teil daran; lächle nicht beifällig; tue lieber, als hörtest du es gar nicht, wenn jemand einem Dritten unangenehme Dinge sagt oder ihn beschämt" (Knigge, S. 58, 1.1.37).

In der Alltagsrealität gibt es viele Situationen, in denen ein anderer Mensch einem hilflos ausgeliefert, in denen er im übertragenen oder im wörtlichen Sinne nackt ist. Dann gilt es, dies nicht auszunutzen, sondern mit der Hamburger Hip-Hop-Band Fettes Brot die Frage zu stellen „Wer gibt dem, der unten liegt, die Hand?" und der Forderung Knigges zu folgen: „Kalkuliere nicht so genau, ob der Mann, dem Du helfen kannst, selbst an seinem Unglücke schuld sei oder nicht. Wer in der Welt würde ganz unschuldig an den Leiden, die ihn treffen, befunden werden, wenn man alles so strenge untersuchen wollte?" (Knigge, S. 257, 2.11.4)

Den Idealen der Aufklärung verpflichtet, postulierte Knigge die persönliche Würde als höchstes Gut des Menschen. Deren Unverletzlichkeit ist der erste Artikel unserer Verfassung gewidmet.

167
Christian Wilhelm Ernst Dietrich (1712-1774)
Belisar als Bettler, 1730
Öl auf Leinwand, 87,5 x 72,5 cm
Staatliche Kunstsammlungen Dresden
Gemäldegalerie Alte Meister
Gal. 2134
Lit.: Ausst. Kat. Kunst für Könige, S. 97, Kat. 9

„[...] wenn ein Großer, dem Du in der Zeit seines äußern Glücks aus Not, Höflichkeit, Politik oder gutem Willen gehuldigt hast, von seiner Höhe herabstürzt, wenn er Stand, Vermögen, Einfluß oder Glanz verliert, so schlage Dich nicht zu der Partei der Niederträchtigen, die dem Unglücklichen, der ihnen zu nichts mehr helfen kann, den Rücken zukehren." (Knigge, S. 302, 3.1.18)
Der byzantinische Feldherr Belisar diente unter Kaiser Justinian und fiel trotz militärischer Erfolge in Ungnade. Die Legende lässt ihn als blinden Bettler in Konstantinopel enden. Der tiefe Fall der Autoritätsperson, die im Elend Haltung und Würde bewahrt,

wurde im 18. Jahrhundert Gegenstand von Kunst und Literatur. Das hier gezeigte Gemälde ist ein Frühwerk Dietrichs und entstand möglicherweise auf Anregung Augusts des Starken. Immer noch von kräftiger Statur, wirkt der alte Belisar ob seiner Misere äußerlich ruhig und gefasst. Bestürzt reagieren hingegen die beiden herannahenden Soldaten, die ihren ehemaligen Heerführer wiedererkennen. Der Anstand gebietet, sich dem einstigen Großen mit Respekt zu nähern. Belisar indes scheint darauf nicht angewiesen zu sein – der erhöhte Standort auf dem Felsen, der ein Aufsehen der Soldaten erfordert, unterstreicht die innere Seelenruhe der Figur, die sie gegen Kränkungen unempfindlich macht und dem Betrachter des Bildes ein Vorbild geben soll.

168
Antonio Balestra (1666-1740)
Alexander an der Leiche des Darius, um 1730
Öl auf Leinwand, doubliert, 124 x 151,5 cm
Kunsthalle Bremen – Der Kunstverein in Bremen
Inv. 1071-1972/19
Lit.: Meisterwerke, S. 60f.

Nach Alexanders Sieg bei Gaugamela 331 v. Chr. wurde Perserkönig Darius auf der Flucht von einem seiner Statthalter getötet. Sein überlegener Gegner Alexander der Große ließ den Mörder hinrichten und Darius königlich bestatten. Das Gemälde, ein weiteres barockes Beispiel für die dramatische Inszenierung eines nachahmenswerten Exemplums, zeigt Alexander in verhaltener Trauer über dem Leichnam des Darius, den Kopf geneigt und den Blick gesenkt. Jedes Zur-Schau-Stellen von Triumph oder Häme wäre unangemessen und würde der eigenen herrscherlichen Würde abträglich sein. Stattdessen zieht der König von Makedonien seinen Mantel ab, lässt ihn über den Toten breiten und würdigt damit den Gegner.

169

Gaspare Traversi (um 1722/23–1770)
Noahs Trunkenheit, um 1750
Öl auf Leinwand, 76 x 101 cm
Pau, musée des beaux-arts
Lit.: Ausst. Kat. Traversi, Kat. 22; Pigler, Bd. 1, S. 29f.

Zum Betragen heranwachsender Kinder gegen die
peinlichen Eltern bemerkte Knigge: „Nur erinnre ich,
daß wenn auch Kinder Ursache hätten, sich der
Schwachheiten oder gar der Laster ihrer Eltern zu
schämen, sie doch weiser und besser handeln, wenn
sie die Fehler derselben so viel möglich zu verstecken
suchen" (Knigge, S. 150, 2.2.3). Selbiges führt die
spätbarocke Darstellung der Trunkenheit Noahs vor.

Nach überstandener Sintflut hatte Noah Gott ge-
dankt, einen Weinberg gepflanzt, getrunken und war
berauscht eingeschlafen. Sein Sohn Ham entdeckt
den Vater und spottet über dessen entblößte, freilich
vom Maler diskret verborgene Geschlechtsteile. Den
herbeigerufenen Brüdern Sem und Jafet ist die Situation unerträglich, „und ihr Angesicht war abgewandt,
damit sie ihres Vaters Blöße nicht sähen" (1. Mose 9,
18–27). Das Gemälde zeigt die ebenso schmerzer-
füllte wie entschiedene Miene eines der Söhne, der
eine abwehrende Handbewegung macht. Ham hingegen deutet in einer Mischung aus Unbefangenheit
und Schadenfreude auf den alten Mann, während der
dritte Bruder taktvoll einen Mantel über den Vater
breitet.

170

Schandmaske, Baden, 17./18. Jh.
Eisenblech, bemalt, H. 56 cm, B. 33 cm, T. 58 cm
Badisches Landesmuseum Karlsruhe
Inv. C 5356

Bis ins 18. Jahrhundert diente das Tragen von Schand-
masken in der Öffentlichkeit dazu, den Missetäter
dem Spott der Gesellschaft auszuliefern. Gerade Verstöße gegen den Anstand wie Trunkenheit, Beleidi-
gung, Ehebruch und üble Nachrede wurden durch die
so genannten abbildenden Strafen auf – aus heutiger
Sicht – entwürdigende Weise geahndet. Die Masken
sind fratzenhaft gestaltet und schränken die Sicht des
Trägers ein. Extremitäten wie die schnabelartige Par-
tie ließen die Delinquenten gegen Wände stoßen,
wenn sie von der Menschenmenge durch die Straßen
getrieben wurden.

171

Stiefelknecht
Österreich, 19. Jh. (?)
Eisenguss, Silber, L. 24 cm, B. 11 cm
Badisches Landesmuseum Karlsruhe
Inv. 71/62
Lit.: Ausst. Kat. Liebe, Lust & Frust, S. 388, Kat. 95

Als „im groben Maß unchristlich" soll der Wiener Stadt-
kommandant Graf Ernst Rüdiger von Starhemberg
(1638–1701) den Stiefelknecht in Form einer mit Or-
namenten aus Silber verzierten Frau mit gespreizten
Beinen zurückgewiesen haben. Das verrät die gravier-
te Inschrift einer auf der Rückseite des Objektes ange-
brachten Platte, derzufolge die Figur während der
Zweiten Wiener Türkenbelagerung (15.7.–12.9.1683)
bei einem Ausfall erbeutet worden war. Wenngleich
stilistisch und metallurgisch nichts gegen eine Datie-
rung von Objekt und Platte ins späte 17. Jahrhundert
spricht, macht die Existenz zahlreicher Vergleichsstü-
cke stutzig – handelt es sich vielleicht doch um eine
Nachbildung des 19. Jahrhunderts? Kein Zweifel besteht am unverhohlen frauenverachtenden Charakter
des Gegenstands, der dem Ausziehen der Reitstiefel
diente: Hierzu war die Ferse des Stiefels zwischen den
Beinen der Frau einzuklemmen, während man mit
dem anderen Fuß auf den Kopf der Figur trat, um sich
dann mit einem Ruck des eingeklemmten Stiefels zu
entledigen. Nicht endgültig zu klären ist, ob dies nun
im Zelt eines türkischen Obristen vor Wien (laut Plat-
teninschrift) oder in einem Herrenzimmer des 19. Jahrhunderts praktiziert wurde. Nussknacker in Form nackter Frauenunterleiber nahmen das Motiv in den
1920er-Jahren wieder auf.

172
Weegee (i. e. Arthur Fellig, 1899–1968)
Their First Murder, 9.10.1941
Fotografie, Gelatinesilber, 30 x 27,3 cm
Museum Ludwig, Köln
Inv. ML/F 1977/836
Lit.: Barth

Der Fotograf Weegee hielt auf seinen mit exzessivem Blitzlichteinsatz im nächtlichen New York geschossenen Aufnahmen Mord- und Unfallopfer sowie betroffene Angehörige aus unmittelbarer Nähe fest, zeigte immer wieder Menschen in dem Moment, in dem sie die Fassung verlieren. Die 1941 entstandene Aufnahme am Schauplatz eines Mordes fängt den Ge-

gensatz zwischen Sensationslust und persönlichem Betroffensein ein. Sie zeigt eine Ansammlung gebannter Kinder und Jugendlicher, deren Blicke Neugier, Faszination, ungläubiges Staunen und Begeisterung ausdrücken. Unter ihnen befindet sich die verzweifelte Tante des Mordopfers. Das zornige Gesicht und der Arm ihres Sohnes sind zu sehen, der das kleine Mädchen im Zentrum des Bildes und einen weiteren Jungen wegstößt, um seiner Mutter im Gedränge Raum zu verschaffen. Im Gegensatz zu anderen Aufnahmen Weegees, die das am Boden liegende Opfer fokussieren, setzt sich „Their First Murder" kritisch mit dem gedankenlosen Verhalten von Schaulustigen auseinander, das angesichts des persönlichen Elends Betroffener unerträglich scheint.

174
Der Bremer Wirtschaftssenator Peter Gloystein bei
der Eröffnung des Bremer Weinfestes am 11.5.2005
Fotografie
Thomas Kuzaj / Mediengruppe Kreiszeitung
Lit.: Kuzaj

Bei der Eröffnung des Bremer Weinfestes am 11.5.2005
überschüttete der damalige Wirtschaftssenator und
stellvertretende Bürgermeister Peter Gloystein (CDU)
einen Obdachlosen aus einer Magnumflasche mit
Sekt, Augenzeugenberichten zufolge mit den Worten:
„Hier hast du auch etwas zu trinken!" Der Mann, der
zuvor provokativ nach der Flasche gegriffen habe, sei
daraufhin in Tränen ausgebrochen. Nach Bekannt-
werden des Vorgangs trat Gloystein am 12.5.2005
zurück. Der Vorfall wurde überregional zur Kenntnis
genommen und rief nicht zuletzt durch die veröffentlichten Fotos Empörung hervor. Thomas Kuzajs Aufnahme wird dominiert von der erhöht stehenden Gestalt des Senators im weißen Sommermantel. Die
Magnumflasche noch in der Hand, blickt er Beifall
heischend ins Publikum, während das Opfer der
Attacke zusammengesunken am Bildrand steht.

173
Mark McGowan
Kick George Bush's Ass, 2007
Aufzeichnung einer Performance

Der britische Künstler Mark McGowan reagiert auf
politische und gesellschaftliche Themen mit dem
Medium der Performance. Mit George-Bush-Maske auf
dem Kopf, Kissen in der Hose und am Hosenboden
ein Schild mit der Aufforderung „Kick my ass" kroch er
im Februar 2007 72 Stunden durch Manhattan und
bot sich den New Yorkern stellvertretend für den
damaligen US-Präsidenten als Prügelknabe an. Das
Sich-Ausliefern in der Öffentlichkeit erinnert an die
abbildenden Strafen des Mittelalters, mit dem wesentlichen Unterschied, dass es hier freiwillig geschah.
Das Publikum reagierte irritiert, zögerte, das Angebot
wahrzunehmen und suchte stattdessen den Dialog.
Nach Ermutigung McGowans kam es zu ersten, zag-
haften Tritten – es wurde deutlich, dass die meisten
Menschen Hemmungen haben, jemanden zu verlet-
zen. Nachdem sie sich allerdings an die Situation gewöhnt hatten, bereitete das „Spiel" den Passanten
Spaß. Brenzlig wurde es für den Künstler, als die Performance den Zorn eines Bush-Sympathisanten erregte, der McGowan ernsthaft bedrohte.

Transkriptionen

Johann Smidt an seine Cousine

Bremen 1781
Meine liebe Cousine
Ich hoffe Sie werd gestern Abend recht gut hingekommen seyn und
dancke Ihnen noch vielmals das Sie gestern so lange bey uns gewesen
sind und mit uns Domino gespielt haben.
Ich hoffe das Tante Hollers immer besser werde. Ich habe Ihnen
gestern um ein bisschen roht Wachs ersuchet. Wollen Sie es mir wohl
durch Lena herschiken wann sie bei Ihnen kommen wird.
Ich verbleibe Ihr gehorsamer Diener
Johannes Smidt
In großer Eile geschrieben

Bremen, den 31. Oktober 1782
Meine liebe Cousine
Weil ich von meiner lieben Mama gehöret habe das Sie heute Cousine
Schönen sprachen so will ich Ihnen ersuchen ob Sie wohl so gut seyn
wolten und sagen zu ihr Ob sie wohl machen köte das mein lieber
Papa sein Nahm in dem Statskalender nicht mehr Smith sondern
Smidt geschrieben würde
Ich bin allezeit/ Dero gehorsamster/ Diner/ Johannes Smidt/ Anno
1782
N S/ Ich ersuche dies/ Zetteln doch an/ nimand zu zigen weil/ es in
grosser/ Eil geschrieben/ ist
(Nach Schulz, S. 25, 29)

Fritz Gildemeister an Christine Stolz

*Geschrieben zu Bremen am 4ten December 1815 abgesandt den
5ten Dec. 1815*
Theure Freundin
Endlich habe ich durch Smidt die Gewißheit, daß wenigstens kein
äußerliches Hinderniß mich bestimmen kann, die innigsten Wünsche
meines Herzens auf immer in die Brust zu schließen. Darum will ich
denn auch keinen Augenblick mehr säumen sie Ihnen darzulegen
und Sie grade und ohne Umschweife zu fragen ob ich hoffen darf Sie
einst meine Gattin zu nennen. Daß ich in der persönlichsten aller
Angelegenheiten und wo es so recht eigentlich gilt, sich ganz selbst zu
geben, mich der todten Schriftzüge bedienen muß, das glauben Sie
mir, empfinde ich selbst auf das tiefste, aber misdeuten werden Sie es
nicht, meine liebe, liebe Freundin, daß ich auch so noch mir das
Recht nicht wollte rauben laßen, Ihnen unmittelbar, nicht durch einen
Dritten, zuerst zu entdecken, wie werth Sie mir sind. Unter den gege-
benen Verhältnissen, die jede zartere Annäherung, jede allmälige Verständigung geradezu ausschließen, werden Sie in dieser unvorbereite-
ten Erklärung, zu der mich, ich fühle es wol, nichts außer mir selbst
berechtigt, jenes hingebende unbedingte Vertrauen nicht verkennen,

ohne das mir ein ähnlicher Schritt völlig unmöglich gewesen wäre.
Als ich vor zwey Jahren einige glückliche Stunden unter den Ihrigen
verlebte, berührte mich sogleich Ihre Erscheinung, deren Bild noch
von früherer Zeit, wiewohl schwach, in meiner Seele lebte, auf das er-
freulichste. Der Anblick eines stillen abgeschlossen Familienlebens
hatte für mich, den die gährende, alle Gemüthskräfte auf das höchste
anregende Zeit in ihren Wirbeln mit sich fortriß, einen eigenthümli-
chen, von mir nie zuvor empfundenen Reiz. Sie selbst, theuerste
Freundin, erschienen mir als Theil dieses Ganzen das mich so lebendig ansprach; ich durfte daher der Stimme, die sich in meinem Innern
gleich anfangs für Sie regte, nicht unbedingt trauen. Wie aber später-
hin unter den wechselnden Freuden und Bedrängnissen des Augen-
blicks, unter den großen Ereignissen, d. sich vor meinen Blicken ent-
falteten und dann nach der Rückkehr in die Heimath, wo abermals
ein neues Leben für mich begann, – wie, wärend alle andern Erinne-
rungen jener Tage allmälig in den Hintergrund traten, Ihr Bild mir
immer gleich lebendig blieb, da konnte ich mich über die Natur jenes
Eindrucks nicht länger täuschen, da ward es mir klar, daß ich in Ihnen
gefunden, wonach sich mein Herz so lange sehnte. Ich bin kein
Schwärmer, aber leugnen will ich es nicht, eben in dem anscheinendn
Zufälligen und planlosen, das mich in Ihre Nähe führte, glaube ich
eine höhere Leitung zu erkennen. Und den Wink eines nähmlich sor-
genden Schicksals. – Sollte dieser erhebende Glaube nur ein Traum
gewesen seyn? Sie allein können mir die Antwort geben.
Sie werden mir, geliebte Freundin, die Kürze meines Aufenthalts in
Ihrer Nähe und die Unmöglichkeit einer sogenannten genauen Bekanntschaft nicht als Einwurf entgegensetzen. Eben dieser dauernde Eindruck nach einem so vorübergehenden Zusammentreffen ist mehr als
die längste Bekanntschaft mir Bürge – ich spreche es mit der innigsten
Überzeugung – daß ich recht thue indem ich Ihnen meine Hand biete
und Ihr Daseyn an das meine zu feßeln wünsche. Ihr eigener Sinn wird
Ihnen am besten sagen, ob ich irre. Prüfen Sie, faßen Sie meinen An-
trag mit heiterm Blick – und auch mit ein wenig Glauben an mich –
in das Auge; und dann entscheiden Sie, ob ich zu Ihnen kommen, ob
ich Ihrem Vater meinen Wunsch eröffnen darf.
Der wärmsten Aufnahme unter den Meinigen, unter denen sie eine
Mutter finden werden, dürfen sie gewiß seyn.
O daß meine Lippen Ihnen den Gruß bringen könnten, den Ihr bester
Freund Ihnen mit diesem Blatt sendet
Gildemeister
(Nach Klatte, S. 39f.)

Alfred Walter Heymel an Hugo von Hofmannsthal

Mein sehr verehrter Herr von Hofmannsthal?
Warum hört man gar nichts von Ihnen? Immernoch erbittert gegen
jemand, der nichts dazu kann? Oder ärgerlich weil man zornig
wurde? Beiderseits!

Ein Paar Worte von Ihnen thäten mir sehr wohl, denn hier ist Lange-
weile, Verzweiflung, Kleinlichkeit, Missgunst, Neid, Anfeindung,
schlechtes Wetter und Essen, Lärm, Unflätigkeit, Rohheit, Schnaps,
Stinkatem etc. etc.
Sets in alter Verehrung und Zuneigung Ihr ergebenster Alfred Heymel
(Nach Volke, S. 26)

Helene Gräfin Wolff-Metternich an Dr. jur. Wilhelm Cramer

St. Magnus bei Bremen, den 22. Sept. 32.
Sehr geehrter Herr Dr. Cramer,
ich warte bereits seit Wochen auf eine Antwort von Ihnen betreffs
Schulfrage der Kinder. Sie hatten mir versprochen bald zu antworten.
Wie Ihnen bekannt ist, habe ich Anspruch auf meine Kinder sechs
Monate jährlich. Da ich diesen Anspruch nicht voll ausnutze, stehen
mir dieselben jetzt also bereits ganze 2 Jahre zu. Ich halte an meinem
Standpunkt, die Jungens nach England zu schicken, fest. Da ich jetzt
das Verfügungsrecht besitze, will ich meine Absicht in die Tat
umsetzen.
Die Kinder waren 5 Wochen bei mir und stehen mir gerichtlich
500,– monatlich zu. Da ich diesen Betrag bis heute noch nicht von
Ihnen erhalten habe, ersuche ich Sie, mir denselben für 1¼ Monat
umgehend zu übersenden, zumal ich für die Kinder große Ausgaben
hatte.
Es versteht sich eigentlich von selbst, daß Sie dies schon lange aus
eigenem Antrieb hätten tun sollen, zumal es mir gerichtlich zusteht.
In der Sache „Schnelle" haben Sie mich einfach im Stich gelassen, so
daß ich jetzt auch noch den Schaden habe.
Ihr Verhalten ist mir unverständlich.
Ich bitte Sie um umgehende Regelung unserer Angelegenheiten.
Hochachtungsvoll
Gräfin Metternich

Schreiben von Werder Bremens Mannschaftskapitän Otto Trennert an die Polizeidirektion

Bremen, den 20. März 1908
Löbl. Polizeidirection. Hier.
Hiermit ersuchen wir erg. um Gestellung von zwei Beamten zum
Schutz unserer Interessen auf unserm von einer Planke umzäumten
Sportplatz Huckelriede am Sonntag, 22. März von Nachmittags
1/2 4 Uhr bis ca. 5 Uhr anlässlich des dort stattfindenden Ausschei-
dungsspieles um die Meisterschaft des Deutschen Fussballbundes.
Der Grund unseres Gesuches ist unsere Schutzlosigkeit gegenüber
dem pöbelhaften und uns schädigenden Benehmen ganzer Truppen
halbwüchsiger und auch älterer Besucher und bitten wir als Pächter
des genannten Sportplatzes, welcher Staatseigentum ist, und als
Eigentümer der von uns mit grossen Unkosten geschaffenen Anlagen,
unser Gesuch gütigst zu berücksichtigen und uns auch zukünftig bei
besonderen Veranlassungen, für welche wir um polizeilichen Schutz
nachsuchen, denselben zu gewähren.
Wir empfehlen uns
Hochachtungsvoll
F. V. Werder
Otto Trennert
14. Charlottenstrasse

Verso handschriftlich
Der Sportplatz ist mit einer etwa 2 m hohen, dichten Planke einge-
friedigt, sodaß eigentlich Belästigungen gar nicht vorkommen können.
Ich halte es für zu weit gehend, wenn bei jeden Spielplatz ein oder
zwei Schutzleute gestellt werden sollen. Es würde genügend, wenn
das betr. Tagesrevier sich kurze Zeit bei dem Platze aufhält. Diese
Vereine betrachten die Schutzleute als ihre Aufpasser und ihre Wäch-
ter und stellen auch dementsprechende Anforderungen an dieselben.
Für künftige Veranstaltungen würde das Tagesrevier jedes mal besondere Instruktion erhalten.
A.K.VIII 21.3.08 Rösen

Von anderer Hand:
Ich bitte nach Vorschlag zu verfahren

Ordnungswidrigkeiten sind nicht vorgekommen. Es sind nur wenige
Zuschauer anwesend gewesen.
23.3.08 Rösen

Brief Otto Gildemeisters an seinen späteren Schwieger-sohn Friedrich Franz Susemihl

Berlin 14. März 1881
Für Ihren warmen und herzlichen Geburtstagsbrief, lieber Susemihl,
sage ich Ihnen ebenso warmen und herzlichen Dank. Ihre Worte haben
mich erfreut und gerührt. Obwohl ich mich keiner besonders dankes-
würdigen Wohltaten gegen Sie bewußt bin, kann ich doch nicht leugnen, daß es ein wohltuendes Gefühl ist, wenn man gewahrt, daß man
guten Menschen – zu denen rechne ich Sie, und das ist nichts geringes
– wert ist. Ich bin immer überzeugt gewesen, daß Ihre Freundschaft
zu meinem Hause aus dauerhaftem Stoffe gewebt sei, und Ihr Brief
hat mir nur bestätigt, was ich ohnehin wußte. Ebenso, denke ich, werden Sie, ohne viel Betheuerns von meiner Seite, glauben, daß ich Ihnen
von Herzen alles Schöne und gute auf Ihrem Lebenswege wünsche.
Leben Sie recht wohl. Beste Grüße von den beiden andern und von
Ihrem ältlichen Freund
Gildemeister

Schriftliche Absage Otto von Bismarcks an H. H. Meier auf eine Einladung zu einer Dampferfahrt

An Herrn H. H. Meier
Etc. etc. etc.
Hochwohlgeboren
Bremen
Berlin den 14. Mai 1873.
Ew. Hochwohlgeboren sage ich für das gefällige Schreiben vom 10. d.
M. meinen verbindlichsten Dank. Ich fürchte, daß meine Gesundheit
mir überhaupt nicht gestattet an der sehr interessanten aber auch sehr
anstrengenden Fahrt Theil zu nehmen. Meine Fähigkeit mich zu Fuß
zu bewegen ist namentlich für den Augenblick sehr beschränkt. Sollte
darin eine Besserung eintreten, so würde ich gern das mir mit so viel
Liebenswürdigkeit gemachte Anerbieten annehmen und mit Vergnügen
wieder in Ihrem gastfreien Hause zu Bremen Wohnung nehmen.
Indem ich für diesen Fall weitere Benachrichtigung mir ergebenst vorbehalte, benutze ich gern diesen Anlaß, um, unter Wiederholung meines Dankes, Ew. Hochwohlgeboren meiner vorzüglichsten Hochachtung zu versichern.
Bismarck

Kriegsgefangener Walter Arnold aus Ottawa an seine Mutter Margarete Arnold in Bremen

Canada, d. 14. September 1944.49
Meine liebe Mutter!
So nun endlich der versprochene Brief! Erstmal aber werde ich Dir nochmal Deine Briefe bestätigen: also v. 21.3., v. 8.4. u. v. 26.4. dazu einen von Dodo v. 14.5. Dann bekam ich noch einen von Ursel Cassens, der mich sehr erfreut hat, ich beantworte ihn Ende des Monats. – Es wird immer schwerer zu schreiben, zumal man sich ja über das Wichtigste kaum auslassen kann und dann tritt das Persönliche als kleinstes und unwichtiges hinter den augenblicklichen und kommenden Geschehnissen zurück. Jedenfalls lässt es sich nicht verheimlichen, dass sich die Situationen in der Heimat und an den Fronten auch hier entsprechend auswirken! – Wenn andere nettere Briefe schreiben, so sind sie eben anders veranlagt oder sie berichten von Sachen, die das Leben hier anders darstellen, als es in Wirklichkeit ist, ja, Wunschträume könnte ich auch spiegeln lassen! Ihr müsst eben Geduld haben, nach dem Kriege wird sich manches klären! Dann gibt es ja Leute, die in den Tag hineinskaten [???], sich über nichts Sorgen machen und noch schlimmer, die, die nach aussen vollkommene Blindgänger sind! – Ich weiss sehr wohl, dass meine Briefe im 08-15 Format stehen und habe diese Beschwerde auch schon von anderen Angehörigen der Kameraden gelesen und dabei sind die Briefe dieser Angehörigen selbst nichts anderes als beschriebenes Papier. Es ist eben schlecht für beide Seiten, da muss man sich schon mit abfinden, verkehrt ist es nur sich das Leben durch Vorwürfe zu erschweren. Darum möchte ich zu den Paketen noch etwas sagen: da Ihr mich in meinen Wünschen missverstanden habt und auch nicht schalten [?] könnt, Ihr die Sachen besser gebrauchen könnt als ich, bitte ich alle Paketsendungen einzustellen. – So und nun einmal zu Dir. Du schreibst von Dir selbst so wenig, dass ich gar nicht weiss, was Du so machst und ebenso geht es mit Dodo und vielen anderen Sachen! Da ist doch noch allerhand zu schreiben, nicht wahr?! Nun sag' bloss nicht, ich schrieb auch nichts von mir – hier ist das eine andere Sache. Aber ich will doch mal sehn' was sich machen lässt – nächstes mal! – Hast Du mal mit K. H. Peters gesprochen? Die Ausgetauschten sind leider mit Vorsicht zu geniessen; sie haben schon viel dummes Zeug angestellt. – Für Heute sei mir recht herzlich gegrüsst von Deinem
Walter.

Neujahrsglückwunsch des Herman Sorger an seinen Lehrherrn und dessen Familie

Hoch zu Ehrender, hochgeschätzter Meister Wie auch die Meisterin und ihren hertzliebenden Sohn
Da wir durch die Güte des Allerhöchsten abermahl ein Altes Jahr zu ruhe geleget und ein Neues in Seegen und gesundheit mit dem heyligen Tag antreten, so achte ich meiner Schuldigkeit gemäß für die Liebe und
Guttätigkeit die sie an mir erweisen, einen schuldigen und hertzwohlgeneigten danck abzustatten und sie auch von hertzen zu Gratulieren. Ich wünsche sie aber zufördert den Seegen des Herrn, das der Herr möge bey sie seyn auf allen ihren wegen bey allen ihren handlungen und verrichtung, Der herr Seegne sie Zeitlichen [Xx]istlichen und Ewigen[.] In Zeitlichen, das sie nimmer fählt an irgend eines Guten [Er] Seegne sie auch in [Xx]istlichen und helfe sie zu den Kleide der Gerechtigkeit, Jesus Christus in wahrem Glauben das sie kommen und sprechen [...], Esaias 61 vs: 10 Sagt. Ich freue mich in dem Herrn

und meine Seele ist frölich in meinem Gott den er hat mi[ch] angezogen mit den Kleidern des Heils und mit dem Rock der Gerechtigkeit gekleidet wie ein Breutigam in priesterlichen Geschmuck gezieret und wie eine Braut in ihrem Geschmeide [...].
Ich gratulier sie mit vielmahls zum Neuen Jahr
Bremen [...] Jan: 1780
Herman Sorger Ihro getreuer Lehrburse

Neujahrsbrief Hermanns an seine Eltern

Liebe Eltern
Unter allen Menschen auf Erden seid Ihr meine größten Wohlthäter. Wie undankbar müsste ich sein, wenn ich am heutigen, für jeden Menschen wichtigen und feierlichen Tage nicht der reichen Wohlthaten gedenken wollte, die mir durch Eure Güte, im verflossenen Jahre so reichlich zu theil geworden sind. Ihnen danke ich ja – nächst Gott, alles was was ich habe, jede Freude, jedes Glück. Der liebe Gott vergelte Ihnen reichlich, was Ihr an mich gethan haben. Er gebe Euch seinen himmlischen Frieden und schenke Euch alles, was zu Eurem wahren Wohle gereicht. Insbesondere verleihe er Euch Gesundheit, damit Ihr noch viele Jahre vergnügt und froh zurücklegen können. Ich aber verspreche Euch, dass ich mich jeder Zeit bestreben will, durch Folgsamkeit, Fleiß, Ordnung, vor allen aber durch Frömmigkeit mich Ihrer Liebe würdiger zu machen. In herzlicher Liebe verbleibe ich Ihr gehorsamer Sohn Hermann
Achim, am 1. Jn. 1861

Adolph Freiherr Knigge an seine Tochter Philippine

Hannover, Mittwochs d 18/Nov. 1789. Abends 10 Uhr.
Ich habe nun aber auch mit der fahrenden Post deinen übersetzten ersten Act vom Talisman [Oper von Salieri] bekommen; allein ich gestehe dir's, ein Blick ist hinreichend gewesen, mich zu überzeugen, mit welcher unverzeylichen Nachlässigkeit du gearbeitet hast – Nur zur Probe etwas!
„Die magren Tage schmelzen?" – Ist es möglich. etwas Mageres zu schmelzen? Fette Sachen lassen sich schmelzen, fondre [i. e. fondere] – nun schlage ich das Original auf, und finde ingrassare – Mord Pestilenz, heißt denn das schmelzen? – Genau das Gegentheil! fett machen. Allein über das Alles würde ich mich nicht so ärgern, wenn nicht hier wieder das vermaledeyete, verfluchte sibirische Hessen hervorblickte, das Land der Schurken und Pinsel, dem ich meine häuslichen Leiden, dem ich's zu danken habe, daß aus dir – nichts wird. Dort nennt man schmelzen, fett machen – Aber ein Mädchen, dem ich die Kultur gegeben habe, sollte die wohl, wie Jungfer [...], die Frau Försterinn und die Frau von Baumbach – kurz! wie der Pöbel sprechen und – schreiben? Ferner: il legista – heißt das: „die Professorin?" – „der Rechtsgelehrte trifft es, von legge – „il Galenista" heißt: „der Arzt" von Galenus (also Schüler Galens). Ferner: „Vater! der ihr mir das seyd" – Spricht irgend ein Mensch in der Welt so? Man sagt entweder: „der Ihr mir Vater seyd" oder: „Vater! – denn das seyd ihr mir" Ich mag nicht weiter fortfahren, bitte aber gelegentlich um den zweyten Act und das italienische Büchelchen.

Donnerstag Abends 10 Uhr. Es thut mir herzlichst, innigst weh, daß ich dir nicht mit der liebevollen, zärtlichen Empfindung schreiben kann, mit der ich dir so gerne schriebe; aber deine Unfolgsamkeit zieht eine Grenzlinie zwischen dir und meinem Herzen, wovon du die Richtigkeit vielleicht erst in der Folge einsehn wirst. Du erfüllst keine deiner Versprechungen, und zwingst mich dadurch, in Ansehung deines künftigen Aufenthalts und des Grades der Freyheit, den ich dir lassen werde, Maßregeln zu nehmen, die dir freylich nicht gefallen können! Doch davon ist es jetzt noch nicht Zeit zu reden. So viel aber fordre ich bestimmt vorerst von dir, daß du nur zweymal in der Woche in Gesellschaft gehest, und nie unter keinerley Vorwand, ausser in die Kirche, des Morgens einen Fuß vor die Thür setzest; daß du nie eine Malzeit ausser Hause haltest und überhaupt nie ausgehest, ohne es der Frau Rectorin zu melden. Fränzel gebe ich hiervon Nachricht und Anweisung, dich in meinem Namen zu deiner Pflicht anzuhalten.

[...] hat meinen Vergleich auf 1.000 [...] bar nicht angenommen; geringer kann ich nicht; also dauert unser Proceß fort.

Freitag Nachmittags 2 Uhr. Dein Brief ist heute ungewöhnlich früh gekommen; ich danke dir dafür. Dein Tagebuch hat immer Lücken. Dein Brief führt oben N[ovember] 13 zum Schilde. Dann steht: „Heute bin ich p. und dann: „N[ovember] 15 Heute sind" u. s. f. Schreibe mir lieber gar nichts von der Anwendung deiner Zeit oder verschweige nicht, was dir bequemer zu verschweigen ist!
Es soll mir lieb sein, wenn das, was ich dir von Fränzel schrieb, falsche Anklage ist. Da sich's indessen nicht schickt, daß ein junges Mädchen allein spatzieren laufe; so ist es gar nicht übel zu nehmen, wenn man darüber hämische Bemerkungen macht. In Allem recht und streng anständig gehandelt; so kann man über jede Verleumdung lachen. Wenn ich die Hand in fremde Taschen stecke; so verdiene ich, daß man von mir sage: ich stehle. Das Französisch=Schreiben gefällt dir nicht mehr, wie es scheint, und das Französisch=Sprechen unterbleibt auch. Thu, was du willst; so wird aus dir werden, was ich nicht verantworten will! – Fahre so fort; so hast du bald unter die Erde gebracht,
Deinen gekränkten Vater Knigge.

Brief Otto von Bismarcks an Senator Gildemeister

Seiner Hochwohlgeboren
Dem Senator der Freien und Hansestadt Bremen,
Herrn Dr. Gildemeister
Bremen
Friedrichsruh, den 26. Oktober 1888
Seine Majestät der Kaiser haben mich zu beauftragen geruht, Euer Hochwohlgeboren für die verdienstvolle Thätigkeit, mit welcher Sie den Anschluß der Freien und Hansestadt Bremen an den Zollverband des Reiches gefördert haben, Allerhöchstdesselben Dank und Anerkennung auszusprechen. Gleichzeitig haben Seine Majestät Ihnen als ein bleibendes Zeichen der Erinnerung an Ihre aus diesem Anlaß den gemeinsamen Interessen des Reiches und Ihrer Vaterstadt gewidmete Arbeit eine zu diesem Zwecke in der Königlichen Porzellan-Manufaktur angefertigte Vase verliehen.
Indem ich mich des mir ertheilten Allerhöchsten Auftrages unter Hinzufügung meines Glückwunsches gern entledige, lasse ich Euer Hochwohlgeboren die für Sie bestimmte Vase hierneben zugehen.
Der Reichskanzler.
Bismarck

Otto Gildemeister an Otto von Bismarck

Sr. Durchlaucht
dem Herrn Reichskanzler Fürsten von Bismarck
Friedrichsruh
Von Senator Gildemeister in Bremen.
Bremen 30. October 1888
Mit dem gefälligen Schreiben Ew. Durchlaucht vom 27. d. M. hatte ich gestern die hohe Freude die reiche kunstvolle Gabe zu empfangen, welche Seine Majestät der Kaiser bei Anlaß des Eintrittes Bremens in den deutschen Zollverband mir zu bewilligen die Gnade gehabt hat. Darf ich für meine Person in dieser Auszeichnung nun Anerkennung von Bemühungen und Arbeiten für ein schwieriges und bedeutsames Werk erblicken, dessen Verdienst ich mit vielen meiner Collegen und Mitbürger zu theilen habe, so gewinnt das Kaiserliche Geschenk in meinen, und wie ich hinzusetzen darf, in allen Bremer Augen unschätzbaren Werth als ein Zeichen des huldreichen Wohlwollens, welches Se Majestät der Wohlfahrt meiner Vaterstadt in einem für ihre [Geschicke?] so inhaltvollen Zeit [...] zuwendet. Durch pflichtgetreue Arbeit in neueröffneten Bahnen der [...] Wohlwollens [...] zu erweisen, wird der Gnadenbeweis Sr. Majestät nicht allein mir, sondern auch meinen Mitbürgern erneuter Sporn sein.
Ew. Durchlaucht darf ich ergebenst ersuchen, Seiner Majestät von meinem ehrerbietigsten Danke und von den [...], in welchen ich die allerhöchste gnädige Auszeichnung entgegengenommen habe, geneigtest Dank geben zu wollen.
Indem ich Ew. Durchlaucht für den freundlichen Glückwunsch, der die Gabe begleitete, meinen verbindlichsten Dank zu bezeugen nicht verfehle, verharre ich
in ausgezeichnetster Hochachtung
Ew. Durchlaucht ergebenster

Abgekürzt zitierte Literatur

Quellentexte

von Baudissin / Wolf Graf von und Eva Gräfin von Baudissin, Spemanns goldenes Buch der Sitte, Berlin/Stuttgart o. J. (1901).

Brinkschulte / Ernst Brinkschulte, Neuzeitlicher Muster-Briefsteller für alle Volksschichten – Wie schreibe ich klar und sachlich meine Briefe?, Gelsenkirchen-Buer 1951.

Castiglione / Baldassare Castiglione, Der Hofmann. Lebensart in der Renaissance, Berlin 2004 (Auswahl).

Ebhardt / Franz Ebhardt, Der gute Ton in allen Lebenslagen. Ein Handbuch für den Verkehr in der Familie, in der Gesellschaft und im öffentlichen Leben, 3. Aufl., Berlin 1878.

Erasmus / Erasmus von Rotterdam, Züchtiger Sitten zierlichen wandels / und höfflicher Geberden der Jugent, Frankfurt 1531, Faksimile-Ausgabe, Berlin o. J.

von Franken / Constanze von Franken, Handbuch des guten Tones und der feinen Sitte, 47. Aufl., Berlin 1922.

Graudenz / Karlheinz Graudenz, Das Buch der Etikette, unter Mitarbeit von Erica Pappritz, Marbach/N. 1956.

Graudenz/Pappritz / Karlheinz Graudenz/Erica Pappritz, Etikette neu, 6. Aufl., München 1965.

Hogarth / William Hogarth, Analysis of Beauty 1753, Menston, Yorkshire 1971.

Horn / Erna Horn, Hohe Schule der Lebensart, erstmals 1953, Kempten 1954.

Knigge / Adolph Freiherr von Knigge, Über den Umgang mit Menschen, hg. v. Gert Ueding, erstm. 1977, Frankfurt/M./Leipzig 2001.

de Lairesse / Gerard de Lairesse, Groot Schilderboek, 1. Aufl., Amsterdam 1707, Nachdruck der Ausgabe Haarlem 1740, Utrecht 1969.

Oheim / Gertrud Oheim, Einmaleins des guten Tons, Gütersloh 1955, 13. Aufl. 1957.

Reinert-Schneider / Gabriele Reinert-Schneider, Kleiner Briefsteller. 77 Muster für Ihre Privat- und Geschäftskorrespondenz, Niedernhausen 1998.

von Rohr, Privat-Personen / Julius Bernhard von Rohr, Einleitung zur Ceremoniel-Wissenschaft der Privat-Personen, Neudruck der Ausg. Berlin 1728, hg. u. komm. v. Gotthardt Frühsorge, Weinheim 1990.

von Rohr, Grosse Herren / Julius Bernhard von Rohr, Einleitung zur Ceremoniel-Wissenschaft der grossen Herren, Neudruck der Ausg. Berlin 1733, hg. u. komm. v. Monika Schlechte, Weinheim 1990.

von Rumohr / Carl Friedrich von Rumohr, Schule der Höflichkeit für Alt und Jung, Stuttgart/Tübingen 1834/35, neue Ausgabe: Carl Friedrich von Rumohr, Sämtliche Werke, hg. v. Enrica Yvonne Dilk, Bd. 9, Hildesheim 2003.

Schönfeldt / Sybil Gräfin Schönfeldt, 1 x 1 des guten Tons, München 1987.

Stanhope / Philip Dormer Stanhope/Earl of Chesterfield, Briefe an seinen Sohn Philip Stanhope über die anstrengende Kunst ein Gentleman zu werden, Leipzig/Weimar 1983.

Trautwein / Susanna Trautwein, Gesellschaft und Geselligkeit in Vergangenheit und Gegenwart, Leipzig/Berlin 1919.

Vollbeding / Johann Christoph Vollbeding, Neuer gemeinnützlicher Briefsteller für das bürgerliche Geschäftsleben, 7.Aufl., Berlin 1833.

Zerklaere / Thomasin von Zerklaere, Der Welsche Gast. Text (Auswahl) – Übersetzung – Stellenkommentar, hg. v. Eva Willms, Berlin 2004.

Weitere Literatur

Albrecht / Peter Albrecht, Von den Bemühungen, den Kaffeeverbrauch rechts und links der Weser in der zweiten Hälfte des 18.Jahrhunderts einzuschränken, in: Die Kaffeegesellschaft. Drei Jahrhunderte Kaffeekultur an der Weser, Ausst. Kat. Museum der Porzellanmanufaktur Fürstenberg, Bremerhaven 1992, S. 61–70.

Ariès/Duby, Bd. 4 / Philippe Ariès/Georges Duby (Hg.), Geschichte des privaten Lebens, Bd. 4: Von der Revolution zum Großen Krieg, hg. v. Michelle Perrot, Frankfurt 1992.

Ausst. Kat. Anständige Lust / Die anständige Lust. Von Eßkultur und Tafelsitten, hg. v. Ulrike Zischka, Hans Ottomeyer u. Susanne Bäumler, Ausst. Kat. Münchner Stadtmuseum, München 1993.

Ausst. Kat. Anziehungskräfte / Anziehungskräfte. Variété de la Mode 1786–1986, hg. v. Münchner Stadtmuseum, Ausst. Kat. Münchner Stadtmuseum, München 1987.

Ausst. Kat. Biedermeier / Biedermeier. Die Erfindung der Einfachheit, hg. v. Hans Ottomeyer, Klaus Albrecht Schröder u. Laurie Winters, Ausst. Kat. Milwaukee Art Museum/Albertina, Wien/Deutsches Historisches Museum, Berlin, Ostfildern 2006.

Ausst. Kat. Bild als Waffe / Mittel und Motive der Karikatur in fünf Jahrhunderten. Bild als Waffe, hg. v. Gerhard Langemeyer, Gerd Unverfehrt, Herwig Guratzsch u. Christoph Stölzl, anlässl. d. Ausst. Wilhelm-Busch-Museum Hannover/Museum für Kunst und Kulturgeschichte Dortmund/Kunstsammlungen der Universität und des Kunstvereins Göttingen/Münchner Stadtmuseum, München 1984.

Ausst. Kat. Bus Odyssey / Tom Wood. Bus Odyssey, hg. v. Sylvia Böhmer u. d. Museen der Stadt Aachen, Ausst. Kat. Suermondt-Ludwig-Museum Aachen/Kunsthalle Wilhelmshaven/Kasseler Kunstverein/Städtische Galerie Wolfsburg, Ostfildern-Ruit 2001.

Ausst. Kat. Cruikshank / George Cruikshank 1792–1878. Karikaturen zur englischen und europäischen Politik und Gesellschaft im ersten Viertel des 19. Jahrhunderts, bearb. v. Herwig Guratzsch, Ausst. Kat. Wilhelm-Busch-Museum Hannover/Westfälisches Landesmuseum für Kunst und Kulturgeschichte Münster/Hamburger Kunsthalle, Stuttgart 1983.

Ausst. Kat. Ein Ausstieg aus dem Korsett / Sabine Welsch, Ein Ausstieg aus dem Korsett, Ausst. Kat. Mathildenhöhe, Darmstadt 1996.

Ausst. Kat. Europäische Bestecke / Katrin Hieke, Europäische Bestecke. Kunsthandwerk und Tafelkultur vom Mittelalter bis heute, Ausst. Kat. Deutsches Klingenmuseum Solingen, Solingen 2007.

Ausst. Kat. Gillray / James Gillray 1757–1815. Meisterwerke der Karikatur, hg. v. Herwig Guratzsch, Katalog Max Hasse, überarb. u. abgeschlossen v. Gerd Unverfehrt, Mitarb. Monika Herlt, Ruth Wurster, Ausst. Kat. Wilhelm-Busch-Museum Hannover/Staatsgalerie Stuttgart/Museum für Kunst und Gewerbe Hamburg, Stuttgart 1986.

Ausst. Kat. Hogarth / William Hogarth, Ausst. Kat. Paris, hg. v. Mark Hallett u. Christine Riding, Musée du Louvre/London, Tate Britain/Madrid, CaixaForum, franz. Ausgabe Paris 2006.

Ausst. Kat. Hüte / Hüte. Von Kopf bis Hut. Kopfbedeckungen aus der Sammlung des Modemuseums im Münchner Stadtmuseum vom 18. Jahrhundert bis 2000, Ausst. Kat. Münchner Stadtmuseum, Wolfratshausen 2000.

Ausst. Kat. Im Gewand der Zeit / Uta Bernsmeier, Im Gewand der Zeit. Moden der Jahrhundertwenden 1800,1900, 2000, Ausst. Kat. Focke-Museum Bremen, Veröffentlichungen des Bremer Landesmuseums für Kunst und Kulturgeschichte, Focke-Museum Nr. 104, Bremen 2000.

Ausst. Kat. Kunst für Könige / Kunst für Könige. Malerei in Deutschland im 18. Jahrhundert, hg. v. Wallraf-Richartz-Musaeum – Fondation Corboud u. d. Stadt Köln in Zusammenarb. m. d. Gemäldegalerie Alte Meister Dresden, Ausst. Kat. Staatliche Kunstsammlungen Dresden – Gemäldegalerie Alte Meister in Köln, Wallraf-Richartz-Museum – Fondation Corboud, Köln 2003.

Ausst. Kat. Kunst und Bürgerglanz / Alfred Löhr et al., Kunst und Bürgerglanz in Bremen, Veröffentlichungen des Bremer Landesmuseums für Kunst und Kulturgeschichte Focke-Museum Nr. 102, Ausst. Kat. d. Bremer Museen (Focke-Museum, Kunsthalle, Städtische Galerie) u. d. Sparkasse Bremen, Bremen 2000.

Ausst. Kat. Liebe, Lust & Frust / Walter Stolle, Liebe, Lust & Frust, Ausst. Kat. Hessisches Landesmuseum Darmstadt – Volkskundliche Sammlung im Museumszentrum Lorsch, Darmstadt 2008.

Ausst. Kat. Menstruation / Sabine Zinn-Thomas/Walter Stolle, Menstruation. Monatshygiene im Wandel von 1900 bis heute, Ausst. Kat. Hessisches Landesmuseum Darmstadt, Darmstadt 1998.

Ausst. Kat. Milchbrei und Rute / Daniel Hess, Mit Milchbrei und Rute. Familie, Schule und Bildung in der Reformationszeit, Ausst. Kat. Nürnberg, Germanisches Nationalmuseum, Nürnberg 2005.

Ausst. Kat. Öffentliche Tafel / Die öffentliche Tafel. Tafelzeremoniell in Europa 1300–1900, hg. v. Hans Ottomeyer u. Michaela Völkel, Ausst. Kat. Deutsches Historisches Museum, Berlin, Wolfratshausen 2002.

Ausst. Kat. Reiz & Scham / Reiz & Scham, hg. v. Landschaftsverband Rheinland, Ausst. Kat. Rheinisches Industriemuseum, Schauplätze Euskirchen und Ratingen 2006.

Ausst. Kat. Rowlandson / Thomas Rowlandson. Grazie, Galanterie, Groteske – englische Bildsatire zwischen Rokoko und Romantik, hg. v. Hans Joachim Neyer, Ausst. Kat. Wilhelm-Busch-Museum Hannover/Deutsches Museum für Karikatur und kritische Grafik, Hannover 2001.

Ausst. Kat. Ridikül / Ridikül! Mode in der Karikatur 1600 bis 1900, hg. v. Adelheid Rasche u. Gundula Wolter, Kunstbibliothek, Staatliche Museen zu Berlin, Berlin 2004.

Ausst. Kat. Spitze / Spitze. Luxus zwischen Tradition und Avantgarde, Ausst. Kat. Dortmund, Museum für Kunst und Kulturgeschichte, Dortmund 1995.

Ausst. Kat. Traversi / August Bernhard Rave, Gaspare Traversi. Heiterkeit im Schatten, Ausst. Kat. Staatsgalerie Stuttgart, Ostfildern-Ruit 2003.

Ausst. Kat. Unterwäsche / Almut Junker/Eva Stille, Zur Geschichte der Unterwäsche 1700–1960, Ausst. Kat. Historisches Museum Frankfurt am Main, Frankfurt/M. 1988.

Barta / Ilsebill Barta, Der disziplinierte Körper. Bürgerliche Körpersprache und ihre geschlechtsspezifische Differenzierung am Ende des 18. Jahrhunderts, in: Ilsebill Barta/Cita Breu/Daniela Hammer-Tugendhat (Hg.), Frauen, Bilder, Männer, Mythen, Berlin 1987, S. 84–106.

Barth / Miles Barth, Weeegee´s World, Boston/New York/Toronto/London 1997.

Baumgärtner / Sabine Baumgärtner, Glaskunst vom Mittelalter bis zum Klassizismus, Hefte des Focke-Museums, Nr. 76, Bremen 1987.

von Boehn / Max von Boehn, Das Beiwerk der Mode, München 1929.

Brinkmann/Sander, Niederländische Gemälde / Bodo Brinkmann/Jochen Sander, Niederländische Gemälde vor 1800 im Städel (Niederländische Gemälde vor 1800 in bedeutenden Sammlungen. Illustriertes Gesamtverzeichnis, hg. v. Gerhard Holland, Bd. 1), Frankfurt/M. 1995.

Brinkmann/Sander, Deutsche Gemälde / Bodo Brinkmann/Jochen Sander, Deutsche Gemälde vor 1800 im Städel (Deutsche Gemälde vor 1800 in bedeutenden Sammlungen. Illustriertes Gesamtverzeichnis, hg. v. Gerhard Holland, Bd. 1), Frankfurt/M. 1999.

Burke / Joseph Burke, William Hogarth – Das graphische Werk, Paris/Wien 1968.

Burke, Hofmann / Peter Burke, Die Geschicke des „Hofmann". Zur Wirkung eines Renaissance-Breviers über angemessenes Verhalten, Berlin 1996.

Busch / Werner Busch, Daniel Chodowieckis „Natürliche und affectirte Handlungen des Lebens", in: Daniel Chodowiecki (1726–1801). Kupferstecher – Illustrator – Kaufmann, hg. v. Ernst Hinrichs u. Klaus Zernack, Tübingen 1997, S. 77–99.

Cuzin / Jean-Pierre Cuzin, Fragonard. Leben und Werk. Œuvre-Katalog der Gemälde, München 1988.

Däberitz / Ute Däberitz, Herzog August von Sachsen-Gotha-Altenburg – Ein fürstlicher Sonderling mit Kunstsinn und modischem Geschmack, in: Feine Leute. Mode und Luxus zur Zeit des Empire, hg. v. Marina Moritz, Ausst. Kat. Museum für Thüringer Volkskunde Erfurt, Erfurt 2008, S. 206–217.

Duerr / Hans Peter Duerr, Nacktheit und Scham. Der Mythos vom Zivilisationsprozeß, Frankfurt/M. 1988.

Elias / Norbert Elias, Über den Prozeß der Zivilisation, 2 Bde., Bern 1939, Neuauflage Frankfurt/M. 1997.

Endermann / Heinz Endermann, „So du zu Tische wollest gan". Tischzuchten aus acht Jahrhunderten. Ausgewählt, teilweise neu übersetzt und bearbeitet sowie mit Erläuterungen und einem Nachwort versehen von Heinz Endermann, Berlin 1991.

Fischer-Appelt / Claudia Fischer-Appelt, Family Business. Das Buch für Eltern, die nicht perfekt sein wollen, mit Texten von Tobias Schönpflug, Heidelberg 2007.

Grotkamp-Schepers / Barbara Grotkamp-Schepers, Bequem und lecker. Reisen um 1600, in: Zu Gast. 4000 Jahre Gastgewerbe, hg. v. Hardy Idam, Barbara Grotkamp-Schepers, Ulla Heise, Wolfgang Schepers, Ausst. Kat. Stadtmuseum Erfurt 2008, S. 91–103.

Haase / Heinz-Wilhelm Haase, Fürstenberger Porzellan vom Rokoko bis zum Historismus, Hefte des Focke-Museums, Nr. 72, Bremen 1986.

Hartmann / Andreas Hartmann, Der eigensinnige Körper. Über Physis und Anstand im 20. Jahrhundert, in: Jahrbuch für Volkskunde 13 (1990), S. 63–74.

Heitmann / Bernhard Heitmann, Die deutschen sogenannten Reise-Service und die Toiletten-Garnituren von 1680 bis zum Ende des Rokoko und ihre kulturgeschichtliche Bedeutung, Phil. Diss. Hamburg 1979.

Henkel/Schöne / Arthur Henkel, Albrecht Schöne, Emblemata. Handbuch zur Sinnbildkunst des XVI. und XVII. Jahrhunderts, Taschenbuchausgabe Stuttgart/Frankfurt/M. 1996.

Hermann / Ingo Hermann, Knigge. Die Biografie, Berlin 2007.

Hernmarck / Carl Hernmarck, Die Kunst der europäischen Gold- und Silberschmiede von 1450 bis 1830, München 1978.

von der Heyden-Rynsch, Salons / Verena von der Heyden-Rynsch, Europäische Salons. Höhepunkte einer versunkenen weiblichen Kultur, München 1992.

von der Heyden-Rynsch, Galanterie / Verena von der Heyden-Rynsch, Das Spiel der Verführung. Liebe und Galanterie im Wandel der Zeiten, Düsseldorf/Zürich 2004.

Höper / Corinna Höper, Katalog der Gemälde des 14. bis 18. Jahrhunderts in der Kunsthalle Bremen, Hg. Kunsthalle Bremen, Siegfried Salzmann, Bremen 1990.

Kemp / Wolfgang Kemp, Die Beredsamkeit des Leibes. Körpersprache als künstlerisches und gesellschaftliches Problem der bürgerlichen Emanzipation, in: Städel-Jahrbuch Neue Folge, Bd. 5, 1975, S. 111–134.

Klatte / Elisabeth Klatte (Hg.), „Du bist in jedem Brief mir neu!" Braut- und Ehebriefe aus der bremischen Familie Gildemeister 1815–1839, Bremen 2003.

Knorr / Birgit Knorr, Georg Melchior Kraus (1737–1806): Maler – Pädagoge – Unternehmer; Biographie und Werkverzeichnis, Phil. Diss. Jena 2003.

Kording / Inka K. Kording, „wovon wir reden können, davon können wir auch schreiben".

Briefsteller und Briefknigge, in: Der Brief. Eine Kulturgeschichte der schriftlichen Kommunikation, hg. v. Klaus Beyrer und Hans-Christian Täubrich, Ausst. Kat. Museum für Post und Kommunikation Frankfurt/M./ Museum für Post und Kommunikation Nürnberg, Heidelberg 1997, S. 27–33.

Krumrey / Horst-Volker Krumrey, Entwicklungsstrukturen von Verhaltensstandarden. Eine soziologische Prozeßanalyse auf der Grundlage deutscher Anstands- und Manierenbücher von 1870 bis 1970, Frankfurt/M. 1984.

Kühme / Dorothea Kühme, Bürger und Spiel. Gesellschaftsspiele im deutschen Bürgertum zwischen 1750 und 1850, Frankfurt/M. 1997.

Kuzaj / Thomas Kuzaj, Aus der Rolle gefallen. Bürgermeister übergießt Bürger mit Sekt; ders.: Gloysteins Sekt-Attacke. Untragbar, beide in: Syker Kreiszeitung, 12.5.2005.

Lange/Conrath-Scholl / August Sander, Menschen des 20. Jahrhunderts, hg. v. Die Photographische Sammlung/SK Stiftung Kultur, Köln, konzipiert v. Susanne Lange u. Gabriele Conrath-Scholl, 8 Bde., München 2001.

Löhr / Alfred Löhr, Bremer Silber. Von den Anfängen bis zum Jugendstil, Hefte des Focke-Museums, Nr. 59, Bremen 1982.

Meiners / Uwe Meiners (Hg.), Ausst. Kat. Ein Künstlerleben im Biedermeier, Friedrich Adam Wilhelm Barnutz (1791–1867), Jever 1991.

Meisterwerke / Kunsthalle Bremen, Bd. I, Meisterwerke. Gemälde, Skulpturen und Neue Medien, hg. v. Der Kunstverein Bremen, Kunsthalle Bremen, Wulf Herzogenrath, Bremen 1989.

Meyer / Schwedenspeicher-Museum Stade. Bestandskatalog I. Mittelalter und Neuzeit, bearb. v. Diethard Meyer, Stade 1992.

Michaelis / Rainer Michaelis, Die deutschen Gemälde des 18. Jahrhunderts. Kritischer Bestandskatalog, Staatliche Museen zu Berlin, Gemäldegalerie, Berlin 2002.

Museumshandbuch / Museumshandbuch, Teil 1. Von Funden der Steinzeit bis zu Gemälden des 19. Jahrhunderts, hg. v. Gerhard Langemeyer, Museum für Kunst und Kulturgeschichte der Stadt Dortmund, Dortmund 1983.

Neteler / Theo Neteler, Verleger und Herrenreiter. Das ruhelose Leben des Alfred Walter Heymel, Göttingen 1995.

Osterloh-Gessat / Elke Osterloh-Gessat, Von „Muckenwedeln" und „Handgeräten". Notizen zum Gebrauch des Fächers, in: Christl Kammerl, Der Fächer. Kunstobjekt und Billetdoux, Ausst. Kat. Badisches Landesmuseum Karlsruhe, München 1989, S. 48–60.

Panofsky / Erwin Panofsky, Ikonographie und Ikonologie. Eine Einführung in die Kunst der Renaissance (1939), in: Erwin Panofsky, Sinn und Deutung in der bildenden Kunst, Köln 1978, S. 36–67.

Paulson / Ronald Paulson, William Hogarth's Graphic Works, London/New Haven 1965.

Pernlochner-Kügler / Christine Pernlochner-Kügler, Körperscham und Ekel – wesentlich menschliche Gefühle, Münster 2004.

Pieske / Christa Pieske, Das ABC des Luxuspapiers. Herstellung, Verarbeitung und Gebrauch 1860 bis 1930, Schriften des Museums für Deutsche Volkskunde Berlin, Staatliche Museen Preußischer Kulturbesitz, Berlin 1983.

Pietsch / Ulrich Pietsch, Potpourri und Möschepott. Funktion und Bedeutung historischer Gebrauchsgegenstände im St. Annen-Museum, Museum für Kunst und Kulturgeschichte der Hansestadt Lübeck, Lübeck 1992.

Pigler / Andreas Pigler, Barockthemen, 1956, 2. Auflage, Budapest 1974.

Rohls / Jan Rohls, Der Prozeß der Zivilisation und der Geist des Protestantismus, in: Die Manieren und der Protestantismus. Annäherungen an ein weithin vergessenes Thema, hg. v. Kirchenamt der EKD, Hannover 2004, S. 63–170.

Sänger / Reinhard W. Sänger, Das deutsche Silber-Besteck 1805–1918, Stuttgart 1991.

Sander / Jochen Sander, Niederländische Gemälde im Städel 1400–1550, Mainz 1993.

Schischkoff / Artikel „Würde des Menschen", in: Philosophisches Wörterbuch, hg. v. Georgi Schischkoff, Stuttgart 1982, S. 764.

Schlaffer / Hannelore Schlaffer, Glück und Ende des privaten Briefes, in: Der Brief. Eine Kulturgeschichte der schriftlichen Kommunikation, hg. v. Klaus Beyrer u. Hans-Christian Täubrich, Ausst. Kat. Museum für Post und Kommunikation Frankfurt/M./Museum für Post und Kommunikation Nürnberg, Heidelberg 1997, S. 34–45.

Schubert / Ernst Schubert, Alltag im Mittelalter. Natürliches Lebensumfeld und menschliches Miteinander, Darmstadt 2002.

Schürmann / Thomas Schürmann, Tisch- und Grußsitten im Zivilisationsprozeß, Münster/New York 1994 (Beiträge zur Volkskultur in Nordwestdeutschland, Heft 82).

Schulz / Günter Schulz, Bremische Kinderbriefe aus alter Zeit. Aus Bürgermeister Johann Smidts Kinderjahren, Bremen 1967.

Slive / Seymour Slive, Frans Hals, München 1989 (dt. Ausgabe Ausst. Kat. National Gallery of Art, Washington D.C./Royal Academy of Arts, London/Frans-Hals-Museum, Haarlem, Brüssel 1989).

Soiné / Knut Soiné, Johann Peter Hasenclever. Ein Maler im Vormärz, Bergische Forschungen Bd. XXI, Neustadt 1990.

Sombart / Werner Sombart, Liebe, Luxus und Kapitalismus. Über die Entstehung der modernen Welt aus dem Geist der Verschwendung (unter dem Titel „Luxus und Kapitalismus" 1912), Berlin 1986.

Stamm / Rainer Stamm (Hg.), Die Gemäldesammlung des Museums im Roselius-Haus, Bremen 2003.

Teichmann-Knauer / Cortina Teichmann-Knauer, Bürgerporträts des 19. Jahrhunderts. Die Ehepaar-Pendantbildnisse des Braunschweigischen Landesmuseums, Braunschweig 1992.

Theuerkauff-Liederwaldt / Anna-Elisabeth Theuerkauff-Liederwaldt, Venezianisches Glas. Die Sammlung Herzog Alfreds von Sachsen-Coburg und Gotha (1844 Ausst. Kat. Museum für Post und Kommunikation Frankfurt/M./Museum für Post und Kommunikation Nürnberg, Heidelberg 1997, 1900), Lingen 1994.

Volke / Werner Volke (Hg.), Hofmannsthal. Briefwechsel mit Alfred Walter Heymel, Freiburg 1998.

Walton / John K. Walton, Fish & Chips & the British Working Class, 1870–1940, erstm. London/New York 1992, Taschenbuchausgabe London/New York 2000.

Weitzman / Steve Weitzman, What's a mother to do?, Zoo World, 2.1.1975.

Wiewelhove / Hildegard Wiewelhove, „Gläserne Phantasien". Über den Gebrauch und das Sammeln von Gläsern im Rahmen europäischer Tischsitten, in: Norbert Börste, Gerd Dethlefs (Hg.), Die Sammlung Nachtmann. Antiken – Glas – Keramik, Paderborn 2008, S. 75–92.

Williams / Val Williams, Martin Parr, Berlin 2004.

Wolff Metternich/Meinz / Die Porzellanmanufaktur Fürstenberg. Eine Kulturgeschichte im Spiegel des Fürstenberger Porzellans, München/Berlin/London/New York 2004.

Wood / Tom Wood, Looking for Love (Chelsea Reach), Manchester 1989.

Zimmermann / Adolph Freiherr Knigge. Neue Studien, hg. v. Harro Zimmermann, unter Mitarb. v. Walter Weber, Bremen 1998.

Bildnachweis

Staatsbibliothek zu Berlin – Preußischer Kulturbesitz, Abteilung Historische Drucke (Kat. 2, 3, 99)
Staatliche Museen zu Berlin, Kunstbibliothek (Kat. 114–117, 137, 138)
bpk/Gemäldegalerie, Kaiser Friedrich-Museums-Verein, Staatliche Museen zu Berlin, Foto Jörg P. Anders (Kat. 83)
bpk/Gemäldegalerie, Staatliche Museen zu Berlin, Foto Jörg P. Anders (Kat. 105)
Braunschweigisches Landesmuseum, Niedersächsische Landesmuseen Braunschweig, Fotos I. Döring (Kat. 106, 107)
Focke-Museum Bremen, Fotos Sigrid Sternebeck (S. 1, Kat. 10–12, 19, 21, 23, 25, 26, 28, 29, 31, 32, 34–36, 40, 44, 45, 49, 51, 53–56, 59, 63, 65, 66, 69, 70, 79, 81, 85, 27, 68, 86, 88-91, 95-98, 118, 119, 132–134, 154–158, 160–164), Lars Lohrisch (Kat. 6, 128, 130, 151, 152), Jürgen Nogai (Kat. 127, 129), Ralph Seifert (Kat. 13, 15, 60, 165, 166), weitere (Kat. 20, 22, 37–39, 80, 82)
Kunsthalle Bremen – Der Kunstverein in Bremen, Fotos Karen Blindow (Kat. 17, 148–150), Lars Lohrisch (Kat. 168)
Kunstsammlungen Böttcherstraße – Museum im Roselius-Haus, Bremen (Kat. 92)
Staatsarchiv Bremen (Kat. 47, 48, 52)
Thomas Kuzaj/Mediengruppe Kreiszeitung (Kat. 174)
GLOCKE Veranstaltungs-GmbH, Bremen, Gestaltung kleiner und bold, Berlin (Kat. 30)
Franziska von den Driesch, Bremen (Kat. 143)
Tom Wood, Caerwys, Mold (Kat. 46, 145–147)
Kunstsammlungen der Veste Coburg (Kat. 42)
Museum für Kunst und Kulturgeschichte der Stadt Dortmund (Kat. 73, 74)
Staatliche Kunstsammlungen Dresden, Gemäldegalerie Alte Meister (Kat. 167)
Staatliche Kunstsammlungen Dresden, Münzkabinett, Foto Roger Paul (Kat. 41)
Communication Services Tele2 GmbH, Düsseldorf, Gestaltung cayenne werbeagentur, Düsseldorf (Kat. 33)

Städel Museum, Frankfurt am Main (Kat. 104), Foto: Städel Museum – ARTO-THEK (Kat. 84)
Freies Deutsches Hochstift/Frankfurter Goethe-Haus (Kat. 50)
Porzellanmanufaktur FÜRSTENBERG – Museum im Schloss (Kat. 87)
PETA Deutschland, Gerlingen, Foto Olaf Heine (Kat. 72)
Stiftung Schloss Friedenstein Gotha, Schlossmuseum (Kat. 43)
RTL2 Fernsehen GmbH & Co. KG, Grünwald, Gestaltung OPIUM effect GmbH, München (Kat. 71)
Hamburger Kunsthalle/bpk, Foto Christoph Irrgang (Kat. 18, 100, 103, 109, 110, 111)
Daniel Müller-Jansen, Hamburg (Kat. 144)
Wilhelm-Busch-Museum Hannover – Deutsches Museum für Karikatur und kritische Grafik, Fotos Peter Gauditz (Kat. 126, 135, 136, 139), Olaf M. Teßmer (Kat. 14), weitere (Kat. 101, 112, 113, 140–142)
Stadtarchiv Hannover (Kat 159)
Universitätsbibliothek Heidelberg (Kat. 1)
Schlossmuseum Jever (Kat. 93)
Badisches Landesmuseum Karlsruhe, Fotos Thomas Goldschmidt (Kat. 24, 62, 170, 171)
Kassel, Museumslandschaft Hessen Kassel (Kat. 16)
Rheinisches Bildarchiv Köln (Kat. 172)
Die Photographische Sammlung/SK Stiftung Kultur, Köln, Modern Prints Jean-Luc Differdange (Kat. 120–125)
Mark McGowan, London (Kat. 173)
The Royal Collection © 2009 Her Majesty Queen Elizabeth II (S. 13, Abb. 2)
Museen für Kunst und Kulturgeschichte der Hansestadt Lübeck, Sankt-Annen-Museum, Fotos Michael Haydn, Eichede (Kat. 58, 153)
Hakle-Kimberley Deutschland GmbH (Kat. 64)
Reiss-Engelhorn-Museen Mannheim, Foto Jean Christen (Kat. 102)
Deutsches Literaturarchiv Marbach (Kat. 108)
www.maxign.de (Kat. 67)
Münchner Stadtmuseum, Sammlung Volkskunde (Kat. 61)

Pau, musée des beaux-arts, Foto JC. Poumeyrol, 2005 (Kat. 169)
Stiftung Preußische Schlösser und Gärten Berlin-Brandenburg, Foto Gerhard Murza (Kat. 131)
Deutsches Klingenmuseum Solingen (Kat. 75–78)
Schwedenspeicher-Museum Stade (Kat. 57)
ullstein bild (S. 43, Abb. 2)
ullstein bild – The Granger Collection (S. 42, Abb. 1)
ullstein bild – Imagestate (S. 43, Abb. 3)
ullstein bild – Sipa (S. 44, Abb. 4)

Rechte am künstlerischen Werk

© Vicco v. Bülow 2009 (Kat. 13, 14)
Lucky Luke – Calamity Jane © Dargaud Editeur 1971 by Goscinny and Morris © Lucky Comics (S. 45, Abb. 5) – Alle Bände der Reihe LUCKY LUKE erscheinen bei Egmont Ehapa und den Egmont Verlagsgesellschaften.
© Robert Davidson, London (Kat. 67)
© Depesche Vertriebs GmbH & Co. KG, Geesthacht (Kat. 26)
© Die Photographische Sammlung/SK Stiftung Kultur – August Sander Archiv, Köln; VG Bild-Kunst, Bonn, 2009 (Kat. 120–125)
© 1981 Diogenes Verlag AG Zürich (Kat. 13)
© Disney (Kat. 166)
© Franziska von den Driesch, Bremen (Kat. 143)
© Edgar Medien AG (Kat. 32)
© Daniel Müller-Jansen, Hamburg (Kat. 144)
© Martin Parr/Magnum Photos/Agentur Focus (Kat. 148–150)
© Martin Perscheid, Distr. by Bulls (Kat. 69)
© Tom Wood, Caerwys, Mold (Kat. 46, 145–147)

Impressum

Diese Publikation erscheint anlässlich der Ausstellung „Manieren – Geschichten von Anstand und Sitte aus sieben Jahrhunderten", Focke-Museum, Bremer Landesmuseum für Kunst und Kulturgeschichte, 29. November 2009 bis 30. Mai 2010

Direktorin / Frauke von der Haar

Kaufmännischer Geschäftsführer / Norbert Kölle

Focke-Museum
Bremer Landesmuseum für Kunst und
Kulturgeschichte
Schwachhauser Heerstraße 240
28213 Bremen
Tel. 0421-699600-0
Fax 0421-699600-66
www.focke-museum.de

Manieren
Geschichten von Anstand und Sitte
aus sieben Jahrhunderten

Herausgegeben von / Uta Bernsmeier
Urs Roeber / Frauke von der Haar

Katalogredaktion / Uta Bernsmeier / Urs Roeber

Verlagslektorat / Dr. Sabine Bayerl, Heidelberg

Gestaltung und Satz / Sylvia Wähler, komplus
Heidelberg

Projektleitung / Urs Roeber

Ausstellungskonzept und Texte / Uta Bernsmeier
Urs Roeber

Redaktion der Ausstellungstexte /
Asmut Brückmann / Truxi Knierim

Marketing, Presse- und Öffentlichkeitsarbeit /
Anne-Katrin Axt / Mareike Ballerstedt
Frauke Gläser / Carla Heim / CAB Artis, Bamberg

Ausstellungsgestaltung / gewerk design, Berlin

Mediengestaltung / Vakat Designagentur

Technische Leitung / Silke Nienstedt / Anke Otto

Restaurierung / Jasmine deJonge / Silke Nienstedt
Anke Otto / Anke Preußer / Bettina Röder
Tanja Töbe

Ausstellungstechnik / Eike Behrens / Lothar Bitter
Gerd Boschen / Veit Bringer / Uta Hornberg
Kurt Kollmann / Holger Neumann / Silke Nienstedt
Anke Otto / Horst Pricelius / Fred Raasch
Hilke Räuschel / Bettina Röder

Fotografie / Sigrid Sternebeck

Ausstellungsassistenz / Tina Jarzembowski

Multimedia / Gerald Notbom

MP3-Führung / Antenna Audio GmbH, Berlin

Produktion Hörbeiträge / Linon Medien
Produktionen

Museumspädagogik / Heinz-Gerd Hofschen

Museumspädagogisches Begleitprogramm in
Kooperation mit der Gesamtschule Bremen-Ost
Videos:
Theater AG 6. Klasse, Astrid Möllmann
Theater AG 9. Klasse, Frank Dopp
Theater AG 12. Jahrgang, Holger Möller
Video AG, Wolfgang Russek

Museumspädagogisches Führungsteam /
Jens Buttgereit / Raymonde Decker / Eva Fischer
Kirsten Henkel / Judith Niehuis / Angela Piplak
Marlott Platz / Helmi Siebert-Reible
Gabriele Stubbe / Cleo Wellerdieck

Organisation der Führungstermine / Maike Streeb

Leihverkehr / Karin Walter

Verwaltung / Karin Böttcher / Dörte Spatz

Bibliothek und Bildarchiv / Hannelore Bade
Uli Kiefner

Sekretariat / Ingeborg Sabelus

Service und Sicherheitstechnik / Iris Haupt
Sabine Lampa / Gerald Notbom

Aufsicht / Ralf Asendorf / Martin Barmeyer
Lothar Bitter / Ria Bunse / Petra Eret
Renate Gabel / Marlies Gutsche / Marika Hübner
Rainer Ibens / Aleksey Lenz / Marita Longardt
Heidelore Lugert / Raimund Reher
Tadeus Stolarczyk / Helmut Thiele / Eberhard Woop

Reinigung / Esengül Bakici / Christine Domagala
Rita Fehsenfeld / Ingrid Hajek / Angelika Krüger
Gabriele Weßler

Museumsshop / Renate Bahns / Margret Evermann
Margarete Ewert / Renate Elbrechtz
Anlis Harms / Johanna Jaeckel / Helga Kats
Truxi Knierim / Karin Lünsmann / Uta Nehl
Irene Neugebauer / Lore Pause / Birgit Spindler
Margret Steinbrunn / Ulrike Tiede-Foucar
Ada Volmer / Helga Zimmermann

Kunsttransporte / Brandl Fine Art Service, Köln
Schenker Deutschland AG, Museumslogistik Berlin
hasenkamp Internationale Transporte GmbH

Druck / Nino Druck GmbH, Neustadt/Weinstraße

Verlag / Edition Braus Berlin Heidelberg GmbH

ISBN / 978-3-89466-295-0

www.editionbraus.de